U0049959

諸侯智謀

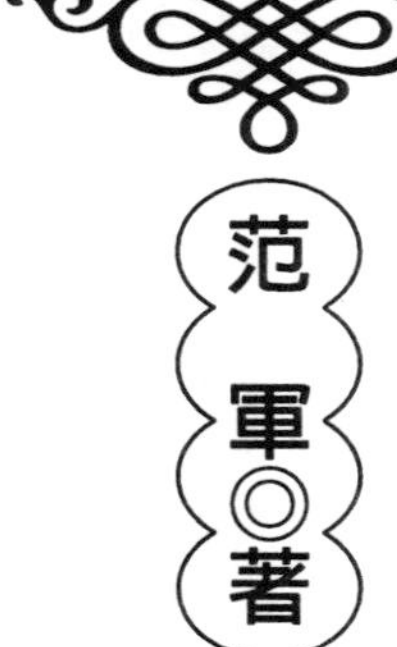

「中國智謀叢書」總序

人類文明的發軔，意味著人類智謀的萌生。智謀象徵著文明，也在不斷地推動著文明的進步和發展。在這漸進的過程中，人類智謀有形或無形地生成，也在自覺或不自覺地被運作。

歲月之逝如流，歷史悄然無聲地浸潤著現實，未來無窮的時空還沒有得到探究，人們的身後已經是悠悠的歷史長河。滄海桑田，世事變遷，智謀興廢，都是社會文明前行時造就的永恆現象。古往今來，在中國的土地上，由不同時代的人們代代相續上演的故事，在某種程度上可以說是智謀的生成史、運作史。

英雄創造時勢和時勢創造英雄不可分離，不爭的事實是「江山如此多嬌，引無數英雄競折腰」。而在英雄之前或者英雄之後，智者總爲生活而騰躍，無論他們是否爲社會所重。

並非智者無敵，常有人的良計不被用，上策不能行。這或者是因爲自己無能力付諸實施，又不爲他人所識，不以其計爲良計，不以其策爲上策；或者是不占天時，不處地利，又沒有人和。這樣說不是要否定智謀，而是要說智謀的有用與無用不完全取決於智謀自身。應

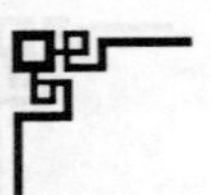

該看到，人無智謀則無能力，古人所尙的立德、立功、立言的「三不朽」便成虛話，社會也將停滯或者倒退。

一個人難以做到「三不朽」，人們往往只說是其才力所致，其實還應看其有無智謀，何況智謀有深有淺，有大有小，有遠有近。

人的進取和社會的前行是不可逆轉的，主張逆轉的人未嘗不是懷著一種治理社會的智謀，但他們通常背離了社會的運行規律，不合於時而不能用於世；而有智謀的人，誰不想有用於世，用自己的智謀創造一種新的生活呢？不同的是，有人用智謀爲己，有人用智謀爲人。

生活的多彩和不同時代、不同社會環境對人性情的塑造以及人們所面臨的不同機遇，使天下人的智謀各不相同。不過，人的共性和社會的共性導致人們的智謀也有共性。正因爲如此，人們常說「前事不忘，後事之師」，總要化前人、他人的智謀爲自己的智謀，取人之所長，補己之所短。

智謀一旦爲人所用，其能量是巨大的。

南朝梁代的劉勰曾經說戰國時期的策謀之士，縱橫參謀，析長論短，「一人之辯，重於九鼎之寶；三寸之舌，強於百萬之師」。而策謀之士的個人價值往往也賴此得到實現，故有「朝爲布衣，夕爲卿相」之說。

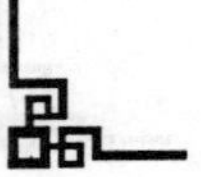

戰國時代是產生策謀的時代，西漢劉向在編訂《戰國策》時，認定《戰國策》是一部「策謀」書。其實，戰國不過是承續了春秋，共同形成一個智謀的時代。這個時代被人們視為思想的時代，這個時代所出現的思想巨人深深地影響了中華民族的文化和人的品性。這些思想巨人的思想不斷地為後人闡釋解說，但很少有人能夠超越。這些思想巨人的思想在當時是以智謀的面目出現的。東漢班固通觀這一時代的各種思想流派時，把馳騁於世、彼此不相服的思想流派區分為十家，即儒、墨、道、法、陰陽、名、縱橫、農、雜、小說家。在他看來，小說家之外的九家興起於王道衰微、諸侯力征之時，他們「各引一端，崇其所善，以此馳說，取合諸侯，其言雖殊，辟猶水火，相滅亦相生也」。他不以兵家入諸子，實際上兵家不可輕忽。同時，各國諸侯雖在名義上不入哪一家，但他們喜好智謀比哪一家都顯得更為迫切，道理很簡單，因為諸子從理論入手，欲以理論指導實踐，而諸侯國君則是把理論與實踐融合在一起，既以自我的實踐總結出理論，又引他人的理論指導自我的實踐，以圖富國強兵，雄霸天下。

這不是偶然的現象。

春秋戰國時代，天子式微，諸侯爭強，軍事衝突頻仍。在這很特殊的社會形勢之下，官學下移，「士」作為一個階層興起。雖說士階層社會極其複雜，俠士刺客都入士之林，但在這個階層中，更多的是智謀之士。兵家、縱橫家不待言說，當時的四大顯學儒、墨、道、法，哪一家不是苦心竭慮於智謀，只不過是所操之術相異罷了。儒家的仁義道德、墨家的兼愛非攻、道家的清靜自然、法家的嚴刑峻法，固然是「其言雖殊，辟猶水火」，但哪一家不是在為社會的一統與安寧祥和出謀劃策？這個時代，人們思想空前活躍，所謂的「百家爭鳴」正賴各家彼此不能相服而垂名史冊。這使得春秋戰國時期的智謀繽紛多彩，在中國歷史上極具有代表性和深遠的魅力。

並非是為說智謀就把那一時期的思想家們都歸於智謀之士。客觀地說，被後世奉為儒學祖師的孔子、孟子，道學祖師的老子、莊子等等，有誰當時就被視為思想大家？孔孟汲汲游說諸侯，宣傳的是自我的思想主張，不是在做空頭的思想家而是想做切實的政治家；老莊不屑於游說諸侯，在僻處自說，其理論的玄虛高遠究其實質，少有不是政治論的。所以他們首先要做的是實在的政治家，無奈沒有做成才沉靜下來做思想家，難怪孔子五十六歲時還離開魯國，坐牛車奔波於坎坷之途，在諸侯之間游說了十四年才返回故里；難怪孟子有蒼天不欲平治天下的牢騷，說他是發牢騷，是因為他下一句話是：蒼天如果要平治天下，當今之世，除了我孟子還有誰有平治天下的能耐呢？

在這個智謀時代，每個人都想以自己的才識出謀劃策而能為人所用，這是可以理解的。由於思想的差異，這個時代的智謀可以被分為不同的層面：切於實用的智謀和不切實用的智謀，如法家、兵家、縱橫家屬於前者，儒家、墨家、道家屬於後者。「切實用」是一個尺規，關鍵在於合不合時宜，西漢的司馬遷曾經爲孟子立傳，他自己本是個儒家思想很重的人，也禁不住批評孟子「迂遠而闊於事情」。但不能用於當時的智謀不一定不能用於後世，孔孟的儒術後來都成爲重要的治國方略就是明證。漢高祖劉邦本不好儒術，說是在馬上打的天下，要《詩》、《書》幹什麼？儒生陸賈便對他說，如果秦始皇平定天下以後，行仁義，法先聖，哪有您的天下呢？說得劉邦怦然心動，面有慚色。唐太宗李世民奉佛、奉道，始終不忘奉儒，認爲民爲水，君爲舟，水可載舟亦可覆舟，以仁義安民必不可少。道家的智謀也成爲後世清客隱士的修身養性之術。自然也有不用於當世也不用於後世的，智謀會新生也會消亡，不足爲奇。

智謀是人所爲，對社會的奉獻最終歸宿還是人自身。所以思想大家、智謀之士往往從人自身出發謀劃社會生活的各個層面，其中很重要的一部分是對人處世之道的謀劃。他們把自我對人生的深刻體驗總結出來，教人應該怎樣做，不應該怎樣做。即使是老莊，看似要超塵脫俗，其實骨子裏依然保持著世俗精神。有意思的是，做人之道被思想大家、智謀之士們不約而同地上升爲政治之道，齊景公向孔子請教怎樣治理國家，孔子說「君君，臣臣，父父，子子」，齊景公心領神會。爲政治的智謀自然也就是爲人的智謀。這樣說不是把治國的智謀等同於處世的智謀，二者或異途，或同趨，或交融，表現形式也是因時因事而異的。

世事不同，智謀必異，用於古者不一定能用於今，也不必求它一定用於今。作爲文化遺

產，棄其糟粕、取其精華仍然是必要的。同時，用於古而不能用於今的智謀也有可能啓發人的靈感慧心，觸動人對現實生活的思考，激發新智謀的產生。舉一可以反三，善讀且善悟，入乎其內而出乎其外，便可化腐朽爲神奇，使今人的智謀勃發，利國利民。

這裏，還應該說的是：

本叢書選擇春秋戰國這個歷史橫斷面上的諸多智謀爲對象展現中國智謀，不意味著把這一時期的智謀等同於整個中國智謀，而是因爲這一時期智謀的多樣性及其對中華民族的影響具有典型意義，後世的許多智謀是這一時期智謀的引申和發展。應該看到的是，春秋戰國時期思想流派林立，這裏既有所遵從又不拘泥於闡釋所有流派，我們只是對儒、墨、道、法、兵、縱橫、諸侯等七家進行疏理和論述，各自成書，力求盡可能全面、客觀地展現他們的智謀或智謀精神，揭示諸家智謀的文化意蘊及其現實意義，使它們易於爲讀者所接受。

現在這套「中國智謀叢書」終於完成了，工作雖然是艱苦的，但在完成之際，回首以往，艱苦的歲月已經淡化，心中只有工作結束之後的陣陣愉悅。

願這些愉悅能夠透過「中國智謀叢書」的語言形式傳達給讀者，讓讀者在閱讀過程中與我們分享。

阮忠

目　錄

【統御謀略篇】

【軍事謀略篇】

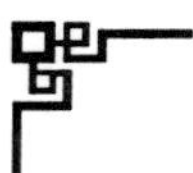

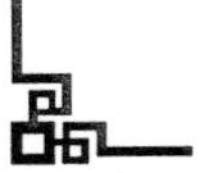

◎走近諸侯

驀然回首

這是一段讓人沈思遐想的歷史；

這是一段讓人熱血沸騰的歷史；

這是一段讓人永遠回味和嚮往的歷史。

——它就是春秋和戰國。

西方史學家稱這個時期是「革新的時代」、「軸心的時代」。德國的卡爾・雅斯貝爾斯在其《人的歷史》中說：「在這時候，我們今日生活中的人開始出現。」「在這一時期充滿了不平常的事情，在中國誕生了孔子和老子，中國哲學的各種派別興起，這是墨子、莊子以及無數其他人的時代。」

這是一種從思想文化史角度進行的描述與概括。不錯，春秋戰國的確是一個士人崛起、思想活躍、衆星璀璨的時代。

其間有思想家老聃、孔丘、莊周、墨翟、鄒衍、孟軻、荀況……他們深邃的哲理思考，足以與古希臘的先哲們齊肩而毫不遜色。諸子並起，百家爭鳴，異彩紛呈，有儒的醇厚，墨的謹嚴，道的超逸，法的冷峻，陰陽的流轉。諸子百家的智慧之光，不僅作用於當時，而且永遠地照耀著中華民族的文化歷程。

其間還有政治家管仲、晏嬰、子產、商鞅，軍事家吳起、白起、孫武、孫臏，外交家蘇秦、張儀、藺相如，教育家少正卯、鄧析，史學家左丘明，文學家屈原、宋玉，論辯家惠施、公孫龍，醫學家扁鵲，農學家許行，水利學家李冰、鄭國，天文學家甘德、石申等等，可謂群星燦爛。他們多方面的成就輝耀千古。

倘若側重從政治軍事的角度，而不是思想文化的角度看，春秋戰國的歷史舞臺上，還活躍著一群英雄（當然也有狗熊）——諸侯。諸侯爭霸，風雲際會，烽煙不息；滄海橫流，盡顯英雄本色。鄭莊公、齊桓公、晉文公、楚莊王、秦穆公、吳王闔閭、越王勾踐，還有燕昭王、秦孝公、趙武靈王……，一時多少豪傑，多少文韜武略，多少烽煙血淚。

驀然回首，春秋也好，戰國也罷，都已離我們十分遙遠。戰火硝煙，早已消弭在茫茫蒼穹；英雄業績，也已化作歲月的塵埃。

幸運的是，歷史家、文學家們留下了正史、野史、歷史小說。春秋風雲，戰國煙火，諸侯智謀，還可從中尋覓到些許蹤跡。讓我們回頭，漫步走過歷史的滄桑，走近春秋，走近戰國，走近諸侯風雲激蕩的世界！

春秋風雲

西元前一〇九九年，武王滅商，建立周朝，都城設在鎬京（今陝西西安附近）。這就是史家所說的西周。

西周末年，關中因為受戰爭和災荒的破壞而殘破不堪，周王朝統治者的實力也大為削弱。西元前七七〇年，周幽王被西北的少數民族犬戎部落殺死。新繼位的周平王為避免犬戎騷擾，依仗晉、鄭等諸侯的力量，將國都東遷到洛邑（今河南洛陽）。從這年到西元前二二一年秦始皇統一中國，稱為東周。

以西元前四七五年為界，東周又分為「春秋」和「戰國」兩個歷史時期。前一個時期有二百九十多年，後一個時期有二百五十多年，合起來大約是五百五十餘年。

「春秋」作為時代稱謂，是因比較權威的魯國編年史《春秋》一書而得名。據《左傳》記

載，春秋時共有一百四十多個大大小小的諸侯國。其中重要的是齊、晉、楚、秦、魯、鄭、宋、衛、陳、蔡、吳、越等國。

東遷以後的周，起初還占有今陝西東部到豫中一帶的地方，後來有些王地被秦、虢等國割去，領土日漸縮小。過去以封建從屬關係而形成的統一紐帶逐漸廢弛，周天子失去了「天下共主」的地位，失去了往日的權威和尊嚴，實際上已和一個小國差不多。西周時「禮樂、征伐自天子出」，變成了「禮樂、征伐自諸侯出」。

伴隨著王室衰微，春秋時期出現了大國爭霸的局面，各個強國爲了要挾天子以令諸侯而爭作霸主。政治角逐，軍事較量，外交穿梭，人才爭奪，眞可謂風起雲湧，氣勢不凡。

亂世出英雄。春秋近三百年，征戰不息，兼併不止，各路諸侯鬥智鬥勇，先後出現了稱霸一時的霸主，各領風騷，獨占鰲頭。最著名的當數「五霸」。「五霸」何指，歷來有不同說法。一說是齊桓公、晉文公、楚莊王、吳王闔閭、越王勾踐。一說是齊桓公、宋襄公、晉文公、秦穆公、楚莊王。今天看來，「五霸」確指爲哪些諸侯，已無關緊要。

春秋兼併爭霸的序幕是由鄭國拉開的。鄭侯首先站出來，企圖號令諸侯，但霸業未成，齊國即代之而興。當時號稱泱泱大國的齊國，至桓公當政，整頓內政，發展經濟，積極開展外交活動：對外北定諸戎，侵蔡伐楚，觀兵召陵，成爲中原第一霸主。

南方的楚國，從武王到文王，不斷向北發展，滅掉了鄧、申、息等國。到成王時，楚的

勢力已逼近中原。這時由於齊開始稱霸，故一向附屬於楚的江、黃等小國轉向於齊。楚當然不會罷休，於是連年伐鄭，以此來對齊施加壓力。齊楚紛爭，勝負未果，最後結盟於召陵。

齊桓公死後，宋襄公想代齊而居霸位，但力不從心，曇花一現。「居深山，戎狄之於鄰」的晉國悄然勃起，到備嘗「險阻艱難」的晉文公即位，任用賢能，發展生產，一時「政平民阜，財用不匱」。文公聯合秦、齊、宋，與楚大戰於城濮，楚人戰敗，晉躍升爲中原霸主。

在晉稱霸之時，秦國也不甘寂寞，至穆公「益國十二，遂霸西戎」，飲馬黃河，虎視中原。待晉國日衰，楚國又揮戈向北，進擊中原。至雄才大略的楚莊王，伐陸渾之戎，觀兵於周郊，問九鼎之輕重，顯吞周之意圖；攻破陳都，興兵圍鄭，與晉大戰於邲且大獲全勝，一代霸業由此而定。

從西元前六三二年的晉楚城濮之戰起，以晉、楚、秦、齊爲中心，接連爆發了殽之戰、彭衙之戰、令狐之戰、大棘之戰、邲之戰、麻隧之戰、鄢陵之戰、櫟之戰、平陰之戰、湛阪之戰、朝歌之戰等多次有名的大戰，戰火連綿，霸主迭現。晉文公、楚莊王、秦穆公陸續登上霸主的席位。

西元前五四六年，晉、楚、齊、秦等十四國在宋都開弭兵大會，晉楚爲共同霸主；但中原爭霸的烽煙剛熄，後起東南方的吳、越又燒起了另一次爭霸的戰火。吳王闔閭與民「甘苦同之」，吳日益強盛；吳軍溯淮而上，大舉攻楚，一度占領郢都。吳越之間，爭戰不斷，吳伐

越，越滅吳，至勾踐，越兵最後橫行於江淮以東，「諸侯畢賀，號稱霸王」。

三百年月圓月缺，三百年潮漲潮落，各路諸侯，代代君王，你方唱罷我登臺，皆是歷史匆匆過客。到吳越爭霸，春秋時期的爭霸戰爭已近尾聲。

新的一輪戰鼓又將敲響。那是戰國，帶著舊日的煙塵，新的爭戰又將開始！

戰國硝煙

《史記》將周元王元年（西元前四七五年）定爲戰國七雄歷史的開端，從這年到西元前二二一年，秦滅六國，是中國歷史上的戰國時期。這期間各國混戰不止，戰國就由此而得名。

春秋時一百多個國，經過不斷兼併，到戰國初年，見於文獻者約有十幾國。大國有秦、魏、趙、韓、齊、楚、燕，即所謂的「戰國七雄」。此外還有越國。小國有周、宋、衛、中山、魯、滕、鄒等。當時還有不少少數民族分布在四周，北面和西北面有林胡、樓煩、東胡和儀渠，南面有巴、蜀和越人。

七國的疆域情況大約是這樣的：秦的國土包括今陝西關中和甘肅的東南部。魏約占有今山西南部，河南北部、中部、東部。趙約占有今山西北部、中部和河北的中部、西南部以及

內蒙古自治區的一部分。韓約占有今河南中部、西部和山西東南部。齊占有今山東北部、河北東南部。楚約占有今湖北全省以及河南、安徽、湖南、江蘇、浙江等省的一部分。燕約占有河北北部和遼寧、吉林的一部分。

春秋烽火剛熄，戰國硝煙又起。而且，戰國時期兼併戰爭比春秋時更爲激烈和頻繁，規模也更大。各大國都擁有雄厚的武裝力量，三晉、齊、燕各有帶甲之士數十萬人，秦、楚兩國各有「奮擊百萬」。在作戰時往往是大量出動，戰國末，秦、趙長平之戰，趙國出兵四十多萬人。秦爲了滅楚，動員兵力達六十萬人之多。春秋時的大戰，有時幾天即告結束，戰國時則短者要數月，長者可持續好幾年。作戰雙方都要求消滅對方實力，因此一次戰役中被斬首的士兵是數萬或數十萬，正像《孟子》所說：「爭城以戰，殺人盈城，爭野以戰，殺人盈野」，充分反映出當時戰爭的殘酷性。比起春秋，當時戰爭使用的武器更加精良，而作戰方法、兵種，也隨戰爭規模擴大而發生變化。

如果說，春秋時期的諸侯爭戰還是一種割據稱雄的戰爭，那麼，戰國時期的諸侯兼併則是一種以建立中央集權的統一國家爲目標的戰爭。

西元前三五四年，當時七雄中最強大的魏國率宋、衛聯軍進攻趙國，第二年攻陷趙都邯鄲；而齊國採用「圍魏救趙」的辦法，在桂陵（今山東曹縣）大敗魏軍。

西元前三四三年，魏國又攻打韓國，韓國向齊國求救。齊國派田忌、孫臏擊魏救韓。魏

軍在馬陵（今山東濮縣），爲齊國伏兵所敗，損失十萬兵，主將太子申、龐涓都戰死。魏國在西面又屢敗於秦，失去了一些地方，河西屛障開始被秦國突破。戰敗於馬陵的第二年，秦國的商鞅又率兵伐魏，俘虜了魏將公子卬。魏國一敗再敗，已不能獨霸天下，西元前三三四年，魏惠王和齊威王在徐州（今山東滕縣）相會，互尊爲王，承認魏、齊的對等地位，以共分霸業，並緩和兩國之間的矛盾。

在齊國日漸興盛，成爲東方大國的同時，西方的秦國也迅速崛起。秦經過商鞅變法，國勢蒸蒸日上。從西元前三三八年起，秦國屢次興兵伐魏，一勝再勝，不斷呑食魏國及其他山東各國的土地。西元前三二五年，秦惠文王也開始稱王，秦的勢力不僅直逼魏、晉諸國，而且向中原步步深入。

到戰國中期，合縱連橫多是圍繞秦、齊這兩個東西大國展開的。「縱者，合衆弱以攻一強也；而橫者，事一強以攻衆弱也。」（《韓非子．五蠹》）合縱打擊的對象是秦、齊，參加的國家多少不一。西元前二八四年六國攻齊之後，齊國的實力受到極大削弱，自此一蹶不振，只有強秦占據著中心舞臺，合縱進攻的對象只有秦國了。

與此相反，連橫則以秦、齊爲中心，後以秦一國爲中心。合縱連横的格局經常變化，「朝秦暮楚」說的就是戰國中期的情況。當秦國在戰國後期可以獨雄天下以後，又採取「遠交近攻」的策略，分化瓦解其他國家的聯合陣線，一步步地剪滅鄰國。西元前二三七年，秦始

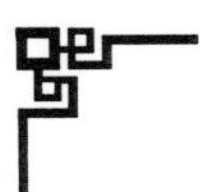

皇嬴政親自執政，以李斯爲佐，開始大規模出兵；與此同時，又用金錢收買六國權臣分化其內部，以配合軍事上的猛烈攻勢。從西元前二三〇年開始，秦國像秋風掃落葉那樣，居高臨下，向山東各國大舉進攻，僅用了不到十年的時間，就將韓、趙、魏、燕、楚、齊各個擊破，於西元前二二一年完成了海內一統的大業。

經過五百多年血與火的洗禮，五百多年刀與劍的交並，東周列國諸侯爭霸、群雄逐鹿的歷史話劇終於徐徐落幕了。

諸侯謀略

春秋戰國時期，是一個爭戰異常激烈、思想異常活躍的時期，也是前所未有的智謀空前豐富的黃金時期。

人們常說「亂世出英雄」，其實「亂世」——特殊的歷史環境也爲謀略家提供了施展文韜武略的廣闊天地。東周列國那些傑出的諸侯，大都是傑出的政治謀略家。他們在政治爭鬥、軍事較量、外交來往，乃至日常生活中，常常需要運籌帷幄，鬥勇鬥智。一部春秋戰國史，從某種意義上說就是一部謀略創造史，一部謀略實踐史。

東周列國中，無論是春秋五霸還是戰國七雄，抑或是其他有作爲的諸侯，無不胸有大志，腹有良謀。在五百餘年衆多的大小諸侯中，我們可以列出一長串謀略家的名字；他們施計用謀各有特色和自成風格，對謀略寶庫各有自己獨特的貢獻，至今啓迪著人們的謀略思維。

西元前七四三年至前七〇一年在位的鄭莊公，多心計，善謀略。他將計就計，克弟囚母；設伏誘敵，大敗北戎；先打弱敵，大勝周軍。在他的統治下，鄭國成爲春秋初期最強盛的諸侯國之一。

在春秋爭霸鬥爭中，首成霸業的國君，是足智多謀的齊桓公。他假死以欺管仲，捷足先登君位；不咎前嫌，計招管仲；尊王攘夷，吞滅諸侯。他在位四十餘年，任用賢才，文武並施，九合諸侯，是春秋初著名的政治統御謀略家。

繼齊桓公之後稱霸諸侯的是六十二歲才當上國君的晉文公。他一生經歷坎坷，有著豐富的閱曆和政治經驗，深諳治理國家之道，統御權術得心應手。他的謀略體現爲：結納賢士，耐心等待；退避三舍，以報楚德；寬恕罪戾，剪除惡黨；尊王攘夷，求取霸業。

秦國以「羅致人才，稱霸諸侯」著稱的秦穆公任用百里奚、蹇叔、由余爲謀臣，內治國政，實力日強，外滅西戎，開地千里。他的智謀故事膾炙人口：五張羊皮換得賢相；欲取先予生擒晉侯；寬恕盜馬鄉民，後得鄉民救難；嚴以責己惜將愛兵；巧施美人計以離間戎王。

稱雄一時的楚莊王即位之初，表面上不發號施令，日夜尋歡作樂，實際上，他是在靜觀國內形勢，考慮治國大計。他三年不飛，一飛沖天；三年不鳴，一鳴驚人。楚莊王胸懷遠大，善用謀略：比如仁愛待下，寬恕調戲自己寵姬的大臣；廣集各類人才，爲其所用；使用激將法激怒宋國，出兵攻伐，一舉滅宋。

春秋末期的吳王闔閭，也是一位著名的軍事統帥和謀略家。他用壯士專諸刺殺吳王姬僚而自立爲王；自立之後，施「安君治民」之術，發展生產，艱苦奮鬥，延攬人心，任用賢能；爲成霸業，計破強楚，迂迴三關，千里奇襲，顯示出超人的膽魄和謀略家的遠見卓識。

越王勾踐的沈浮勝敗很有傳奇色彩。西元前四九四年，他不聽大夫范蠡勸告，興師伐吳，結果大敗而被迫求和，爲吳王夫差當餵馬奴三年之久，後被釋回國。他不忘前恥，臥薪嘗膽，任用賢人，折節下士，賑貧吊死，拊循士民。經過「十年生聚，十年教訓」，終於東山再起，滅了吳國。他的成功有精神力量的作用，也得益於謀略運用的恰當。所用忍辱計、美人計、敬勇計等正確謀略，充分展現了一個謀略家的智慧與才能。

戰國時期的諸侯用智用謀，對春秋謀略家是既有繼承，又有創新。魏文侯：順應時勢，推行變法；禮賢下士，廣攬人才；躬身察言，虛懷納諫。秦穆公：用人不疑，「霸道」治國；殺一儆百，法不阿貴；乘機而攻，建立霸業。趙武靈王：不圖虛名，惟在務實；解放思想，「胡服騎射」；深入虎穴，實地考察。燕昭王：求賢若渴，修築黃金臺，誠招天下賢

士；實行政治改革，選官任人皆以才德爲標準；韜光養晦，「盡養」天下願攻打齊國者，以報齊國破燕之仇……。

春秋戰國五百多年，侯國上百，諸侯過千，眞正稱得上政治謀略家的諸侯豈止上面所列舉的上十個人。歷史典籍的記載畢竟掛一漏萬，許多謀略家的謀略思想和事跡早已湮沒無聞。即使一些有名有姓的諸侯的智謀，此處也未能盡舉。再說，愚者千慮，必有一得，一些並非滿腹韜略的諸侯也偶有謀略智慧的火花閃爍，這些我們只好留待後面的章節去鋪敘與評說了。

最後，關於寫作方法與資料運用方面的問題還要交代幾句。正如今天講什麼主義、什麼理論和思想是集體智慧的結晶，東周列國的諸侯智謀也融匯了當時許多人的智慧，因此我們講智謀以諸侯爲主體，或爲導引，盡可能廣徵博引，又由此及彼，古今融通。由諸侯的智謀，而聯繫到當時其他人和後世帝王將相的智謀，其間或有承繼關係，或有內在的聯繫。因此這裡的諸侯智謀既是一個歷史的範疇，又是一個發展的範疇。既著眼於諸侯，又不局限於諸侯。本書並非嚴格意義的謀略學理論專著，故而雖有苑囿，卻又信馬由韁，收放由己。我們講諸侯的政治謀略、統御謀略、軍事謀略、外交謀略等等，最終的目的是借古鑒今，啓迪心智，充實和完善我們的人生智慧。

我們所用的資料，主要是先秦時期的一些歷史典籍和諸子著作，如《左傳》、《春秋》、

《國語》、《戰國策》、《史記》、《孟子》、《荀子》、《韓非子》等等；同時，又適當參考了後世的一些歷史著作，乃至野史筆記等。另外，關於東周列國謀略、帝王謀略以及其他方面的謀略書籍，這些年也出了不少，對此我們也有所涉獵和汲取。限於本書的編排體例和寫作風格，對於參考文獻未能一一隨文加注，這一點是需要加以說明並祈望讀者諸君諒解的。全書除引言外分爲政治謀略、統御謀略、軍事謀略三大主題，主要是著眼於編排和閱讀的需要。其實，這幾方面是很難截然分開的，彼此你中有我，我中有你，互相滲透，又古今交融。這種非嚴格邏輯劃分上的安排，想來讀者是可以理解的。

接著讓我們言歸正傳，漫步走進東周列國諸侯們的謀略世界吧。

【政治謀略篇】

取予之計
巧借外力
邦交縱橫
信用與威信
韜晦人生

一、取予之計

從老子談起

「取」與「予」是人生世事中的一對矛盾，無處不在，不時不有。這對矛盾互相對立，互相衝突，但在一定條件下又互相轉化。其間蘊涵著政治智慧、軍事智慧以及人生智慧。

中國古代的大思想家老子就深諳這種取予之計。《道德經》上有這麼幾句話：

將欲翕之，必固張之。將欲弱之，必固強之。將欲去之，必固與之。將欲奪之，必固予之。

用白話說，這幾句話的意思便是：將要收縮它，必須姑且擴張它；將要削弱它，必須姑且增強它；將要廢除它，必須姑且振興它；要想奪取它，必須姑且給予它。如果把老子的這

幾句話概括成一個定式，便可寫成「將欲A之，必固B之」。後人把這一套稱爲「取予之計」。

如何理解老子的這些話呢？韓非子在他的《喻老》一文中，借用歷史故事對老子的思想作了闡發：

越王入宦於吳，而觀之伐齊以弊吳。吳兵既勝齊人於艾陵，張之於江、濟，強之於黃池，故可制於五湖。故曰：「將欲翕之，必固張之。將欲弱之，必固強之。」晉獻公將欲襲虞，遣之以璧馬；知伯將襲仇由，遺之以廣車。故曰：「將欲取之，必固予之。」

韓非子提到的這些例證，《東周列國志》上也都講到了。看來，老子的「取予之計」顯然是根據他所見所聞的人事戰事概括出來的。

老子的概括言略意豐，不免抽象和玄奥。還是讓我們沿著韓非子的思路，看看具體的攻守取予之例證吧。

拿吳王來說，在他敗越之後，越王也成了他的奴僕。他以爲吳國已經夠強大的了，其國勢兵力足以爭霸天下，誰也無法干擾或阻止他的這一決心。此時，越王深知，吳國在氣盛兵雄之時，要想正面抑制、挫敗它並非易事；於是，首先採取「給予」的策略：派兵支援吳王在艾陵打敗齊軍，在黃池爭得霸主，使吳國的地盤擴張到濟水流域。月盈則虧，物極必反。

的確，事物發展到頂點，就往往要走向它的反面。正是在吳王「強之於黃池」的時候，越國在五湖地區把吳軍打得大敗，使吳國的土地縮小，國力削弱。

顯然，越王所用的正是「欲弱姑強」之法。他深知，當敵人強盛之時，或對手的猙獰面目尚未完全暴露，或條件尚未成熟，與其急起抗爭，不如等待時機，驕縱敵志，待敵輕狂懈怠之時，條件有利之機，再採取行動，戰而勝之。

東周鄭莊公克段於鄢，與越王之計有異曲同工之妙。鄭莊公在位時，他的同胞兄弟共叔段一直覬覦王位，其母姜氏也暗中支援共叔段。他們企圖裡應外合，篡奪政權。對此，莊公早有覺察，了然於胸，但他不動聲色，也沒有採取什麼行動。姜氏請求把京地封給共叔段。公子呂諫阻，莊公卻故作姿態，說：「母親姜氏希望這樣，不滿足她的要求就不得安寧。」有人報告說，共叔段正在四處招兵買馬，訓練卒乘。莊公卻故意說共叔段為鄭國操練兵馬，勞苦功高。又有人稟告說，共叔段占領了京城附近的兩個小城，公子呂請莊公出兵討伐，他卻說：「多行不義必自斃，子姑待之。」直到共叔段和姜氏的陰謀充分暴露後，鄭莊公才說：「可以收拾他們了！」他周密佈置，在共叔段與其母姜氏舉事之時，採取果斷措施，挫敗了他們的陰謀。共叔段被逐到國外，姜氏也遭流放。

越王與莊公所處的環境、地位不一樣，對手的強弱也有所不同，但兩人致勝之法都是相同的：讓對手沿著物極必反的「邏輯」發展，「將欲弱之，必固強之」，最終達到削弱甚至摧

毀敵人的目的。這是智謀術，也是鬥爭的辯證法。

要想獲取就應先給予

「欲取姑予」與「欲弱姑強」是同一問題的兩個側面，一個是讓對方得而後失，一個是讓對方強而後弱，著力的重心有所不同。

《戰國策．魏策一》上說：「《周書》曰：『將欲敗之，必姑輔之；將欲取之，必姑予之』。」這與前述老子之言詞意相近，只是用語稍異。這裡講的是一種暫時讓步、等待進攻的策略，有時更多地體現爲麻痹敵人，誘其上鉤。

還是讓我們來看一則載於《資治通鑒．卷一》的戰爭故事吧。

周威烈王二十三年（西元前四〇三年），晉國國君智宣子死後，智襄子當政。此人蠻橫無禮，以強淩弱，貪得無厭。智襄子逼韓國國君康子割地。康子想拒絕，他的大臣段規勸諫說：「襄子貪利而剛愎自用，若不割地，他將來會攻打我國的；不如割讓給他。他嘗到甜頭，肯定會襲用這種方法再威逼別國；別國不給他，必然會興兵討伐，這樣我們就可以免於戰爭之禍而待機應變了。」康子認爲他說的有道理，便派人把一萬戶的地域割給了智襄子。

萬戶之地得來如此容易，智襄子自然欣喜若狂，其貪欲也更加膨脹。他又要求魏國國君桓子割地。桓子起初想拒絕，他的宰相任章問道：「是什麼原因要拒絕呢？」桓子說：「襄子無緣無故地要求我割地給他，當然要拒絕。」任章卻說：「無故要求割地，這樣會使我們的官吏畏懼；我們把地割給他，智襄子必然驕狂起來。他驕狂必然輕敵，我們畏懼反而會更加團結。以團結之師對付麻痺輕狂之敵，容易取勝。智襄子的統治肯定不會長久了。」任章還引用了前述《周書》上的那兩句話，又說：「看來，你不如割地給他，以驕縱他，然後聯合友好的國家一同進攻；現在，我們怎麼能單以我不割地引起智襄子不滿而遭禍患呢？」桓子說：「好。」於是也將一萬戶的地方割給了智襄子。

兩次順利得手，智襄子又逼趙襄子割讓蔡、皋狼兩個地方。趙襄子不信邪，斷然回絕了。爲此，智襄子大怒，脅迫韓、魏的部隊與自己一起進攻趙國。

趙襄子派張孟談暗中去見康子、桓子，並說：「我聽說過『脣亡齒寒』的故事。現在智襄子約你們一起攻趙，趙國滅亡了，接著滅亡的就是你們韓、魏兩國了。」二子說：「我們懂得這個道理，怕的是事不成而計畫先洩，這樣禍患就會立即臨頭了。」張孟談保證：「計畫是你們兩人說的，我一人聽到，怎麼會洩漏出去呢！」二子於是和張孟談暗訂同盟，約定日期派部隊進攻智襄子。趙襄子趁黑夜殺死敵人官吏，放大水淹沒智襄子軍隊。智襄子的部隊倉促遭水而亂成一團，韓、魏兩軍又從左右兩翼夾擊；趙襄子則率部隊從正面進攻，大敗

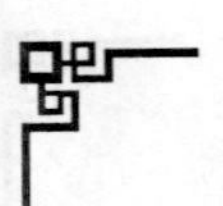

智襄子的部隊，最後殺死了智襄子，並滅其全族。

智襄子的悲慘下場，當然是咎由自取。而韓、魏兩國善用取予之計，無疑爲其最後的勝利奠定了基礎。這個戰例啓示我們：在條件不具備時，要想奪取或保存某種東西，必須暫時交出或放棄它，等待時機，創造條件，最後再把它奪回來。把拳頭收回來，目的是爲了更有力地打出去。暫時的給予或放棄，是不得已而爲之的權宜之計，最終的目的是「獲取」。須知，將軍決戰不只在戰場，兵家勝負也不在一時。

古往今來，「欲取姑予」既可以是以弱對強而勝之的謀略，也可以是強鄰欺弱的手腕。韓非子曾提及的晉獻公襲虞正可印證後者。

春秋時期的虢國和虞國是兩個鄰近小國，晉國想吞併這兩個國家，計劃先攻虢國。但晉軍要開往虢國，就必先經過虞國；如果虞出兵阻攔，甚至聯合虢抗擊晉軍，晉雖強大，也未必能取勝。晉獻公（晉國國君）只好在虞君身上打主意。這個虞君，有個愛貪小利的毛病。晉王深知，愛貪小利者勢必不慮其害，只顧眼前，不顧長遠。晉王正是利用這一點，給虞君送去了屈地出產的良馬、垂棘出產的美玉。得了這兩樣世間少見的寶物，虞君便什麼也不顧了，不惜出賣了盟友虢國，同意晉國借道伐虢。殊不知，唇亡則齒寒，盟友既失，自己便陷於孤立無援的境地。結果可想而知，虞國最終也被晉國吞併。這實在是貪小便宜而吃了大虧，就像一個貪嘴的兒童爲了幾顆糖果，不幸落入了人口販子的陷阱。虞君貪得的那點小便

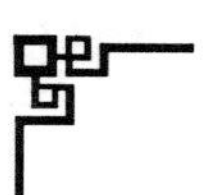

宜——璧玉和良馬，也不得不「完璧歸晉」、「良馬還槽」。

歷史和現實都一再告誡人們：世上絕沒有無緣無故的愛，也沒有無緣無故的恨。老狼送青草給小羊，往往是想餵肥了小羊自己美餐一頓；包工頭給搞建築的塞個不小的「紅包」，絕對不是慈悲心腸，他想的是小包撈大包。看來，即使住在河邊，也不要輕易和鱷魚交朋友。

拋出磚塊引來寶玉

取予之計還有一個具體的說法：拋磚引玉。如果說老狼給小羊的「青草」只是「小磚」一塊，那麼肥嫩的小羊本身無疑是一方「美玉」；如果說包工頭拋出去的「紅包」只是一塊「小磚」，同樣，他從工程中所得到的自然是價值不菲的「美玉」。他們還真懂得，捨不得孩子打不了狼呢。這也可謂，放出去的是水，收回來的是血和奶。有道是：黃鼠狼給雞拜年沒安好心；壞人送來的禮物包藏禍心！

此話打住。我們還是回到「拋磚引玉」上來。「拋磚引玉」一詞，現今人們多用作講話和作文時的自謙之詞。殊不知，它本與政治上、軍事上的取予韜略息息相通。

「拋磚引玉」的故事，傳說是出自唐玄宗李隆基開元年間進士常建的詩文集。說常建十分

仰慕趙嘏（字承祐）的詩，便想了一個辦法：當打聽到趙嘏要到吳地遊覽靈隱寺的消息後，自己先到靈隱寺前牆上題了兩句詩，以引起趙嘏的詩興。趙嘏來後，見牆上有一首未完之詩，便詩興大發，在後面續上兩句，成爲完璧。且這後兩句比常建的詩句立意、境界都有過之而無不及。所以，當時就有人將這種以詩引詩之法稱爲「拋磚引玉」。不過據後人考證，常建是唐開元十五年（西元七二七年）進士，而趙嘏是唐武宗會昌二年（西元八四二年）進士，兩人相距一百多年。因此這個「岳飛打張飛」的故事顯然是後人僞託，不足爲據，但它的立意是十分清楚的。

「拋磚引玉」的話還見於北宋道原的佛學著作《景德傳燈錄》，說是晚唐高僧從稔禪師有一次對衆僧說：「有沒有要求解答世間疑難的，請出來講！」有一個和尚便出來禮拜。從稔禪師說：「我本意是想拋磚引玉，沒想到引出一塊磚坯子。」

文武之道，一張一弛；佛道妙諦，亦常通凡塵。「拋磚引玉」後來作爲一條政治謀略、軍事謀略，被人們廣泛運用。兵家「三十六計」中就有此一計。詩禪雅趣移植於武略韜晦，自有妙處。「拋磚引玉」用於軍事，是指用相類似的事物去迷惑、引誘敵人，使其懵懂上當，中我圈套，然後趁機擊垮敵人。「磚」和「玉」是一種形象的比喻。「磚」指的是小利，是誘餌；「玉」指的是作戰的目的，是大勝利。「引玉」才是眞正的、最終的目的，而「拋磚」只是其達到目的的手段。釣魚需要魚餌，讓魚兒嘗到一點甜頭，它才會上鉤；敵人占

了一點便宜，才會誤入圈套，身不由己。

軍事上先拋其磚，後得其玉者，不乏其例。

西元前七〇〇年，楚國便是用此妙計，輕取絞城的。這一年，楚國發兵攻打絞國（今湖北鄖縣西北），大軍行動迅速。楚軍兵臨城下，氣勢旺盛，絞國自知出城迎戰，凶多吉少；於是固守城池，決不出城作戰。絞城地勢險要，易守難攻；楚軍多次強攻，都以損兵折將而告退。

兩軍相持了一個多月。這時，楚國大夫莫傲屈瑕仔細分析了敵我雙方的情況，認爲絞城只可智取，難以強攻。於是，他向楚王獻上了一條「以魚餌釣大魚」的計謀。

他說：「攻城不下，不如利而誘之。」楚王向他問誘敵之法，屈瑕建議：趁絞城被圍月餘，城中缺少薪柴之時，派些士兵裝扮成樵夫上山打柴運回來，敵軍一定會出城劫奪柴草。頭幾天，他們先得一些小利，等他們麻痹大意，大批士兵出城劫奪柴草之時，先設伏兵斷其後路，然後聚而殲之，乘勢奪城。

楚王擔心絞國不會上當，屈瑕說：「大王放心，絞國雖小而輕躁，輕躁則少謀略。有這樣香甜的誘餌，不愁它不上鉤。」楚王於是依計而行，果然讓絞侯上當受騙，成了一條吞食魚餌而後悔不及的「大魚」。

可見：刀上蜜糖不能嘗，貪食魚兒易上當。

「拋磚引玉」由詩禪雅趣而入武略征伐，現今工商企業又巧用此技，常能出奇制勝。邯鄲第一瓷廠「拋磚引玉」徵用新設計即其成功一例。

邯鄲第一瓷廠是著名的磁州窯中最大的企業，產品曾暢銷國內外。一九八一年以來，由於該廠產品種單一，造型陳舊，不能適應市場需要，以致產品積壓，日漸虧損。一九八四年，該廠實行設計招標，將廠內原有產品的造型、花面、花色、裝璜設計全部公布，吸引廠內外設計人員重新設計。並宣布：凡投標者的設計一經採用，即付優厚報酬。

結果，他們用廠裡陳舊設計之「磚」，引來了新的優美設計之「玉」。僅三個多月時間，就收到了一百三十五件設計作品。根據優秀的得標設計，不到半年時間，便生產出各類新品種的產品六十餘萬件，價值一百三十多萬元。新產品投入市場，深受歡迎，不久即扭虧爲盈。

若就其精神而言，這種「拋磚引玉」與上述楚王誘絞可謂理近而道殊，而與常建之以詩引詩有更多相合之處。

妙用「擒」與「縱」的魔方

將老子的「將欲A之，必固B之」按邏輯推演，又有「欲擒姑縱」之計。「擒」與「縱」是一對矛盾，軍事上，「擒」是目的，「縱」是方法。古人有「窮寇莫追」的說法，實際上不是不追，而是不直接或不急於去追。若把敵人逼急了，他只得集中全力，拚個魚死網破。這樣還不如暫時放鬆一步，使敵人喪失警惕，鬥志鬆懈，然後再伺機而動，殲滅敵人。

「欲擒姑縱」（常作「欲擒故縱」）因其蘊涵著深刻的軍事辯證法，歷代政治家、軍事家屢用此計，且常用常新。諸葛亮七擒孟獲，就是軍事史上一個「欲擒姑縱」的絕妙戰例。這段歷史大家都很熟悉，無須複述。這裡，我們另舉兩例，以悟其妙。

先說說「石勒欲擒姑縱除奸臣」的事情。

西晉末年，幽州都督王浚企圖謀反篡位。晉朝名將石勒聞訊後，打算消滅王浚的部隊。王浚勢力強大，石勒恐一時難以取勝，他決定採用「欲擒姑縱」之計，麻痺王浚。他派門客王子春帶了大量珍貴寶物，敬獻王浚，並寫信向王浚表示擁戴他爲君主。信上說，現在社稷衰敗，中原無主，只有你威震天下，可以稱帝。王子春又在一旁添油加醋，說得王浚喜滋滋

的。正在這時，王浚的部下游統伺機謀叛他，想找石勒做靠山，石勒卻殺了游統，並將其首級送給王浚。這一下，使王浚對石勒放心無疑了。

西元三一四年，幽州遭了水災。老百姓沒有糧食，生活異常困苦；而王浚不顧百姓死活，苛捐雜稅有增無減，致使民怨沸騰，軍心浮動。石勒見時機已到，便率領軍隊進攻幽州。兵臨城下時，王浚還沈醉在他的皇帝夢中，毫無應戰準備。等到被俘，才如夢方醒。結果美夢醒來是惡夢，他最後身首異處，魂歸荒野了。

石勒實在是聰明之人，他深知物極必反的道理，但也知道這個「反」是有前提、有條件的。於是他運籌帷幄，精心謀劃，創造條件，待時機成熟便果斷行動，自然是瓜熟蒂落，水到渠成。

下面再談談「幼主智除老臣」的故事。此事載於明人王餘佑的《王世謀略》一書。故事梗概是這樣的：

五代時後蜀的國君孟昶，繼位時年齡尚小。一次，十七歲的小皇帝孟昶在接受群臣朝拜之後，正準備退朝，突然有人高叫：「陛下，我乃先王託孤之臣，為保國泰民安，臣要掌管六軍。請陛下恩准！」孟昶定睛一看，原來是老臣李仁罕。小皇帝稍加考慮，很快有了答覆：「朕准你掌管六軍。還望你不負朕望，多為朝廷出力。」

退朝以後，孟昶想：這李仁罕多年來在朝中目無法紀，橫行霸道，貪贓枉法，霸占民

田，私建屋宇……今天又要掌管六軍，看來他是欺我年幼剛即位，在朝中立足未穩，而想趁機攬權。有朝一日，他必有奪權之舉，看來此人不可留！可是他在朝多年，親信多、勢力大，弄不好後果不堪設想！怎麼辦呢？對了，欲擒故縱，然後再突然襲擊。

不久，孟昶又加拜李仁罕爲中書令。這使李仁罕更加驕橫了，常自我誇耀：「我是託孤之臣，聖上不僅讓我掌管了六軍，還加拜我爲中書令，還打算過些天封我爲公呢！」他的權欲私心更加膨脹，竟指使親信幹起了扒墳掘墓的壞事。

兩個月後的一天，李仁罕奉詔入宮，他滿以爲皇帝要封他爲公了，便毫無戒備、趾高氣揚地進了皇宮。誰知，孟昶早已安排好了，等待李仁罕的不是「封公」，而是「賜死」。

歷史上，諸如此類的悲喜劇一幕復一幕，不曾消歇。無論是從正面還是反面，都給人們有益的啓示和教訓。如今，欲擒故縱計由兵家、政界謀略而進入商戰領域，值得注意。

一九八〇年，香港H公司與我國的某拖拉機廠做了一筆大生意，使用的就是欲擒故縱之計。

按照雙方簽定的合同，H公司以最優惠的價格向該廠提供一條八百萬美元的拖拉機生產線；第二年該廠以略低於國際市場的優惠價向H公司提供一千四百臺拖拉機，第三年該廠以同樣的條件再提供二千二百臺，如違反合同規定，則按有關條文罰款。

其實，H公司已從歐洲德林軟體公司提供的諮詢資料中得知，按該廠的人員素質、技術

條件和管理水平，根本無法履約如期供貨，因此就能得到大筆罰款收入。

該廠則貪戀H公司五十萬元的優惠，貿然簽訂了合同。生產線建成後，第一年（即合同規定的第二年）該廠因不能按期交貨罰款一百六十萬美元，第二年又被罰款四百八十萬美元。第三年該廠盡最大努力，終於使生產量達到設計能力，希望H公司延長合同期，但對方卻說：「很對不起，我們現在已改做其他生意了，十分感謝貴廠能信守合同，三年合作。」該廠只好強吞苦果。

大家熟悉的美國可口可樂公司，也是運用「欲擒先誘」的策略進入中國市場的。

起初，美國人無償向中國糧油進出口公司提供價值四百萬美元的可樂罐裝設備，花大力在電視上做廣告，提供低價的濃縮飲料。

白送你「果子」吃，目的是爲了讓你以後自願往外掏錢，且多多益善。一旦你對可口可樂胃口大開，一旦美國人打開了市場，再要進口設備和原料，他就根據你的需求情況來調整價格，抬價收錢了。

十年來，美國的可口可樂風行中國，生產企業由一家發展到八家，銷售由幾百噸上升到千萬噸，價格也不斷上揚。美國人賺足了錢，那點小小的「無償」投資，早已撈得過本過利了。

楚王的沈痛教訓

清代山陰金先生所編《格言聯璧》中有這麼幾句話：

魚吞餌，蛾撲火，未得而先喪其身。
猩醉醴，蛟飽血，已得而隨亡其身。
鷺食魚，蜂釀蜜，雖得而不享其利。
欲不除，似蛾撲燈，焚身乃止。
貪不了，如猩嗜酒，鞭血方休。

此條下「原注」說「世之惶惶求利者，大率類此」。此言確實不虛，楚懷王受欺就是一個極好的例證。

《東周列國志》第九十一回「學讓國燕噲召兵，僞獻地張儀欺楚」記載了一個令人驚醒的計謀故事。

話得從頭說起。齊驩王乘燕國內亂之際打到燕國，差點兒滅了燕國。眼見齊國勢力愈來

愈大，欲稱霸天下的秦惠文王自然不舒服。他想攻打齊國，可是齊與楚結成了同盟，自己魯莽進攻，必遭聯合抵抗。於是秦王就挖空心思要拆散齊楚聯盟。如何拆開齊楚呢？相國張儀自信地說：「我憑三寸不爛之舌去楚國遊說，一定會使楚王絕齊國而親秦國。」秦王便讓他交了相印，前往楚國。

張儀是當時著名的策士，能言善辯，足智多謀。他到楚國後先以重禮賄賂楚懷王的寵臣靳尚，然後去見楚王，並開導他說：「如今天下只剩下七個大的諸侯國，其中最強大的要數齊、楚、秦三國。秦國如果跟齊國聯合，齊國就比楚國強；秦國如果跟楚國聯合，楚國就比齊國強。現在秦國準備跟楚國建交，可惜大王已經跟齊國結盟。如果大王能夠斷絕和齊國的交往，秦王願意把早些年商君所取楚國的商於之地六百里還給楚國；此外，還讓秦國的美女來做大王的妾婢，秦、楚兩國互通婚嫁，永遠結爲兄弟之邦。」

條件如此優厚，可是謂無本萬利，楚懷王一聽，就高興地點頭答應。俗話說：「要是狐狸演說，公雞就要深思。」可是此時此刻，只顧「惶惶求利」的楚王哪裡還會計較利害，三思而行。

楚國的大臣們紛紛前來祝賀。但大臣之中還有個「衆人皆醉我獨醒」者——陳軫，他認爲張儀之言未必可信，切不可草率地與齊國絕交。楚懷王利令智昏，惱怒地問他：「我一兵未發而得到六百里土地，有什麼不好？」陳軫回答說：「秦國所以重視楚國，是因爲我們有齊國作盟友；如果我們與齊國斷交，楚國便孤立了。秦國又怎麼會把六百里土地白白送給一個孤立無援的弱國呢？這完全是張儀的詭計。假如我們與齊國斷了交，秦國又背信棄義不給土地，齊國和秦國聯合起來攻打我們，亡國的日子也就到了。大王不如先派使臣隨張儀去秦國接受土地，等接收完地再同齊國斷交也不晚。」靳尚因爲事先得了張儀的好處，便說：「不與齊國斷交，秦國怎麼肯割地呢？」楚懷王點頭稱是，拒絕了陳軫的勸諫，授相印給張儀，又重賞了他。隨即下令與齊國斷交，並派遣逢侯丑隨同張儀去秦國接受土地。

事情的結局被陳軫不幸而言中。楚王受了張儀的騙，勃然大怒，發兵攻打秦國。秦國早有準備，以逸待勞。秦楚大戰，最終以楚軍大敗而結束。楚國主帥被斬，七十餘名將領被俘，八萬多士兵陣亡；此外，秦軍還盡取漢中之地六百里。牆倒衆人推，韓國和魏國也趁火打劫，準備攻打楚國，撈點好處。楚懷王害怕了，只好又割兩座城池向秦國求和。

這個故事並非只是小說家的虛構，史書《戰國策》、《史記》、《資治通鑑》上均有詳細記載。這「取予之計」實在是奧妙無窮。秦國虛懸六百里爲誘餌，誘楚上鉤，終致拆散齊楚聯盟，攻城略地，賺了個過本過利。楚王爲了那子虛烏有的許諾，損兵折將，讓城失地，大傷元氣。還是古人說得好：

非分之福，無故之獲，非造物釣餌，即人世機阱；切須當下猛省，斬斷癡腸！

知難而退的兵家方略

「取」和「予」是一對矛盾，在一定的條件下可以互相轉化。取予之計在政治軍事、人生世事中，有時又以「進」和「退」的形式表現出來。

進，常常指進取、進攻、前進，人們對此多持肯定和讚賞的態度，知難而進尤其受人推崇。退呢，總讓人想起退隱、退守、退讓、後退之類的意象。人們多以退不如進好，知難而退尤其不可取。

一般來說，這看法不錯。但也不能絕對。就像「取」和「予」，不能簡單地說哪個好哪個壞。在戰爭中，有戰略進攻，也有戰略防禦，甚至退卻。是進攻，還是相持，抑或退卻，要視具體情況而定。

《左傳》上說：「見可而進，知難而退，軍之善政也。」這意思是說作戰時要見機而動，知道可以進攻就進攻，應該退卻即退卻，這是積極的原則。「知難而退」這個成語就是出自此處。

《左傳．宣公十二年》上還記載著這樣一個耐人尋味的故事：

西元前五九七年初，鄭國依附於晉國。不久，楚王領兵攻打鄭國，將鄭國的都城圍困了十七天，弱小的鄭國實在招架不住，就和楚國講和，歸順了楚國。

晉國聽說楚國攻打鄭國，於是派荀林父、士會、郤克、先縠幾員大將領兵援救鄭國。軍隊到了黃河邊，聽說楚、鄭已經講和，而且訂立了盟約，荀林父就想撤兵回去，士會也同意，並說：「能進就進，知難而退，這是善於治軍的做法。現在楚國很強盛，我們還是退兵爲好。」

先縠不贊同他們的意見，並單獨率領自己的人馬渡過黃河，準備與楚軍決戰。沒辦法，荀林父也只好指揮軍隊跟隨而去。晉楚交戰，結果晉軍損兵折將，大敗而歸。這個結局實在是預料之中的。

戰國時期的尉繚曾經這樣說過：「作戰沒有必勝的把握，就不可以輕言作戰；攻城沒有必取的把握，就不可以輕言攻城。否則，即使採取嚴刑重賞也是不足以令人信服的。威信在於平素樹立，事變在於事前預見。」晉國的先縠不懂攻守權謀，意氣用事，草率進攻，大敗而逃，這教訓是十分深刻的。

《吳子兵法》上講：「見可而進，知難而退。」而不可進卻進，實屬冒進；知難而退，是戰略退卻，是進攻中的「退」，運動中的「退」，是爲了重新選擇作戰方向和作戰目標的「退」。歷史的經驗教訓的確是發人深省的。

兵家的攻守與求職的進退

在軍事較量中，進退之術與攻守之勢有許多相通之處。論及攻守，唐代李筌編撰的《太白陰經》頗有獨到見識。李筌認爲，土地之所以能夠養育人，城邑之所以能夠防守土地，打仗之所以能夠守住城池，都是因爲得到了人的作用。所以攻守，力量不足的就防守，力量有餘的就進攻。可見，戰爭中是攻是守，要量力而行，視具體情況而定。攻守只是方式，勝負才是目的。攻能致勝，也能致敗；守可失利，不可取勝。三國時期魏國的司馬仲達就是用「以守爲攻」之法，不戰而勝。

司馬仲達迎擊諸葛亮的基本戰略是「不戰而勝」，也就是堅守陣營，儘量避免直接交鋒，慢慢等待對方知難而退。可見，他早看透了諸葛亮的弱點在於補給困難。只要能夠固守己方的陣地，抑制對方的進攻，那麼兵力不足和補給困難就會迫使對方撤退。

在《三國演義》中，司馬仲達與諸葛亮進行過多次交鋒，而總是蜀國獲勝。其實，這些都是虛構的情節，並非歷史事實。實際上，幾乎自始至終兩人都在互探虛實。諸葛亮以「儘量不打敗仗」爲目的，十分審愼地用兵；而司馬仲達則以「不戰而勝」爲基本戰略，雙方爾

虞我詐，因此戰爭很少，僅有的兩次正面交鋒，諸葛亮並未占到便宜。

軍事通於人事，用兵之道與謀生之道雖路徑不同，但其理一樣。無論進退，還是攻守，都應實事求是，見機而行。如果一味前怕狼後怕虎，常常坐失良機。而該退的時候，不是審時度勢，而是魯莽行事，貿然前進，碰個頭破血流便一點兒也不奇怪了。

事實上，進與退、攻與守是相輔相成的，是有條件的。該退而退，應守就守，是明智；盲目前進或進攻，是愚蠢。正像不懂得休息，就不是眞正懂得工作；不知退守的人，也不能眞正掌握進攻的眞諦。一味往前衝，只能是「欲速則不達」；冷靜後退，「退一步路更寬」。暫時退卻，養精蓄銳，等待時機，重新籌劃，這樣再進便會更快、更好、更有力。如果退是爲了以後再進，暫時放棄目標是爲了最終實現目標，那麼這樣退中本身就有進了。這種退卻無疑是一種進取的策略。一位留美博士以退爲進的傳奇故事頗能給人啓悟。

這位留美博士是學計算機的，學成以後在美國找工作。有個博士頭銜，求職的標準當然也不低。結果，他連連碰壁，好多家公司都沒有錄用他。想來想去，他決定收起所有的學位證明，以一種「最低身分」再去求職。

不久，他就被一家公司錄用爲程式輸入員。這工作對他來說簡直是高射炮打蚊子。但他仍然做得十分認眞，一絲不苟。很快，老闆發現他能看出程式中的錯誤，非一般輸入員可比。這時，他亮出了學士證。老闆給他換了一個與大學畢業生相稱的工作。

過了一段時間，老闆發現他時常能提出一些有價值的建議，遠比一般大學生強。這時他亮出了碩士證書。老闆再次提升了他。

又過了些日子，老闆發現他工作仍算出色，並有許多富有創造性的思想和做法，就再次對他「質詢」。這回，他才拿出了博士學位證書。此時，老闆對他的水平已有了全面認識，於是毫不猶豫地委以重任。

這位博士最後的職位，正是他最初理想的目標。然而直線進取失敗了，後退一步曲線再進，終於如願以償。

老子說，靜能制動，柔可克剛。這的確是有道理的。以退爲進，由低到高，這既是自我表現的一種藝術，也是生存競爭的一種方略。跳高，離橫竿太近，想一下子跳過去並不容易；若後退以後，再加大衝力，成功的希望反而更大。作家寫作，如果一味「閉門造車」，不停地寫，必然文思枯竭，「江郎才盡」；若暫時擱筆，深入生活，充實自我，必將佳作迭出，後勁十足。可見，知難而退，如果退得其時，退得其法，退而思進，那對人生的成功無疑是大有益處的。

二、巧借外力

假託王命作用大

在中國幾千年的歷史上，皇權是至高無上的。誰能贏得皇帝的肯定，也就有了極大的號召力。

春秋時期，周王朝封國林立。由於平王東遷之後各封國間政治經濟發展的不平衡和周王朝的衰落，諸侯國失控，大國企圖架空周王朝由自己來維護奴隸主專政，因而出現了兼併爭霸的局面。儘管當時周天子已失去了往日的絕對權威，但各諸侯國在爭奪霸權的戰爭中，都千方百計利用周王室的影響，打著維護周王室的旗號，以成就自己的霸業。借假周天子之名，而行爭霸業之實者，首推鄭莊公。

衛國州籲篡國君之位以後，爲「立威」鄰國，曾糾結宋、魯、陳、蔡伐鄭。鄭莊公最恨

宋殤公無端出兵，並且任伐鄭盟主。他想報復宋國，又怕直接伐宋造成衛、魯、陳、蔡合兵抗鄭，便想先禮結陳國以孤立宋勢。無奈陳桓公不願背宋結鄭，鄭莊公便強盜裝正經，先派兵突襲陳界，掠走男女輜重一百多車，再讓人攜所掠人口財物還給陳國，假說邊關將吏誤聽謠言擅行侵掠，表示謝罪和好。陳侯不知鄭伯詭計，還以爲鄭伯仁義大度，主動結了陳國與鄭國的友誼。

離間了宋、陳的關係，並把陳國拉向己方之後，下一步該是如何使魯、蔡等國聽從自己的支使，以求得他們的支援。鄭莊公深知，宋國爵尊國大，鄭要伐宋必須以周天子名義，又要取得諸侯支持。倘若有了周王之命，便不難謀取諸侯的支持。看來，問題的關鍵是要得到周王的信任。

按照預先的謀劃，鄭莊公帶著大臣祭足去朝見周王，以便給人們造成周王信任鄭國的印象。但周桓王一直不喜歡這個鄭莊公，特別是想起兩年前鄭國藉口災荒侵奪自己的麥禾之事，更爲生氣。見面之後，周桓王對鄭莊公很不客氣，將他挖苦了一番，也不設宴，只送給莊公十車黍米，說是讓鄭國備荒用。言下之意是你別再打災荒的幌子來搶掠王田。

鄭莊公受到冷遇和奚落，悔不該來，甚至打算拒絕那十車黍米。祭足勸鄭莊公無論如何要接受周王所賜之米，不然別人很快就會知道鄭莊公與周天子有隔閡，更無法假託王命了。祭足還建議，不妨利用「天寵」，即那十車黍米做文章。鄭莊公覺得有道理，便將十車黍米用

錦袱覆蓋，喬裝成十車財寶，離開都城時，宣稱是周王所賜的財寶。不僅如此，鄭莊公還在車上放上彤弓弧矢，詭稱「宋國長久不朝貢，我親自接受周天子命令，率兵前去征伐宋國」。鄭莊公走一路宣傳一路，人們都信以爲眞。

消息很快傳到了宋國，宋殤公感到形勢不妙，想和鄭莊公講和，鄭莊公哪會理他！這時，鄭莊公以周天子的名義，命令齊、魯等國助鄭伐宋。鄭莊公率三國聯軍，舉「奉天討罪」的大旗進逼宋國，連取二城，勢如破竹。

等到宋國打探到周天子並未下過伐宋之命，但爲時已晚，因爲齊魯助鄭伐宋已成既定事實。而鄭莊公著實善於用計，他取了宋國二邑，不是自己占有，而是拱手奉送於齊國，齊國不收又改送魯國，拿別人的城池送人情，賺了個慷慨大方的美名。試想：宋國受了窩囊氣、失去了二邑，豈肯罷休！必定待機討還。齊、魯世代姻好，宋國討還二邑，必結怨齊、魯。齊、魯怨宋，必然重視與鄭國的友誼。鄭莊公實乃是一箭雙雕。鄭莊公假託王命以伐宋，基本上取得了預想的成功。鄭國也因此而逐漸成爲春秋初期最強盛的諸侯國之一。

亂世之時，群雄並起，各個政治集團爲爭奪統治地位，往往要借用一個世人能夠接受的招牌。這時的所謂天子，權勢江河日下，已經變成了一個披著虎皮的木偶，但仍能唬人，仍有利用價値。足智多謀的亂世諸侯、權臣，多善於假借王命來對付敵人。

尊王攘夷成霸業

周平王東遷之後，諸侯爭奪霸主，目的是迫使各國像尊奉周天子一樣尊奉自己，享受政治經濟特權。春秋初期的鄭莊公假借王命，攻伐他國，使自己更爲強大。但要論春秋時期眞正成就霸業的，要首推足智多謀的齊桓公。

齊桓公之所以能九合諸侯，一匡天下，一方面是由於他知人善任，不咎前嫌，重用管仲，另一方面也是由於他尊王攘夷，策略正確。

周釐王元年（西元前六八一年），齊桓公依仗雄厚實力，打著「尊王攘夷」的旗號，開始對外擴張。在當時，這確實是出師伐弱、圖謀稱霸的上謀。公開奪取周天子權力，必然惹起衆諸侯群起而攻之。「尊王」，在道義上自然就得到諸侯列國支持；「攘夷」，阻攔威脅中原安全的北方少數民族山戎和狄人，又遏止楚勢力向北擴張，因爲楚國不是西周初分封的，當時還被看成蠻夷之邦，這都是周王室和各諸侯國所歡迎的。

齊桓公首先高舉尊王攘夷的大旗，掌握了政治上的主動權，借周天子號令將一批服從調遣的諸侯團結在齊國周圍，再把那些不聽招呼的諸侯壓服吞滅。桓公元年（西元前六八五年）

三月，桓公邀請宋、魯、陳、蔡、衛、鄭、邾等國諸侯在北杏（今山東東阿縣附近）會盟，商量平定宋亂事。到會的只有齊、宋、陳、蔡、邾五國，魯國不來，而宋國又提前退出會場。這年冬天，齊桓公就以對抗王命不參加北杏會盟為由，討伐多年與之不和的魯國。魯國兵敗，齊桓公迫使魯莊公讓出遂邑，才答應會盟解決爭端。

周釐王三年（西元前六七九年），宋、魯、陳、蔡、衛、曹、邾等七國會盟，承認桓公盟主地位，齊桓公開始稱霸。

齊桓公霸業發展順利，便公開干預周王室王位之爭。周惠王二十五年（西元前六五二年），周惠王死，齊桓公在洮城（今山東濮城西南）召集八國諸侯相會，擁立太子鄭為王，是為周襄王。襄王感激桓公，派人送去祭肉、弓箭和車子。齊桓公趁此機會以招待周天子使者為名，於西元前六五一年在葵丘（今河南蘭考縣東）會盟諸侯。這是齊桓公霸業最盛的時候。

齊桓公在位四十多年，任用賢才，文武並施，九合諸侯，首成霸業，不愧是春秋時期著名的政治統御謀略家。

從齊桓公的成功可以看出，有無正確的策略是十分重要的。桓公若不是採用「尊王攘夷」的策略，而是把矛頭對準周天子，試圖憑自己的力量奪得天子之位，那他就成了衆矢之的，諸侯列國群起而攻之，他不敗才怪呢！常言說，樹大招風。齊桓公聰明在不當冤大頭，借周

天子這棵大樹（已有些老朽）使自己獲得福蔭。「尊王」在當時是「得道」的行爲，得道者多助；「攘夷」可撈到實惠，獲取霸主地位。前面講過的鄭莊公「假託王命」可說是陰謀，雖也可取得某些收穫，但畢竟不能長久；而齊桓公此舉，則可說是陽謀，既是智謀，又光明正大，冠冕堂皇，因而具有更大、更持久的效力。

正因爲天子，哪怕是日暮西山的天子仍可以利用，所以後世尤其是在亂世重演「尊王攘夷」的歷史劇者不乏其人。曹操在漢末群雄爭鬥中，儘管自己實力已相當強大，但還是不廢漢帝，而是「挾天子以令諸侯」。元末農民起義風起雲湧，群雄並起，朱元璋接受老儒朱升「高築牆，廣積糧，緩稱王」的建議，仍舊對北方的小明王保持臣屬關係。當然，待時機成熟、條件具備，朱元璋還是稱王稱帝了，那是後話。

歷史上反面的教訓也不少，不尊王而自立爲王，或爲帝，往往欲速而不達。如：漢末袁術圖謀稱帝而導致內部紛爭；唐末黃巢急於稱帝，最後功虧一簣……這些教訓都是發人深省的。

狐假虎威

鄭莊公假託周王之命，挾齊魯助鄭攻宋，曹操挾天子以令諸侯，都可以說是運用了「狐假虎威」的計謀。

「狐假虎威」是人們都十分熟悉的成語，典出《戰國策．楚策》。西元前三六九年，楚肅王兄弟楚宣王即位。一天，他問群臣：「我聽說北方各諸侯國都害怕楚國大將昭奚恤，這究竟是怎麼回事？」大臣們都答不上來。這時有個名叫江乙的臣子站出來，講了一個生動有趣的故事，藉以作答。

江乙講的故事是說：老虎四處尋找野獸吃，在森林裡捉到了一隻狐狸。狐狸對老虎說：「你不能吃我，我是天帝委派來做百獸首領的。如果你吃了我，就違背了天帝的命令。你要是不相信，就跟我到林子裡走一趟，看看百獸見了我怕不怕，逃不逃。」老虎認爲這樣試試也行，便跟在狐狸後面走去。百獸見了它們兩個，都嚇得望風而逃。老虎不明白這些野獸是怕自己才逃走，還眞以爲是怕狐狸哩！

江乙講完這則寓言故事後便回到楚宣王所提的問題上。他說，現在大王有地五千里，軍

隊一百萬；大王把軍權交給昭奚恤，所以北方各國之怕昭奚恤，實際上是怕大王的軍隊，這就像百獸之畏狐實則是怕虎啊！

江乙這個比喻很恰當，拍楚王的馬屁也恰到好處。在春秋戰國時期，各國之間戰爭頻繁，在政治軍事外交領域以「狐假虎威」之勢求得生存也是一些小諸侯國的一種策略。如果不在外交上倚仗大國、強國，隨時都有被吞併的危險。例如西元前五四九年，楚、陳兩國聯合攻鄭，而陳國比鄭國還弱小，它之所以敢欺負鄭國，完全是仰仗楚國撐腰。類似這種事，無論是在歷史上還是現實中，也無論是在中國還是在外國，都不鮮見。

「狐假虎威」在外交上並非高明的辦法，因爲，大國之間往往以自己的利益爲前提採取相應的外交策略，而那些仰仗大國勢力的小國有時就無所適從，難保安全。例如前例中的陳國，第二年就遭到了鄭國的報復。

如今，「狐假虎威」作爲一種奸詐謀略，已被一些奸邪小人廣泛運用於日常生活領域。現實中有些騙人的伎倆便是假借他人的威勢招搖撞騙，撈取好處。

「文革」時期，有一女子冒充林彪的侄女在湖北行騙。林彪當時是炙手可熱的「副統帥」。他早年隨其兄參加革命，確有侄女，但從未回過湖北黃岡老家。那個女騙子便利用人們都不認識林彪侄女這一點，先是騙取一個軍人信任，又讓這個軍人給自己當隨從，在黃岡通行無阻，吃香的、喝辣的，住高級賓館，接待者、陪同者前呼後擁，好不熱鬧。當然，騙局

總是騙局，最後還是被戳穿了。

在實行市場經濟的今天，法制還不健全，制度還不完善，政治經濟生活中還有許多混亂現象，一些騙子便利用這種混亂無序，打著大領導、大老闆、名學者等人的招牌，四處招搖，大行其騙，危害社會。對此，人們必須保持高度的警惕。狐狸再狡猾也還是會露出尾巴，只要我們擦亮眼睛，明辨是非，不被利欲誘惑，不被假相迷惑，終究是可以識別、打擊那些狡猾的狐狸的。

拉大旗作虎皮

「狐假虎威」的變式是「拉大旗作虎皮」。前者是借別人的威勢嚇唬人，後者則主要是借別人的力量和威名來抬高自己。當然，「抬高自己」與「嚇唬他人」有時就是一個問題的兩個方面，不可截然分開。

「拉大旗作虎皮」作爲一種奸詐謀略，也是典出《戰國策》。可見，東周列國實在是個鬥勇又鬥智的時代。

據《戰國策．魏策》和《韓非子．說林》所載，周躁訪齊並期望謀一職位，他對在齊國

做官的朋友宮他說：「我想作爲齊國的特使訪問魏國，如果齊王給我以支持，我將在魏試求使魏國親於齊。」宮他回答道：「這樣說可不行。這樣說等於承認自己在魏國不吃香，這樣的人，齊王是不會任用的。」周蹀問：「那我該怎樣說呢？」宮他說：「你應當充滿自信地對齊王說，您對魏國有什麼期望？我將傾魏國之力以滿足您的要求。這樣說，齊王會認爲你在魏國是有影響的人，就會厚禮而任用你。然後你再以此爲資本前往魏國，魏國國君又會認爲你在齊國有權有勢，也就不會怠慢你。這樣說，你可以打動齊王，又可以打動魏王。」

周蹀本來沒有什麼聲名和地位，想在齊國求職頗不容易；他的朋友宮他給他出了個主意，假魏之名抬高自己，以達到在齊求職的目的，又假借齊國之名壯己之威，以使魏國不敢怠慢自己。

在當今社會，慣用「拉大旗作虎皮」伎倆者時有所見。屢屢見諸報章的那些騙子們，常用的騙術便是拉大旗作虎皮，把自己與某個要人，或者重要部門掛起鉤，以達到粉飾自己、騙取他人信任的目的。這種以假充眞、無中生有的騙術既古老又常新，但萬變不離其宗，識破它並非難事。

在古代，拉大旗作虎皮者有的得逞一時，有的也很快被識破。這裡說一件南宋假冒皇子的事。

有一個叫留遇僧的，是碭山（今屬江蘇省）人。金人見到他都說：「這個人很像宋朝趙

家的少帝。」少帝即宋欽宗。留遇僧聽說自己與北宋時的欽宗皇帝（被金人虜去）很相像，心裡十分得意。南宋高宗紹興十年（一一三一四年），三京路開通了。高宗下詔書求趙宋宗室入京。留遇僧認為是好機會來了，自稱是欽帝的第二個兒子（欽宗並無第二子）。守臣護送他至行宮，途中經過泗州。州官孫守信對留遇僧有些懷疑，就報告了太守，願跟隨至朝中。高宗自然知道欽宗沒有二兒子，於是下詔書命孫守信審核辦理此案。最後，留遇僧也承認犯了欺君之罪。這位假冒皇兒者受到了懲罰。

像這類以假充眞、無中生有者不難辨別，容易揭穿。而有些利用他人或組織粉飾自己的，仍然有一定的迷惑性，有時也可以達到抬高自我、獲取好處的作用。

「借」的學問

假借外力作為一種權謀，有時是合理合法的，有時則是不合理法、虛僞狡詐的。對於古人的這一謀略，今人也是可以去粗取精、去僞存眞、靈活運用的。在現實中，自身力量不夠，如何巧妙地、合理合法地借用外力，的確是一門學問。

巧借外力的領域是十分廣闊的，這裡還是談談商家之「借」吧。

先說「借雞生蛋」。

借雞生蛋是一個具體的比喻。在現代經濟活動中，自身經濟實力不足的情況下又要發展自己，有時可以負債經營，借得錢來，組織產品，投資生產，賺回錢來，發展壯大自己。這種借雞生蛋的經濟謀略的成功運用，使一些企業創造了奇蹟。

中國深圳賽格集團在一九八五年夏開創時，就是負債經營的。他們從外商取得訂單，在深圳和內地組織生產，吸收國外先進技術、生產線和管理方法，三年增值十億多元。

中國儀征化纖工業聯合公司也採用這一經營謀略，於一九八二年負債七億元建立公司。一期工程試生產和投產四年，就創利稅十三點三億元。從投產之日起，日付利息達三十二萬元，但公司職工滿負荷生產，一天就創利稅一百一十萬元。

有一些行業從海外借錢再在海外投資，也是運用這種謀略來發展自身的。

次說「借船出海」。

借船出海也是一種具體的說法。這個謀略的具體含義可以香港的製造業爲例加以說明。所謂「借船」，是指香港廠商集中精力與外國公司搭夥，從事加工和製造，借別國的產品牌、進口的原料和外國公司的銷售管道，使自己的產品「出海」而贏利。從五〇年代中期開始，香港製造業就由出口帶動，迅速發展起來。到七〇年代基本上已經奠定了現代工業的基礎，金融業和其他行業也獲得了相應的發展。進入八〇年代以後，又向著多元化方向邁進了

一大步，已經成功地建立了「出口導向」型經濟。

再說「借風行船」。

「船」出了「海」，還有個乘風破浪、順利遠航的問題，這裡「巧借東風」是十分重要的。大家知道，優質的產品必以先進的科學技術爲基礎。沒有高技術，就不可能有走在前列的優質產品。但是，經營者不可能在發展科技上投入過多的力量。爲了生產高新技術產品，可以在別人取得研究成果或試驗成功之後，加以引進，再迅速打入市場。這是借科技之東風，行經營之航船。

日本是高科技領先的國家，商品經濟繁榮，但在引進先進技術方面仍非常肯花本錢。近二十多年間，共引進兩萬多項先進技術和管理經驗，花費的資金卻只相當於研製國家爲此花費的三十分之一。再比如，巴西有豐富的資源，但缺乏開採加工技術。爲此，巴西專門成立技術引進機構，制訂保護引進政策，每年引進上萬件專利技術，從而推動了技術的發展和經濟的繁榮。一九六四年，巴西人平均國民總產值爲六百九十二美元，到七〇年代末期已達到一千六百美元。

上述例子，都是巧借外力的成功典型。古代，這種「借」，多用於政治和軍事鬥爭；現代社會，經濟居中心地位，這種「借」便有了新的天地。常言說，苦幹不如巧幹。我們的主張是既要苦幹，又要巧幹。借船出海，風正一帆懸，前方正是海闊天空。

三、邦交縱橫

勝負興亡不全靠武力

春秋戰國時期，周室衰微，群雄並峙，傾軋兼併。連綿不斷的戰爭，縱橫捭闔的關係，頻繁的穿梭外交，無窮的陰謀詭計，造成了這個時代特有的錯綜複雜的局勢。局勢愈複雜，愈見出外交謀略之重要。

那時，一國之勝負興亡，並不全靠武力，而是所謂「式於政，不式於勇；式於廊廟（朝廷）之內，不式於四境之外」（《戰國策・秦策》）。意思是用於政治，不用於武力，在外交上取勝，不在軍事上取勝。用謀略制服敵方，是各國君主最爲推崇的上策。至於城外野戰則屬於下策。而當時利用各國的勢力消長和矛盾罅隙，確實常能憑藉計謀策劃外交，達到解危救急，不戰而勝的目的。

外交家李斯說：「今萬乘方爭，遊者主事。」這話說得很準。原先「形容枯槁」的窮士蘇秦，就是憑其「橫曆天下，廷說諸侯之王」而身掛六國相印。年僅十二歲的甘羅，可以過人的膽略和聰明才智，靠三寸不爛之舌，屢屢使國家轉危爲安，化險爲夷。由此足見外交家與外交謀略的效用。

春秋戰國時期，外交謀略的直接施展者多爲縱橫捭闔之士、穿梭列國之人。然而，這些外交家的智謀，實際上也間接地體現了諸侯的智謀。他們的主意爲諸侯所首肯，他們的行動直接受諸侯安排，有些計謀中本來就有諸侯的主張，還有一些諸侯本身就是才智過人的外交家。因此，我們認爲諸侯的邦交智謀，應是集體智慧的結晶。

不戰而屈人之兵，憑三寸巧舌退百萬雄師，這在春秋戰國時期不是稀奇事。這裡，我們從莊王問鼎來看看伐交中的韜略。

楚國自周平王東遷之後，由於壓力減輕，加之地理和氣候條件的優越，很快就發展起來，欲與周室爭奪天下。到了「一鳴驚人」的楚莊王，更是躍躍欲試。發生在周定王元年的莊王問鼎，就是莊王企圖稱霸、試探王室的一次重要表現。

楚莊王八年（西元前六〇六年），莊王興師討伐陸渾（今河南洛陽西南）戎族之後，遂涉過雒水，在周王朝的邊界閱兵示威。這一下可嚇壞了周定王，他連忙派大臣王孫滿前往楚軍處，一方面慰勞楚王，另一方面觀察其用意何在。

王孫滿見到楚王，楚王便問起周鼎的輕重、大小。楚王說：「寡人聞大禹鑄有九鼎，三代相傳，以為世寶，今在雒陽。不知鼎形大小與其輕重如何？」本來，周鼎是王權的象徵，至高無上，外人是不能問津的。楚王居然問起周鼎，實際上就是要過問周王的權力；而且，既然周王的權力可以過問，那麼周天子的王權世襲的傳統觀念也就可以否定了。今日所用的「問鼎」一詞，即典出於此。

王孫滿聽莊王問鼎的口氣，就識破了對方欲取代周室的企圖，便義正辭嚴地答道：「周室繼承統治，在德不在鼎。過去大禹有德行，遠方的部落、小國把金（銅）貢獻給九州牧長，用金（銅）鑄九鼎。夏朝的桀王無道，寶鼎歸了商朝；商朝的紂王暴虐，寶鼎又遷到了周人手裡。」

他還斬釘截鐵地說：國家政治清明，鼎雖小也不可遷；國家政治昏亂，鼎雖大也一定會轉移。過去周成王定鼎時占卜說，周代可以傳三十代，曆七百年，這是天的意志！現在周王的權力雖然衰落了一些，但天命沒有改變，別人無權過問鼎的輕重與大小。

莊王聽了王孫滿的一番話，想想中原各諸侯國對周室的態度，就連霸主晉文公也打著「尊王攘夷」的旗號，自己要取代周室，實在有些自不量力。於是，放棄了「復萌窺周之志」，帶領軍隊離開了雒邑。

這番伐交鬥爭，正驗應了孫子的名言：「上兵伐謀，其次伐交，其次伐兵，其下攻城，

……善用兵者，屈人之兵非戰也。」而實際上，「伐謀」與「伐交」又是不可分的。所謂「邦交謀略」就是二者的有機結合。「燭之武退秦師」、「魯仲連勸退燕軍」是大家較熟悉的「伐交」故事。這裡再談談「淳于髡諫齊王伐魏」一事。

據《戰國策．齊策三》載：齊國準備進攻魏國。淳于髡對齊王說：「韓國有一種黑犬名叫子盧，是天下跑得最快的犬。東郭逡，是四海之內最敏捷的兔子。韓國的子盧追逐東郭逡，繞著山猛追了三圈，跳躍著追過五道山，兔子在前面拚命地跑，犬在後面拚命地追，最後犬和兔子都精疲力盡，各自累死在地上。農夫看見了，馬上跑過去，不費吹灰之力獨得其利。現在，齊國和魏國如果長期對抗，使得雙方的士卒都遭受慘重的損失，人民飽受戰爭之苦，疲憊不堪，我擔心強大的秦國和楚國會在此時乘虛而入，突然發動襲擊，最後像農夫那樣獨得其利。」

這個狗兔之喻很像大家熟悉的另一個寓言故事——鷸蚌相爭，漁翁得利。齊王聽了上面一番話，馬上下令遣散將官，休養士卒。

這個淳于髡的巧喻妙辭，形象生動，又曉以利害，自然能打動人心，化干戈爲玉帛。這當然是外交智謀，也是言辯智謀，但智謀並不等於陰謀。誰能不承認，這番外交辭令不是建立在對錯綜複雜的矛盾切實入理的分析上的呢！

針鋒相對不可示弱

春秋戰國時期，從某種程度上可說是弱肉強食。兩國會盟，有時是眞正的友好相交，而有時是明爭暗鬥，互相較勁。《史記》所載的「澠池相會」雖是會盟，卻頗有點短兵相接的味道。

戰國時，秦昭王派遣使者告訴趙惠文王，想在澠池友好相會。趙王畏懼秦國，想不去。趙國大臣廉頗、藺相如商議說：「大王如果不去，就會讓人以爲趙國軟弱而且膽小。」趙王於是決定前往，相如隨從。

趙王與秦王相會在澠池這個地方。秦王在飲酒暢快的時候，說：「我聽說趙王很喜歡音樂，請你彈瑟，讓大家聽聽。」趙王用瑟彈了一曲。秦國掌管記事的御史走上前來，寫道：「某年、某月、某日，秦王與趙王一起歡會飲酒，秦王命趙王彈瑟。」

這顯然是對趙國的挑釁，對趙王的侮辱。藺相如針鋒相對，以其人之道還治其人之身。他立即走到秦王面前說：「趙王聽說秦王很擅長演奏秦國的歌曲，我今天捧上盆缶請秦王擊打，來相娛樂。」秦王很生氣，不答應。於是相如又向前走了幾步，捧著盆缶跪著請求秦王

擊打。秦王還是不肯，相如說：「您若不肯，我將拚著生命，在五步之內用鮮血濺在您身上！」左右的侍衛想刺殺相如，相如怒目圓睜，大聲喝叱，把他們嚇得直往後退，有的甚至倒在地上。秦王看到這種情況，很不高興地勉強在盆缶上擊打了一下。相如轉身召呼趙王的御史，寫道：「某年、某月、某日，秦王爲趙王擊打盆缶。」

秦國人多勢眾，哪肯罷休，群臣齊聲喊道：「請用趙國的十五座城池爲秦王獻禮！」藺相如隨即喊道：「請用秦國的都城咸陽爲趙王獻禮！」直到宴會結束，秦國始終不能壓倒趙國。趙國還積極部署重兵，加強防禦，準備對付秦國。秦國也不敢輕舉妄動。

外交活動，面對挑釁，決不能軟弱退讓，辱沒人格國格。藺相如一身是膽，凜然正氣，著實可敬可佩。這與其說是一種謀略韜晦，還不如說是一種俠肝義膽。再強大的敵人，往往也是欺軟怕硬。俗話說：困難像彈簧，你強它就弱，你弱它就強。外交場合中的對手，也就像彈簧。

事實告訴我們，外交活動中與敵手針鋒相對，以尖銳有力的言行反擊對方，能阻遏對方的攻勢，使自己贏得主動，保持尊嚴。

外交中的論辯、爭鬥與戰爭一樣，是力與智的競賽。趙國既在會盟中不甘示弱，同時又加強軍備；文武之道，互相配合，必將使其在外交和軍事鬥爭中都處於有利地位。

兩國邦交當伸張禮義

外交活動並不僅僅限於兵臨城下的戰時，即便是在戰火不斷、兵戈不止的春秋戰國，各種結盟（邦交）也是頻繁出現的。那時，有以力屈人者，有以謀屈人者，也有以禮屈人者。

孔子就是一個十分重「禮」的人，主張「克己復禮」。偏偏這位講「禮」的孔子，遇上了不講禮的諸侯。

據《左傳．定公十年》，魯定公在夾穀這個地方和齊頃公會盟，由孔子主持會盟儀式。犁彌對齊頃公說：「孔丘雖然懂得禮儀，但是缺少勇氣，如果派一個萊人（被俘獲的夷狄）帶上武器去劫持魯侯，一定可以按我們的意願成事。」齊頃公聽從了他的意見。

孔子見手持武器的萊人上來，帶了魯定公退下，說：「勇士們，拿起武器抵禦他。兩國國君會盟，原是爲了友好，卻讓遠方東夷的俘虜拿著武器來搗亂，這不是齊國國君用來號召諸侯遵行的禮節。遠方地區不能圖謀中原，夷狄不能擾亂華夏，俘虜不能參加會盟，兵器不能逼迫友好。對神來說，齊國這樣做是不吉利，對品行來說是悖理，對人來說是沒禮貌。作爲國君一定不能這樣。」

孔子一番話義正辭嚴入情入「禮」。齊頃公聽了，馬上讓萊人避開。若說齊頃公是想武力屈人的話，孔子則是以禮義制勝。在外交場合，不顧禮義，一味要蠻動武，其實是極不明智的。

國與國相交，貴在誠心實意，互相尊重。外交場合，禮義是很重要的。如果不講禮義，蠻橫無理，故意尋釁，誰和你結盟呢！倘若惹惱了對方，犯了衆怒，別人豁出去了，自己便會陷入被動局面。春秋時期的晉衛之交中就有這方面的教訓。

《左傳．定公八年》記載：晉國軍隊將要在（衛國境內的）鄟澤和衛靈公結盟。因爲前年衛國曾經背叛晉國，依附齊國，所以趙簡子想羞侮衛靈公，便問大夫們有誰敢去和衛君結盟（實爲借此機會羞侮對方）。兩個大臣涉佗和成何自告奮勇，表示願去參加結盟。

結盟時，衛國人請涉佗和成何兩人主盟。成何說：「衛國就像我們晉國的兩個縣，怎麼能夠作爲諸侯看待？」這顯然是以大國自居，藐視弱小的衛國。將要歃血時，涉佗故意突然推了一下衛靈公的手，使血流到衛靈公的手腕上。受到羞侮和挑釁的衛靈公十分惱怒。衛國大夫王孫賈快步走上前去說道：「結盟是用以伸張禮義的，就像我們的國君這樣。你們難道敢不按禮行事，竟讓我們接受這樣的結盟嗎？」

衛靈公想背叛晉國，但擔心大夫們不聽從。王孫賈讓衛靈公住在城郊，大夫們問是什麼原因，衛靈公便把受晉國人侮辱的情形告訴了大家。大夫們聽後都十分氣憤，個個義憤塡

膺。大家都說，晉國欺人太甚，我們不與他們結盟了；即使晉國連續五次進攻我們，我們也有決心和能力作戰。靈公見大家同仇敵愾，便毅然背叛了晉國。晉國請求重新結盟，衛國不答應。

國與國的結盟，有時是兩國，有時是多國，攻伐征戰，有時在兩國之間，有時也牽涉到許多諸侯國。戰時的外交，以大局為重，以禮義為重，著眼長遠的和平與發展，也是十分重要的。戰國時期的「魏文侯息兵」，就是值得肯定的維護安寧、息事寧人的行動。

韓國與趙國之間發生了矛盾，韓國向魏國借兵，說是希望借軍隊討伐趙國。魏文侯說：「我和趙國是兄弟之邦，不敢聽從你們去打趙國。」不久，趙國也來借軍隊攻打韓國，文侯又說：「我和韓國是兄弟，不敢聽從你們去打韓國。」韓、趙兩國都沒有借到兵，惱怒而回。事情過去之後，方知魏文侯是為了兩國的和平與安寧，從中做了工作，於是都來魏國朝拜。

這就像個人交往，品行高尚、會做人的人見別人鬧意見，兩邊勸解，幫雙方說好話，息事寧人；而那些品行不好、唯恐天下不亂的人，則兩邊搧風點火，添油加醋，火上澆油，自己則坐山觀虎鬥，幸災樂禍。

國之邦交與個人私交確有相通之處。國與國的交往也是通過個別的人來實施的。上述實例所體現的，與其說是一種智謀，毋寧說是一種交際原則、一種處世態度。人與人交往要講禮節，要彼此尊重；國與國的交往，更要顧全大局，講求禮儀，信任尊重。如果說這是智

慧，那就是一種大智慧。

春秋時的齊桓公正是這樣一位具有大智慧的君主。他利用當時尊崇的道德觀念，干涉別國內政，以建立親齊的政權。他在處理與其他諸侯和周王室的關係時，又能以國家大局為重，鐵面無私。

哀姜是桓公的妹妹，她同魯公子莊父通姦。莊父殺掉哀姜的兒子想自立為魯國國君。這在當時是非常不道德的。魯國人想立釐公，桓公怕妹妹在魯國為非作歹影響齊魯關係，就把哀姜召回齊國殺掉了。他的這一舉動無疑贏得了魯國臣民的讚賞。

明智君王必著眼長遠

外交，作為一種常見的社會活動，是達到國家和社會集團的一定利益的基本手段之一。但一定利益的獲取，並不能採取急功近利的方式。歷史上有眼光、有胸懷的君王，在處理與他國的關係時，往往能高瞻遠矚，放眼長遠。

春秋時期的秦穆公就是這樣一位有長遠眼光的君主。魯僖公十三年（西元前六四七年）冬天，晉國連遭饑荒，晉惠公派人向秦國請求購買糧食。秦穆公就此事徵求大臣子桑的意

見，子桑認為：如果救災恤鄰，晉國可能將來「重施而報」；若「重施而不報」，晉國的百姓就可能背叛君主，我們就可以乘機討伐，他們沒有民衆支援，就必然失敗。穆公又問大臣百里傒的看法，百里傒答道：「天災流行，每個國家都會交替發生的。救濟災荒，撫恤鄰國，是合乎道義的。實行道義會得到神的護佑的。」恰在這時，晉國的平豹逃亡在秦國，請求秦穆公利用晉國饑荒攻打晉國。秦穆公說：「他們的國君確實不好，但他們的百姓有什麼罪呢？」

穆公與大臣達成了共識，便運送糧食到晉國去。從秦國的國都雍，到晉國的國都絳，運糧船接連不斷。當時的人們把這次行動稱為「泛舟之役」。

秦穆公是春秋五霸之一，具有雄才大略。他「救災恤鄰」的行動贏得了秦晉兩國人民的普遍好感。說來也巧，第二年秦國就遇到了災荒，晉國卻是大豐收。秦國派人去晉國借糧，晉惠公不但不借，還乘機發兵攻秦。秦穆公認為這是反擊攻晉的機會，乃以正義之師迎擊晉軍。得道多助，失道寡助。經過戰場一番爭鬥，晉軍大敗，晉惠公也被生擒。

可見，秦穆公也並不是一隻不吃葷腥的貓，他之所以「救災恤鄰」，實在是為了放長線釣大魚。一代霸主與那種只顧眼前、見利忘義的昏庸之君（如晉惠公）確有不同之處。

齊桓公之所以能開創霸王基業，也是與他放眼未來、從長計議的戰略眼光分不開的。桓公即位以後，在對外活動方面，採取的第一個措施，就是派大臣出使魯、宋、衛、燕、晉、

楚等鄰國、強國，又派民間士商八千人周遊四方，宣傳齊國的政治主張，結交諸侯國當權人物，進行戰略偵察和策反活動。按照《管子》的說法，就是「以觀其上下之所貴好，擇其沈亂者先正之」，「以號召收求天下之賢士」。然後，針對各諸侯國的情況，「鉤之以愛，致之以利，結之以信，示之以威」。在與諸侯交往中不貪小利，薄來厚往，將魚鹽等特產出售給諸侯而不徵關稅；諸侯以犬羊、帛布、鹿皮爲禮，齊國則以良馬、文錦、虎豹之皮回報。西元前六八一年的齊魯之戰，魯國戰敗，割地求和，但在戰後會盟時又以暴力要挾桓公歸還土地；桓公大度處之，兌現還地之諾，以取信天下。西元前六六一年至前六六〇年，北狄先後侵掠並滅亡邢、衛二國。齊桓公率諸侯聯軍擊敗北狄，爲邢築夷儀城，爲衛築楚丘城，幫助他們重建邢、衛二國。類此種種，使諸侯國「喜其愛而貪其利，信其仁而畏其武」，「遠國之民望如父母，近國之民從如流水」（《管子》）。同時，桓公又採取軍事打擊和經濟控制的手段，兼併弱小的諸侯國，或使之成爲附庸。在三十多年的時間內，先後被齊國呑併的小國就有三十多個。

如此恩威並用、文武兼施、短攻長釣，桓公達到了「九合諸侯，一匡天下」的戰略目的。桓公治國圖霸方略中，對外政策非常重要。他的主要措施是：舉起「尊王攘夷」的旗幟，以掌握政治上的主動權；實行打拉結合的策略，團結中原諸侯；採取文武兼施的手段，抵禦戎狄荊蠻的入侵。

古人說：「取法乎上，僅得其中；取法乎中，僅得其下。」若從治國的角度講，就是要站高一點，看遠一點，目標遠大一點。有了宏偉的戰略目標，才有動力、有信心去實施。而從戰略目標的實施來說，則像孔子說的「欲速則不達」。諸侯創立霸業，也是內修政治，外結邦交，剛柔並濟，內外結合。成功的基業是一層一層奠定的，一層一層壘起來的。

這裡說的是諸侯的功業，實際上，現今一個集體的發展，個人的成功，又何嘗不需要這種著眼長遠的目標、腳踏實地的精神呢！

分裂敵人多結朋友

唯物辯證法告訴我們，在由多種矛盾所構成的矛盾體系裡，各種矛盾力量的發展是不平衡的，這些力量在事物發展中占有不同的地位和起著不同的作用。在複雜的矛盾體系中，往往有主要矛盾和非主要矛盾的區別。

如何在錯綜複雜的形勢下抓住主要矛盾，不僅僅是個理論問題，首先也是個實際問題。春秋戰國時期，各諸侯國彼此之間、諸侯國與周王室之間矛盾十分複雜。特別是衆多的、大大小小的諸侯國，相互間的恩恩怨怨，分分合合，簡直有如一團亂麻，剪不斷，理還亂。因

此，透過外交活動、軍事活動，抓住主要目標，盡可能團結一切可以團結的力量，分化敵人，瓦解敵人，最終打擊主要的對手，就顯得十分重要。東周列國的風雲變幻中，上演了許多充滿智謀活生生的歷史劇。

韓、魏、齊三國結成同盟，打算進攻楚國。但這時楚國與秦國是友好關係，如不小心謹慎，秦國出兵幫忙楚國，那就很難辦了。因此，三國方面略施小計，以圖分裂楚秦。他們先向楚國派遣使者，表示友好的態度。然後，提出進攻秦國的建議。這有點聲東而擊西的味道。楚國雖目前與秦通好，但過去曾被秦國掠奪過土地。三國的提議，燃起了楚之舊恨，楚王認為這是收復失地的好機會。

楚國贊同了三國方面的提議，開始進行對秦國開戰的準備。這個情報立即被傳送到秦國。於是，三國方面立即改變態度，向楚國發起了攻擊。楚國慌了，趕緊向秦國求救，秦王哪裡還會答應。

就這樣，韓、魏、齊三國放心大膽地進攻楚國，獲得了全勝。

縱觀戰國時代攻奪兼併的歷史，諸如此類的戰例並不少見。要發動攻擊時，事先分裂攻擊對象與其同盟者的關係，使之孤立，然後加以攻擊。而當己方被敵對集團進攻時，往往設謀使敵人分裂。戰國時期的秦國，採取遠交近攻的策略，其實際上也就是抓住主要矛盾，逐一解決問題，這種交攻互用、慢慢「吞食」的政策最終取得了成功。

歷史的經驗告訴我們，要在外交爭鬥中取勝，不能忘記第三者的存在。當然，能把第三者拉入自己一方、成爲友邦最好。即便做不到，至少應使其中立，切不能爲淵驅魚，把第三者趕到敵人一邊。使第三者成爲朋友，或者謀求中立，有個典型的例子。

據《戰國策·齊策》載：楚國與齊國關係惡化，眼看就要爆發戰爭。正當此時，魯國加入到了楚國一方。魯國雖小，此舉卻影響甚大。齊國感到驚慌，力圖使魯國反悔，堅持中立態度。於是，齊王派了特使去魯國遊說。齊國特使一見魯君就這樣說：「我這次來，是來弔唁的。」魯君大惑不解，不明何指，齊使又說：「爲你們與還不知道是否會贏的一方聯合表示哀傷。」魯君問齊使：「你認爲齊國與楚國哪方會贏？」齊使回答說還不知道。魯君便說：「那麼，爲什麼說弔唁呢？」齊使這樣答道：「以齊國與楚國的力量，很失禮地說，無論貴國是否加入都沒有影響。貴國不如等到分出勝負，對勝的一方提供援助更有效果。我這樣說是因爲齊楚無論哪方勝，都會疲於戰火，爲維持以後的國防力量，將會需要幫助。等到那時貴國再加入一邊，不是既安全又能大大地施捨恩惠嗎？」魯國國君聽了這一分析，覺得很有道理，便撤走了援軍。

分化敵人，有時是從外部入手，撤散敵方同盟，化敵爲友；有時則從內部攻破堡壘，這裡最直接有效的方法是撤下誘餌，使之爭奪，產生分裂。《戰國策·秦策》上有個故事很有意思。

當時，各諸侯國的反秦情緒異常激烈。秦王爲此非常憂慮。相國應侯獻計說，大王別擔心，自有辦法可以解決。請看看大王的狗，它們各自自在地或臥或走，互不相擾；但扔一根骨頭給它們，這些狗立即會跳起來，開始互相撕咬。

秦王是明白人，一點即通。他派人帶上五千金來到趙國。果然，三千金還沒散發完，謀士們便出現了分裂。

秦王所拋之「骨頭」，既有物質方面的，也有心理方面的。他冷眼旁觀，讓趙燕交戰就是一例。起初，秦國先是隔著趙國同燕國接近，進行人事交流等活動。在地理位置上，趙國位於秦、燕之間，這樣一來趙王心中不平了。此後，秦國派謀臣向趙國提議，「如貴國割讓五城給我們，我們秦國將斷絕與燕國的友好關係，與貴國一同進攻燕國」。趙王立即同意這一提議，決定一起進攻燕國，把戰果分與秦國。

這裡，激發趙國與燕國敵對的有兩個原因，即趙王對秦、燕接近的嫉妒心和可能被秦、燕夾擊的恐懼心。這種心理比物質欲望更易使人採取不冷靜的行動。趙國由此而失去了盟友，陷入了秦國精心設計的圈套。

春秋戰國時期，矛盾紛紜，眞是千變萬化，其妙無窮。但萬變不離其宗，要認準自己的主要目標，逐一解決當前的主要矛盾才是。

乘隙可間戰勝對手

孫子說：知己知彼，百戰不殆。要分化瓦解敵人，達到最終勝利，重要的是要瞭解敵人，弄清對方內部的情況，內部的矛盾糾葛，然後有的放矢。

古代兵家對此有過論述，明代的《投筆膚談．達權》說：

故知兵者，必先自備其不虞，然後能乘人之不備。乘疑可間，乘勞可攻……故兵貴乘人，不貴人所乘也。

這裡強調了如何利用敵人的猜疑，離間敵人的問題。古人認爲，敵不疑，其間不成。意思是說，當敵方君臣將士團結一心，互相信任，通常是較難離間的。如果敵方內部有矛盾，彼此疑心重，互相猜忌、提防，那麼想離間他們就容易找到突破口。有時，敵不疑，也可使之疑。尋找機會，製造謠言或假象，派遣間諜翻雲覆雨，一旦挑起了敵方內部矛盾，使其互相猜疑，上下離心，那麼再來離間便有隙可乘。

戰國時期，魏公子信陵君因擅長用門客作間諜，所以能做到遇事先知。正是這位善用間

謀的謀略家，偏偏死於秦王的反間計。眞是山外有山，天外有天。

據《史記．魏公子列傳》載，秦王對魏公子信陵君的威名深爲憂慮，就派人帶黃金萬兩到魏國，收買晉鄙的門客，讓他在魏王面前誹謗信陵君。

晉鄙原是魏國的大將，信陵君竊符救趙時殺了他。這樣，信陵君無疑就成了晉鄙門客的仇人。門客對魏王說：「公子（指信陵君）在國外已十幾年了，現在又回來做了魏國大將，各諸侯國都聽他的指揮。如今在諸侯心目中只知尊信陵君，而不知有您魏王。公子自己也想趁機稱王。大家懾於公子威望，也都準備擁戴他爲王。」這番話，說得魏王將信將疑。

與此同時，秦國又多次派使者到魏國見信陵君，假意慶賀與詢問他是否已立爲魏王。魏王天天聽到諸如此類的消息，疑心漸重，不信也信了。他最擔心信陵君取代自己，於是解除了信陵君的職務。

信陵君知道自己是受誹謗而被解除大將之職的，「乃謝病不朝，與賓客爲長夜飲，飲醇酒，多近婦女。日夜爲樂飲者四歲，竟病酒而卒」。這位曾經拯救過即將被秦國滅亡的趙國的英雄，沒有戰死在沙場，而是屈死在敵人的權謀中。

信陵君一死，秦王大喜，發兵攻魏，一舉克城二十；後逐漸蠶食魏國，十八年後活捉了魏王。秦間魏王而成功，正是利用了魏國內部的矛盾，並將矛盾激化，又充分利用魏王的輕信挑撥之，終於達到了假魏王之手除自己心頭之患的目的。魏國與其說是毀於秦國，還不如

說是自毀長城。由此可見，在對敵鬥爭中，內部精誠團結，彼此信任，實在是太重要了。有句老話說「堡壘最容易從內部攻破」，此言一點不假。

東周初期的楚文王，也是利用蔡、息兩個小國的矛盾，達到滅亡蔡國的目的。

楚文王時期，楚國勢力日益強大，江漢以東小國，紛紛向楚國稱臣納貢。當時有個小國叫蔡國，仗著和齊國聯姻，認爲有個靠山，就不買楚國的帳。楚文王懷恨在心，一直想滅掉蔡國。可是蔡國和另一小國息國關係很好，互相幫助，這對楚王實現野心很不利。

蔡侯、息侯都是娶陳國的女人，經常往來。但是，有一次息侯的夫人路過蔡國，蔡侯沒有以上賓之禮款待，氣得息侯夫人回國之後，大罵蔡侯。兩國爲這個小事結怨，息侯因此欲借刀殺人，治治蔡侯。楚文王求之不得，成功地利用這個機會滅了蔡國。

而戰國時期的田單，也曾像秦王那樣運用智謀，不僅使自己轉危爲安，而且還大敗敵人。

周赧王三十六年（西元前二七九年），燕國名將樂毅率領燕秦魏韓趙幾國聯軍討伐齊國。樂毅有勇有謀，帶兵軍紀嚴明。他率軍攻齊連連告捷。當樂毅指揮燕軍久攻即墨（地名）不下時，便改用攻心戰法，圍城而不打，還後撤九里，築壘相持；對即墨城的居民，不但不抓捕，還對困難者給予賑濟。

田單對此深爲憂慮，擔心長此以往，人心動搖，因此決心逼走樂毅。齊襄王五年（西元

前二七九年），燕昭王死後惠王繼位。田單瞭解了惠王過去與樂毅有矛盾，認爲有隙可乘，遂派反間到燕國散布謠言：「齊驩王早已死了，而樂毅還沒有攻下齊國的莒和即墨兩城。這不是他無力攻取，而是故意留而不攻。因爲他與燕惠王有矛盾，害怕被殺掉，不敢歸燕，所以他以伐齊爲名，暗中與諸侯聯繫，企圖在齊國稱王。齊國人不怕樂毅稱王，就怕燕國換將。如果燕國派別人來接替樂毅，那麼即墨就會被攻破。」

燕惠王本來對樂毅好幾年都沒有攻下莒和即墨兩城就有懷疑，聽到樂毅要在齊稱王的謠言便深信不疑了。於是他派騎劫接替樂毅統率燕軍。

樂毅怕回燕遭到不測，便回自己的故鄉趙國去了。樂毅一走，燕軍少了深受將士愛戴的統帥；將士們對騎劫的無能心懷不滿，因而軍心渙散，戰鬥力大爲削弱。田單趁此機會，巧施火牛陣，大敗燕軍。

田單的成功，也正是利用了對方國君和主帥的矛盾。可見，將軍決戰又豈止在戰場。南宋陸游說作詩「功夫在詩外」；兩國攻守，有時眞正的功夫也在軍事較量之外。常說「智勇雙全」，用智的確十分重要，且更有學問。

謀成於密而敗於洩

國家與國家的較量、集團與集團的爭鬥，要有武的一手，又要有文的一手，最好是兩手都硬，相輔相成。文的一手中謀略很重要，而設謀用計能否成功，關鍵在「機密」二字。

春秋戰國時期有許多用計成功的事例，而用計失敗者也不少。《史記．伍子胥列傳》上就載有一個失敗的例子。

事情是這樣的：伍子胥從楚國逃到宋國，正趕上宋國大臣鬧政變，就同太子建一起投奔鄭國。鄭國很友好。太子建又離開鄭國去了晉國。晉頃公對他說：「太子既然與鄭國君臣友好，鄭國又信任太子，如果太子願爲我做內應，我率軍隊從外面攻打，就一定可以滅掉鄭國。滅鄭之後，我就把它轉給太子。」這個誘惑實在是太大了，太子建同意了晉君的計畫，就又回到鄭國。問題恰恰出在內部，隨從出賣了太子建，向鄭定公告發了滅鄭陰謀。太子建自然是「出師未捷身先死」，鄭定公與子產果斷地殺了他。

這個事故裡，晉國想以封爵爲誘餌滅鄭，太子建也願意爲封爵而做間諜。古人將這種情形稱爲「爵間」。終因謀事不密而反遭殺身之禍。這正說明，無論多麼高明的計謀，一旦天機

洩露，或引起敵方懷疑，或被內部出賣，或露出某些破綻，就可能爲敵所用，己方必敗無疑。所以，古人特別強調「事莫密於間」。《武備集要》中說：「用兵莫善於用間，用間之術，總欲使人不測，機欲密。」《兵經百字．秘字》也說：「謀成於密，敗於洩。」《兵經》還對如何隱機藏略作了具體說明，基本原則是：「一人之事，不洩於二人；明日之事，不洩於今日。」又要求，仔細地推究計謀的每一個細節，謹慎地不容有絲毫的疏忽。行動上保密了，還要防止在言談中洩密；言談中保密了，還要警惕從容貌中洩密；容貌上不露聲色，還要小心表情上不經意洩密；表情做到了隱而不露，還要當心說夢話洩密。

我國古代早就有「反間」之計。《三十六計》說它是「因敵之間而間之」，意思是識破敵方間諜和陰謀，利用敵間，保全自我，以獲取勝利。這是保密與破密、用間與反間的較量。反間計的手段是以假亂眞。它包含兩個方面：第一，敵間諜被發現或捕獲後，不是公開審判，而是暗中以重金收買，使他變爲己方控制下給敵人提供假情報的雙重間諜。第二，發現了敵間諜，並摸清了他的來意，但不露聲色，裝得像根本不知道一樣，採取將計就計的辦法，透露一些假情報，敵以假當眞，藉以利用敵人的錯誤達到目的。而使用「騙術」，還不在於製造完全的假象，而是要善於改變實際的景象或轉移其重點。「騙術」要使敵方深信不疑，往往需要透露某些眞實情況。

用間與反間，變化無窮，難以預料。用計者有時極爲謹愼，僞裝得天衣無縫，但最終還

是被對方識破了。這一點也不奇怪。有用間，必有反間。你在算計對方，對方也在琢磨你的一言一行、一舉一動。再說，道高一尺，魔高一丈，強中更有強中手。用計騙阿斗較容易，而要諸葛亮上當就不簡單；設謀捉弄李逵不難，在吳用那兒耍計謀就不易。用計固然要機密，但決不能忽視對手的素質、才智。

這裡我們說說春秋時期齊楚兩國的一番較量吧。

到齊桓公三十年（西元前六五六年），齊楚兩國經過二十餘年的經營，基本上勢均力敵，雙方都力求以謀略取勝，不戰而屈人之兵。楚國想吞併中原南部的宋國和鄭國，但又怕齊國干涉，於是，楚成王便設計籠絡齊桓公，目的是讓「人衆兵強」的強齊不干涉楚國的行動。楚成王在國內製造輿論，說齊桓公與管仲是無與倫比的明君賢臣，他願意臣事於齊。成王還鼓勵楚國賢士攜帶重寶、幣帛結交齊桓公左右。

齊桓公本是賢明之君，但賢明之君也是人，聽到別人讚美自己，臣服自己，也不免飄飄然。他還眞被楚王的假象迷惑了，認爲楚國一片誠心，成王對自己這麼好，如果齊國不對楚國友好，就虧了理。基於這種想法，桓公便讓管仲與楚國交好。

管仲則十分冷靜，他覺得楚王是黃鼠狼給雞拜年，沒安好心。經過分析，他認爲楚國的眞正目的是「欲以文克齊，而以武取宋、鄭」。這眞是一語破的、一針見血的見識。因此，齊國必須做好兩面準備，一方面「興兵而與存宋、鄭」，一方面邀楚國會盟，以楚不向周王室進

貢包茅（一種用心濾酒的原料）而興師問罪。

聽了管仲的分析和建議，齊桓公如夢方醒，依計而行，率諸侯聯軍到達楚國邊境，與楚成王會盟於召陵。楚國懾於諸侯聯軍的強大實力，不敢輕啓戰端，被迫承認「貢之不入，寡君之罪」，這場謀略戰最終以齊勝楚敗而告終。

孔子說「三思而後行」。在紛紜複雜的鬥爭中，面對撲朔迷離的形勢，千萬要沈著冷靜，慎重思考。鱷魚對你流淚，未必是傷心；狐狸誇喜鵲嗓子好，也並非出以眞心。識別對方意圖再採取行動，才不至於上當受騙。這是國家交往的常識，也是人際交往的道理。

四、信用與威信

不貪財富，威信更高

帝王也好，諸侯也罷，都不能沒有威信。沒有威信，則無以立國，無以御下。

但威信不是上帝賜予的，不是別人賞賜的。威信，是靠自己的言行來樹立的。我們說的春秋五霸，戰國七雄，都是當時有實力、有威信、能服衆的諸侯。他們是如何建立自己威信的呢？

這裡，我們還是先來看看齊桓公是怎樣確立和提高威信的吧。春秋初期，齊桓公剛剛當上諸侯盟主的時候，居住在北方的戎族經常侵擾中原國家，威脅很大。有一次，北方的燕國又受到山戎的侵犯，燕國國君就派人到齊國來求救。齊桓公和管仲一商量，認爲征服北方的山戎，既可救燕國之危，提高齊國在諸侯中的威信，又可解除自己的後顧之憂，以便集中力

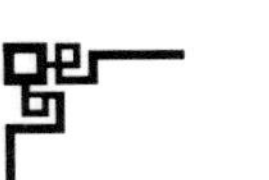

量對付南方的強敵楚國，於是決定親自率領大軍去援助燕國。結果，桓公和管仲與燕莊公一起率領軍隊，經過十分艱苦的追擊，一直打到北方的孤竹國，不僅打垮了山戎，還滅掉了孤竹國，山戎的首領密盧和孤竹國君答里哈都被除掉了。

齊桓公勝利以後，決定把原來山戎和孤竹方圓五百餘里的土地送給燕國。燕莊公不敢接受，說自己是靠齊國的幫助才保全了國家，怎麼還敢要這多麼土地呢？齊桓公就對他說：「這些地方離齊國很遠，我也沒法來管理。這些地方很重要，只要你能治理好，使戎狄不敢再來侵犯，並按規矩向周天子進貢，我也就滿意了。」於是，燕莊公接受了這五百里土地。齊桓公回國時，燕莊公爲了表示感激，熱情地親自送齊桓公。兩人談得很投機，結果不知不覺送出了燕國國界五十多里。齊桓公發現後，對燕莊公說：「按周禮的規矩，諸侯送諸侯，是不能送出自己國家邊境的。我怎麼違禮呢？」他堅持又把這五十里齊國的土地給了燕國。這樣，燕王就可算沒送出國境。

齊桓公去救燕國，主要是爲了提高自己的威信，進一步確立齊國的霸主地位。他把山戎、孤竹的五百里土地和齊國的五十里土地送給燕國，正是要向諸侯們表示自己不貪圖財富，做事公道。結果，當時的各國諸侯知道了這件事，都對齊桓公很敬佩，齊桓公的威信更高了，齊國的霸主地位進一步得到了各國的承認。

作爲諸侯，齊桓公當然希望國土更大，財富更多。但桓公剛當霸主，根基未穩，若此時

便野心勃勃，攻城掠地，不講信譽，不顧禮義，那他必然會失去其他諸侯的信任。聰明的桓公對上尊崇周天子，循規守矩，講究禮節，對其他諸侯國扶危濟難，慷慨相助，這樣，他的霸主權威自然就確立了。聯繫現實，我們注意到一個小小單位，若領導見困難不幫，見好處就撈，那麼自然不會有什麼威信。一個領導，爲人正派，樂於奉獻，淡泊名利，關心他人，無疑會贏得衆人的擁戴。

威信確立後，齊桓公霸業發展順利，後來他便公開干預周王室王位之爭，周惠王死後，擁立太子鄭爲王，是爲周襄王。西元前六五一年，他再次會盟諸侯，霸業達到盛極之頂。

威信比土地更重要

上一節我們談了齊桓公不貪財富、禮待燕國的故事，下面再談談桓公在與魯國打交道時還田取信的事，從中更可清楚地瞭解一代霸主之所以稱雄的原因。

齊國強大起來以後，管仲又給齊桓公出主意，讓他打著周天子的旗號來號令天下。當時，正好宋國剛發生過內亂，新上臺的國君還沒有得到各國的正式承認。管仲就讓桓公利用周僖王剛即位的機會去賀喜，同時要求周僖王下令讓諸侯承認宋國新君的合法地位；如果僖

王同意，齊國就可以出面召集諸侯，這樣就有了成爲諸侯盟主的機會。

齊桓公按照管仲的主意去做了，果然，周僖王把召集諸侯承認宋國新君的任務交給了桓公。於是，齊桓公便在齊國的北杏大會諸侯，共同確定宋國新君的地位。在這次大會上，齊桓公如願以償，被推爲盟主。可是，應該參加這次大會的還有魯國、鄭國、衛國、曹國，這四國的國君都沒有來。

爲了樹立齊國的權威，桓公和管仲決定先拿魯國開刀，藉口是魯君不聽從周天子的號令，這樣顯得師出有名。他們先是派兵去攻打魯國的附屬小國遂，然後又派使者去恐嚇魯君。於是魯莊公向使者表示，只要齊國停止用兵，他願意立即去齊國會盟。目的達到了，齊桓公立即撤兵回師。

魯莊公帶著魯國的大將曹劌去齊國的柯地參加會盟。這個曹劌大家都很熟悉，中學語文課本中有一篇《曹劌論戰》，寫的就是他。齊國爲了顯威風，會場佈置得很森嚴，魯莊公還眞有些害怕。可是他的大將曹劌是個有膽有識的人物，他一直手按利劍，緊隨魯莊公。

大會開始以後，有人捧上盛著牛血的盤子，請齊魯兩國國君歃血盟誓。就在這時候，魯君身後的曹劌突然躍步上前，一手抓住齊桓公的衣袖，一手抽出利劍。他說：「魯國本來是個弱小的國家，經過連年的戰爭，現在簡直快要亡國了。你們既然說要扶助弱小國家，可是爲什麼一點也不替魯國著想呢？」這時，管仲便問他到底有什麼要求，曹劌說：「汶陽之

田，本來是魯國的，被齊國仗著自己強大的力量霸占去了，現在就請齊國歸還汶陽之田給魯國，不然魯國決不同齊國立盟。」管仲請桓公答應曹劌的要求，桓公也就痛快地答應了，這樣，曹劌才放開桓公，讓魯莊公與齊桓公進行盟誓。待桓公與莊公盟誓完畢，曹劌又提出讓管仲和他一起為歸還汶陽之田的事盟誓。桓公說自己講話一定算數，不必再讓管仲盟誓，於是自己指著天，發誓說一定歸還魯國的汶陽之田。這次會盟就這樣結束了。

事後，齊國的一些大臣都很生氣，認為這件事丟了齊國的面子。他們甚至勸齊桓公乾脆殺了魯莊公。可是齊桓公卻另有看法，他認為齊國這樣強大，暫時失掉一塊土地沒有什麼，要是把汶陽之田如數還給魯國，更能提高自己的威信。於是，第二天就擺酒設宴，很有禮貌地送魯莊公回國。隨後，便兌現諾言，將汶陽之田如數歸還給了魯國。

從上面這件事我們看到，齊桓公確實有眼光，遠見卓識，有胸懷，不拘一隅。人的信譽比一小塊土地更有價值。他失去了一塊本不屬於自己的土地，卻從人心上征服了各國諸侯。

齊桓公的這一做法果然收到了很好的效果，諸侯們聽到這件事之後都佩服他講信用，紛紛依附齊國。上次沒有參加北杏會盟的衛國和曹國，也都派使者前來向齊國表示道歉，主動請求與齊國會盟。

還田取信，有失有得，孰大孰小，已有了明確的答案。

取信於人，信則不欺

一個不講信義的人，是沒有威信可言的。因此，帝王御下，兵家治軍，無不重視以信立威。

周武王與姜太公一起討論如何選擇將帥的問題。姜太公認爲，將帥應該具備五種美德，避免十個方面的缺點。他說的五種美德就是：勇、智、仁、信、忠。談到「信」，他又說「信則不欺」（《六韜・龍韜》）。

著名軍事家孫武也把「信」作爲將帥應具備的重要素質。他說：「將者，智、信、仁、勇、嚴也。」在他看來，將帥率三軍之衆，以信帶兵是十分重要的。平時信而不欺，推心置腹地對待士卒，打起仗來，士兵就會衷心地聽指揮而不懷疑，這樣的軍隊，才會攻無不克，戰無不勝。

古人講「兵不厭詐」，那是對敵人而言的；對自己人，如下屬、友邦，則必須講求信義，以誠換誠，心心相映。只有這樣，自己才有威信，別人才能服你。

前面我們提到過，齊桓公不背盟約，全部歸還侵占的魯國土地。晉文公「退避三舍」，也

是爲了履行諾言。以信立威，先禮後兵，終於大敗楚軍，並在踐土稱霸。晉文公伐原，原定攻打十天，十天沒有攻下，也依前言，罷兵而去。有人勸晉文公繼續攻下去，他卻說，我已和士卒說好打十天，不能失信。攻下原而失去士卒信任，這事不能幹。晉文公以信待人、以信治軍，終成一代霸王。

三國時期的諸葛亮，也十分注重以信帶兵，以信立威。蜀軍準備進攻隴西時，長史楊儀報告說：軍中現有四萬人應該回去休息了。諸葛亮立即命令這些部隊收拾行裝，準備回去。正在這時，魏軍突然來攻。楊儀又建議，先讓這四萬人留下，打完仗再走。諸葛亮卻說：用兵命將，以信爲本，得利失信，古人所惜。軍情再緊，也不能失信前言。基於這種考慮，諸葛亮決定讓士卒按時起程，他對衆人說，你們的父母妻兒無不倚門而望，我怎麼可以把你們留下呢！衆將士無不爲諸葛亮的言行所感動，幾次下令他們走都沒人走。諸葛亮只得讓他們參戰。上司體恤下屬，士卒支援上峰，上下一心，同仇敵愾，待魏軍遠道來攻，一經交鋒，蜀軍大獲全勝。

取信於士卒，是立威之法，是勝利之寶。聰明的將帥都十分重視部下的信任之情。一旦失去了部下的信任，威信就無從談起；將令不行，其後果不堪設想。《兵躧》論「信」有這麼一段話，把「信」提到了相當的高度：

> 古之王者不欺四海，霸者不欺四鄰。善為國者，不欺其民，……是故君子以信為大寶也。……上不信下，下不信上，上下離心以至於敗。……信而又信，重襲於身，乃通於天。以此治兵，則無敵矣。

《百戰奇法．信戰》亦云：「凡與敵戰，士卒蹈萬死一生之地，而無悔懼之心者，皆信令使然也。上好信以任誠，則下用情而無疑，故戰無不勝。」中國古代儒家素有仁、義、禮、智、信之說，這裡兵家講「信」既有道德的內蘊，也有謀略的成分。

一諾千金，以信為寶

古代兵家治兵以信，前舉數例已充分說明了這一點，《握奇經》中也有關於「信」的論述：「治兵以信，求勝以奇；信不可易，戰無常規。」可見，打仗沒有一定之規，應隨機而變，但「信」平時戰時都不可缺少。「信」是治兵的方略，「奇」是制勝的法術。

東周列國，齊桓公不背曹沫之盟，歸還土地，固是信義之舉；而魏文侯不違虞人之期，也意味深長。有一天，魏文侯和看山林的小吏約好去打獵，到了那天忽然下雨了，他就冒著

雨去向那個小吏說明不去打獵了。事兒雖小，但魏文侯講信用、尊重人的品性卻由此充分展現了出來。

常言道：君子一言，駟馬難追。這意思也是說人要守信用，說話算數。作為領導者，更應該一諾千金，以信為寶，並以此來贏得下屬的信任。《史記》上就記有一則關於信守諾言的故事。

《史記．季布欒布列傳》載：秦末楚漢相爭時，楚人季布，任俠仗義，在楚很有名氣。他曾在項羽軍中，多次圍困漢王劉邦。後來，項羽戰敗，被圍自殺，劉邦勝利後做了皇帝，懸賞千金，捉拿季布，佈告說若有敢於收留隱藏者，罪連三族。後來，汝陰侯夏侯嬰勸諫劉邦撤銷了對季布的通緝令，並讓他擔任了官職。

有個名叫曹丘生的，也是楚人，有辯才，多次借重權貴獲取錢財。季布很看不起他。曹丘生一再糾纏漢文帝竇皇后哥哥竇長君介紹他去見季布，季布不理他。曹丘生「即揖季布曰：『楚人諺曰：得黃金百斤，不如得季布一諾』，足下何以得此聲於梁、楚間哉？且僕楚人，足下亦楚人也。以僕游揚足下之名於天下，顧不重邪？何足下距僕之深也？」季布大為高興，把曹丘生引為上賓。

曹丘生這番話的大意是：楚人常言「得黃金百斤，不如得季布一諾。」你在梁、楚一帶的名聲為什麼這樣大？這都是我到處替你宣揚的結果啊！而你為何卻要拒絕我呢？季布聽了，自然高興。據說，曹丘生住了幾個月才走。臨走時，季布還送了他一份厚禮。後來，曹丘生繼續替季布宣揚，季布的名聲也就愈來愈大。因此，後人形容宣揚別人長處並樂於薦賢的這種美德，就叫「曹丘之德」。

「一諾千金」就是從此演化而來的。作爲一種能贏得被統治者信任的藝術，它在統御謀略中占有重要的地位。

儒家講「言必信，行必果」；墨家講「行不信者名必耗」：二者無不強調信譽第一，忠誠爲上。儒家學派的創始人孔子，更是將「信」作爲處理人際關係的一個最基本的原則。他所說的「信」，就是不說謊，遵守與他人的約定。簡單講就是誠實。《論語》中說：「人而無信，不知其可。」如果一個人不講信用，不知道他還能做什麼（意即不配做人）。子貢曾向孔子請教爲政者在處理政事時應該注意哪些事情。孔子回答：「足食，足兵，民信之矣。」即必須具備糧食、軍隊和群衆的信賴三大要素。子路又問：「假若在不得已的情況下去掉其中一項，應該先去掉哪一項呢？」孔子回答：「軍備。」子路接著問：「假如其餘兩項中，又不得不去掉一項，應該去掉哪一項呢？」孔子毫不猶豫地回答：「當然應該去掉糧食，因爲自古以來人總免不了一死，但是，如果政府失信於民，就什麼都失去了。」由此可見，孔子認爲信是多麼重要，而許多人往往不講信用，言而無信，這實在是一種錯誤。

如果說儒家講「信」，更多的還是一種人格修養的話，那麼，兵家、諸侯講「信」則更多

地帶有謀略的味道。而春秋戰國時期的法家也是十分重視言而有信、信賞必罰的，這裡也更多的是一種統治藝術，一種韜晦智謀。下面，我們以著名法家人物商鞅爲例，來談談法家之「信」的謀略意義。

移木賞金，說一不二

「一諾千金」是以誠信爲本，不開空頭支票。領導者只有言而有信，才能獲取信任，只有說一不二，才能取信於民，令行禁止。戰國時期商鞅爲推行新法「移木賞金」的事，就很有啓發意義和借鑒價值。

在戰國七雄中，秦國地處西方（今甘肅、陝西一帶），最爲落後。奴隸制的經濟基礎雖然瓦解了，但舊貴族的勢力還相當強大，政權依然控制在他們手中。這樣，經濟發展遲緩，政治得不到改革。因此，中原諸侯國都瞧不起秦國，各國會盟時，秦國參加的資格都沒有。新興的魏國還經常派兵攻打它，搶占秦國黃河以西的大片土地。

西元前三六一年，二十一歲的嬴渠梁即位，這就是秦孝公。孝公年輕有爲，頗有雄心壯志。他決心發奮圖強，進行改革。爲了搜羅人才，他下了一道《求賢令》：「誰要是能想出

奇計妙策，使秦國五穀豐登，兵力強大，國家興旺起來，我給封官，並且賞給他財產和土地。」就是在這個時候，商鞅來到了秦國，商鞅本是衛國後代，後來曾在魏國待過幾年，因不得志，才來到秦國。他向秦孝公提出了變法的政治主張。

秦孝公十分欣賞商鞅的變法主張，任命他為左庶長（官名），決心實行變法。但是，秦國的舊貴族在當時還有相當勢力，陳風陋俗、舊的傳統觀念根深柢固，要進行一次深刻的政治變革，並非易事。若實行改革，推行新法，必然要打破「祖宗成法不能變」的傳統觀念，有些人接受不了，尤其是那些貴族豪門，更是激烈地反對新法。商鞅在秦孝公的支援下，變法的決心已定。但是，如何變法呢？商鞅想：必須首先取信於民，使人們深信變法的好處與朝廷變法的決心。為此，他想出了一個主意。

商鞅寫了變法令，在法令公布之前的一天早晨，在都門豎起了一根三丈多高的木桿。旁邊掛著一張告示：「有能將此木桿搬到北城門者，賞黃金十兩。」商鞅就坐到離告示不遠的地方，兩名武士站在他身後。觀看的人們圍了一大群，議論紛紛，誰也不相信有這樣容易得十兩黃金的便宜事。

中午，看熱鬧的人少了，木桿還是直挺挺地豎在南門口。下午，商鞅命人把告示上的「十兩」改成「五十兩」。人們更是議論譁然。這時，有一個小夥子走上前去，看了看商鞅，又打量了一下木桿，心想：不就是這麼根木桿嗎？管他給不給賞金，反正累不壞我，就只當

玩一趟。於是扛起木桿，大步流星地向北門走去了。不一會兒，小夥子回來了，開玩笑似地問道：「左庶長大人，我已經把木桿搬去了，這是北城門守衛給我的收條。您眞的給我賞金嗎？」商鞅微笑著點了點頭，命令武士：「馬上付賞金五十兩！」那小夥子和圍觀的人都驚呆了。這時，商鞅命人把早已準備好的新法掛了出來。

「移木賞金」這件事，很快在秦國傳開了。人們都說：「商鞅執法如山，說一不二。」由於取得了老百姓的信任，新法得以迅速實施，而這正是商鞅所希望的。

顯然，這裡的移木賞金是一種謀略。搬根木頭就能得五十兩黃金，實是舉手之勞。商鞅之所以一諾千金，意義遠在此事之上。它意在告訴人們，朝廷說話是算數的。有了人們的信任與支持，加上採取措施對付保守勢力，商鞅變法才順利施行，而秦國也從變法中崛起，成爲雄中之雄。

無論是諸侯還是大臣，無論是將帥還是普通士庶，講信用才有威信，有威信才能把事情辦好。西方哲人說：人活在世上需要信任別人，猶如需要空氣和水。要獲取信任，要信任別人，方式方法是多種多樣的，一諾千金是一種，報施救患也是一種。下面，我們再來談談春秋霸主晉文公是如何報施救患，確立威信的。

報施救患，確立威信

齊桓公對內任用賢能，發展生產，加強軍備，對外挾天子以令諸侯，開展積極有效的外交活動，取得了霸主的地位。桓公威信的建立主要靠的是講求信義，不貪便宜。作爲諸侯盟主，齊桓公確實有點老大哥的風範。繼齊桓公稱霸之後當諸侯盟主的是晉文公。晉文公又是如何樹立自己威信、確立自己霸主地位的呢？概括來說是八個字：報施救患，取威定霸。

到齊桓公晚年的時候，齊國國力衰退，霸主地位隨之發生動搖。南方的楚國趁此機會滅了弦、黃、許、徐等國，進入中原，大有取代齊桓公問鼎霸主之勢。就在這時，晉國也強盛起來。中原的一些國家，如宋國，歸附晉國而背棄楚國，改變了中原小諸侯國向楚國一邊倒的局面。

一心想當霸主的楚國自然容不得晉國與自己爭奪勢力範圍，便於西元前六三三年（魯僖公二十七年）冬聯合陳、蔡、鄭、許等國攻宋。宋國連忙派人向晉國求救。晉國也知道，楚國進攻宋國，實際上是衝著晉國來的。兩強對峙，都想成爲新的霸主。面對楚國咄咄逼人的攻勢，晉國該怎麼辦？晉文公就此事徵詢大臣們的意見。下軍副將先軫認爲這是天賜爭霸中

文公）流亡時對重耳有過恩惠的國家，解救這些國家的患難；通過報施救患，在諸侯中樹立威信，進而確立晉國的霸業。當時，很現實的問題就是要幫助危難之中的宋國，因爲當初重耳流亡宋國時，宋襄公曾經贈給他八十匹馬，優待有加。先軫提出的八字方針是符合當時實際的。在這個基礎上，狐偃進一步提出近攻曹、衛以解宋圍的具體方案，因爲衛國剛與楚國結成婚姻之國，並且曹、衛在重耳流亡時都很刻薄，不給禮遇。

晉文公集思廣益，戰略正確，因而取得了理想的效果。西元前六三二年（魯僖公二十八年）初，晉出兵伐曹。曹在衛的東邊，攻曹國要路經衛國，衛國不願借道，晉軍便奪取了衛國的五鹿，不久又占領了衛國的斂盂。衛國向楚國求救，晉軍已離衛而去攻打曹國了。曹國也寄希望於楚國的援軍，但沒等到楚國援軍到來，晉軍已經破曹，俘虜了曹共公。

出乎晉國意料，楚軍並未遠道來救曹、衛，而是進一步加強了攻宋的力量。這樣一來，晉文公只好南下直接同楚軍交鋒以解宋圍了。爲了使楚國陷入孤立的境地，並使齊、秦等國加入攻楚的陣線，晉文公採納先軫的建議：在楚與秦、齊之間開掘「鴻溝」。方法是讓宋國賄賂齊、秦，請他們出面調解楚、宋之爭。如果楚解宋圍，就繼續囚禁曹共公，並把晉軍占領的曹、衛土地送給宋國，如果楚國拒絕齊、秦的調解而繼續圍宋，齊、秦必然對楚不滿，加入到伐楚陣線中來。楚國當然不願意讓自己盟國的土地落入親晉的宋國之手，便拒絕了齊、

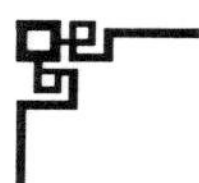

秦的調解，使自己成了孤家寡人。

西元前六三二年，晉軍與宋、齊、秦三國軍隊聯合，在城濮大敗楚軍。晉國的國威由此大振，中原諸侯紛紛倒向晉國。晉文公便與諸侯在踐土會盟，正式登上霸主的寶座，實現了預期的戰略目的。

晉文公的成功無疑是以實力作後盾，但策略的恰當也是十分重要的。知恩圖報，孤立主要敵人，在鬥爭中確立自己的威望等等，均是晉文公實施稱霸戰略的重要舉措，其間有許多東西富於啓示意義。

五、韜晦人生

水最弱也最強

韜晦之術，在春秋戰國時期是一種很常用、也很有效的統御智謀和處世方略。

韜晦一詞，辭書上的解釋主要是兩層含義：一是隱藏才能，不使外露；二是隱藏行跡，收斂鋒芒。兩方面，有聯繫也有區別。

從字面上講，「韜」，本意是弓袋子，有「進去」的意思；「晦」，是「黑暗」、「隱晦」之意，比如月末，又說成是「晦月」，因為按陰曆，月末是不出月亮的「黑暗之日」。

把韜晦之術作為一種人生策略從理論上加以探究的是老子。他從自己柔弱退守的人生哲學出發，生動具體地闡發了韜晦之術。

老子以水為喻，頗為具體而深刻地闡述韜晦之略。「上善若水」是其最精煉的概括。

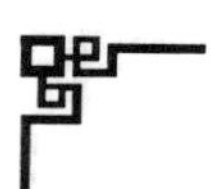

《老子》中的這四個字，淋漓盡致地表現了一種百折不撓、堅韌不拔的頑強意志和生存精神。

爲什麼說「上善若水」呢？在老子看來，水具有以下三個特點：首先，水具有一種柔軟性，可以隨時順應環境，並且能夠視對方的強弱作適當的應對。其次，水總是向著低處流，象徵著人的謙虛精神。第三，水很柔弱，但這只是表面上如此，即使平靜無瀾的水流下也潛伏著巨大的力量。《老子》中這樣說：

上善若水，水善利萬物而不爭，處眾人之所惡，故幾於道，居善地，心善淵，與善仁，言善信，正善治，事善能，動善時。夫唯不爭，故無尤。

意思是說，最理想的生活方式應該像水一樣，滋養萬物，卻不與萬物相爭，而甘願蓄積在世人所厭惡的卑下之所。做人也要像水那樣，處處謙讓別人，博施而不貪求報答；說話以誠信取人，處事有條不紊，行動能夠掌握住時機。老子又說：

天下莫弱於水，而攻堅強者莫之能勝。以其無以易之。

這是一種「柔弱勝剛強」的人生信念。老子認爲，一個人並不需要處處占上風，出風頭，也不需要處處與人相爭；只要像水那樣，具有柔軟、謙虛和蘊藏力量的素質，就能在不知不覺中戰勝強大的對手。

據《史記》記載，孔子曾經拜訪過老子，向他請教「禮」。老子告誡孔子說：「一個聰明而富於洞察力的人，身上經常隱藏著危險，那是因爲他喜歡批評別人。雄辯而學識淵博的人，也會遭遇相同的命運，那是因爲他暴露了別人的缺點。因此，一個人還是節制爲好，即不可處處占上風，而應該採取謹愼的處世態度。」老子還對孔子說：「君子盛德，容貌若愚。」也就是說，那些才華橫溢的人，外表上與愚魯笨拙的普通人毫無差別。

此外，據《莊子》記載，當楊子去請教老子時，老子也諄諄告誡他不要太盛氣凌人，而應謹言愼行，謙遜待人。老子還告誡人們：

不自見，故明；不自是，故彰；不自伐，故有功；不自矜，故長。

這個排比句的大意是：一個人不自我表現，反而顯得與衆不同；一個不自以爲是的人，會超出衆人；一個不自我誇耀的人，會贏得成功；一個不自負的人，會不斷進步。而反過來，則是「企者不立，跨者不行，自見者不明，自是者不彰，自伐者無功，自誇者不長」。

老子是和孔子同時代的人，《老子》一書約成於戰國中期，基本上反映了老子的思想，其間也凝聚著那個時代的人生思考。老子的這種以水爲喻的人生哲學觀，與其「無爲而無不爲」的核心思想也有內在聯繫；這種「水」的人生哲學又具體表現爲一個處世原則：「不敢爲天下先」。

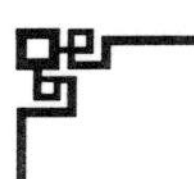

老子那個無所不包，以虛、無爲本質特徵的「道」，運用在政治場合和立身處世方面，便具體表現爲「三寶」：第一是「慈」，即寬容；第二是「儉」，即退縮、保守；第三是「不敢爲天下先」。在他看來，寬容則能勇敢，退縮則能寬廣，不敢走在天下人的前面，則能做事物的首長。這是老子以靜制動，以柔克剛戰術的運用，是其無爲而無不爲戰略思想的具體化。老子之所以主張「不爲天下先」，一方面是因爲他堅信柔弱勝剛強的原則是克敵制勝的法寶；另一方面，是與他「聖人之道爲而不爭」的信念分不開的。

老子這種「上善爲水」的人生韜略，包含著畏葸、謙卑、不敢出人頭地的消極因素，但也包含著以柔克剛、以弱勝強、以靜制動的富有辯證精神的積極因素。

過去就有人稱《老子》爲權謀之書，其中的確不乏統御之術、處世之道。對「韜光養晦」內在精神論析之精微，恐怕還沒有超出《老子》的呢。

後來，韓非把韜晦之術直接運用到最高統治階層。他論說君主統御之道，特別強調「君主不應把自己的眞心愛憎公開化」。

《韓非子・二柄》中說：「君主如果把自己的所憎所好都溢於言表的話，臣子就會有意在你面前顯示或隱藏什麼。如果知道了君主的欲望，臣子就會投其所好。」反之，君主若晦跡韜光，臣子就會顯出本色，這樣，君主就不會受欺騙。

《韓非子・外儲說》中認爲：「一定要愼於言，否則就會被人看穿；一定要敏於事，不然

就會盲從。如果你顯示你有知識，別人就會藏起他的無知；要是讓人知道了你無知，就會受騙。所以只有無爲，方可察知對方。」

俗話說：見人且說三分話，未可全拋一片心。此話是韓非統御之術的大衆化、生活化。這種韜神晦跡的階級、時代侷限不言而喻，但在今日也未必毫不足處。如參與國際商戰，深藏不露，以靜待動，就很有意義。

大丈夫能伸能屈

老子的「上善爲水」，實質上也蘊涵著一種「大丈夫能伸能屈」的謀略韜晦。勝者也講智謀，而敗者更要講韜光養晦。沒有深厚的韜晦之功，就難有東山再起之時。倘能失敗後雄心不泯、鬥志不輸、暫時隱藏自己的復起意圖，總結教訓，深謀遠慮，苦練內功，何愁不能報仇恥，再振雄風！

所以，從某種程度上說，韜晦之計是智者的謀略，更是不服輸的敗者的謀略。西周的文王和東周的勾踐，正是那種隱忍堅毅、韜晦有術的政治謀略家。

周文王以其卓越的政治才幹，創立了豐功偉績。然而他的成功來之不易。

暴虐無道的商紂王覺察到周人對商王朝的威脅，便把周文王逮起來，關押在羑里這個地方。爲了剷除後患，紂王還把文王的長子伯邑考抓到商都做人質，令其爲他駕車。爲了考驗周文王是否眞是「聖人」，紂王下令殺了伯邑考，用其肉做成羹湯，強迫文王吃，並對別人說：「我要看看他是不是聖人，若是聖人，當然知道是自己兒子的肉。」文王強忍悲憤，假裝不知，將肉湯喝完。

文王被拘以後，他的四位臣子太顚、閎夭、散宜生、南宮適往羑里探望他。文王以眼色、手勢令四臣行賄紂王。他們遍尋美女駿馬、奇珍異寶，獻給紂王。紂王見了喜不自禁，說：「僅此一物（指美女）就足夠了，更何況有這麼多奇珍異寶。」紂王不僅輕易地赦免了周文王，還賞賜給他弓、矢、斧、鉞，授權他討伐不聽命的諸侯，做西方的諸侯之長。

獲釋以後，周文王積善行德，文攻武伐，勢力逐漸強盛，終於成爲與殷相抗衡的力量。文王爲自己的兒子武王滅殷鋪平了道路。而文王的成功，的的確確得益於他的韜晦之術。常言說：「吃得苦中苦，方爲人上人。」文王所忍受的這種苦既有肉體的，更有精神的，非常人所能忍受。他的成功也是十分輝煌的。

春秋時期，失敗最慘，韜光養晦時間最久，苦心經營、用計最多者，恐怕要數越國的國王勾踐了。

勾踐，生年不詳，卒於周貞定王四年（西元前四六五年）。傳說他是夏禹的後裔。西元前

四九四年，勾踐不聽大夫范蠡的勸告，興師伐吳，結果大敗，五千殘兵敗將被吳王夫差以重兵圍困在會稽山上。在萬般無奈之際，勾踐只好接受大夫文種「卑辭厚禮」的建議，向吳王屈膝投降。

當時的情況是，勾踐欲求和而不得。他先派文種攜帶美女寶器，賄賂了夫差的寵臣太宰伯嚭，讓伯嚭在夫差面前進言，允許越國求和；隨後，把國事託付給了文種等大臣，自己帶著妻子和范蠡等人到吳國做人質。

勾踐等人一到吳國都城姑蘇（今江蘇蘇州），吳王夫差就讓他們住在先王闔閭墳墓旁的一間石室裡，爲夫差養馬當奴僕。每逢夫差外出，都由勾踐牽馬，跟隨在車子左右，隨時聽從使喚。有人指著勾踐說：「那馬夫就是越王勾踐。」他聽後，只能忍氣吞聲，雖然內心非常震怒，臉上還要裝出逆來順受、馴服老實的樣子，不能有慍怒之色。

有一次，夫差得了病，范蠡已知病情並無大礙，不久即可痊癒，就把情況告知了勾踐。勾踐託伯嚭帶話，說他曾跟人學過一種嘗人糞便知病情輕重的本領，願爲大王診病。伯嚭帶著勾踐走進夫差臥室，正趕上夫差要解大便，夫差令勾踐出去。勾踐說：「父親有病，做兒子的理該服侍；大王有病，當臣下的應當服侍。再說，我還能嘗大王的糞便知您病情輕重。」聽了勾踐的話，吳王夫差自然十分高興。當夫差拉完屎，勾踐果眞嘗了嘗，祝賀說：「大王糞便味酸稍苦，這是『時氣之症』。大王不必擔心，過幾天就會痊癒。」幾天過後，夫差的病果然好了。夫差十分高興，以爲勾踐完全歸順了自己。與此同時，伯嚭也因爲不斷收到文種從越國派人送來的禮物而經常向吳王報平安，夫差便斷定越國對吳國再也不構成威脅了。

勾踐爲吳王夫差當奴餵馬三年之久，終於在西元前四九一年，和范蠡等人離開姑蘇，回到了越國。

在吳王那裡時，勾踐表現得服服貼貼，忠心耿耿，忍屈受辱，毫無怨言，但骨子裡卻雄心不泯，仇恨切齒，時刻不忘復仇大業。

勾踐回到越國，君臣相見，悲喜交集。爲了不忘亡國之恥，養馬之辱，不讓優裕舒適的生活消磨自己的意志，他在臥室裡不用錦繡被褥而代之以柴草，還把苦膽掛在房裡，出入和睡前都要嘗一嘗。他經常提醒自己，苦膽再苦，也沒有亡國做奴僕，遭欺凌被侮辱苦。他平時親自下地耕作，夫人也親自養蠶織布。他吃飯不吃肉，穿衣不要綢，還經常放下君主架子，親自訪問賢人，虛心聽取意見，以禮接待賓客，救濟貧苦百姓，由此深得人心。他重新整治內政，提倡發展生產，繁衍人口，徵聚兵員，加強軍訓，開展卓有成效的外交戰。與此同時，他對吳國年年進貢，還挑選、訓練了西施等絕色佳人送給夫差，以麻痹吳王的戒備之心。就這樣，勾踐雙管齊下，使本國得以復興。經過二十年的準備，到西元前四七三年，勾踐親自率領精兵數萬，徹底打敗了吳國。吳王夫差被圍困在陽山（今江蘇吳縣西北），最後掩面自殺。

唐代詩人呂溫讀《勾踐傳》後，寫下了這樣一首七絕：

丈夫可殺不可羞，如何送我海西頭？

更生更聚終須報，二十年間死即休。

常言道：君子報仇，十年不晚。越王勾踐復仇雪恥，豈止花了十年！堂堂一國之王，淪爲一介馬夫，所受的屈辱過於常人。但爲了東山再起，洗刷恥辱，勾踐以超乎常人的意志忍辱負重。這樣的韜光養晦，實在比戰場上的浴血拚殺更難啊！因爲心靈的屈辱比肉體的苦痛更難讓人忍受。勾踐爲了迷惑吳王，假戲眞演，不惜重金收買伯嚭，不惜讓妻子給夫差當小妾，不惜寄人籬下當馬夫，不惜去做連孝子都難以做到的嘗便切診，甚至在回國之時對夫差痛哭流涕，表現出難捨難分之情，回國後繼續用各種方式對夫差表示臣服之心。這樣的韜晦之計中該有多少辛酸、多少屈辱、多少血淚啊！正是由於勾踐能忍常人難忍之辱，最終才成常人難成之事。應該說，在當時的情況下，勾踐是明智的、識時務的，其以屈求伸的策略也是相當成功的。

有句老話，誰笑到最後，誰才笑得最好。爲了最後一「笑」，勾踐把痛苦之淚往心裡流，打落了牙齒往肚裡咽。他這種假投降式的韜晦，在今天已失去了直接仿效的意義；但其失敗不失其志的精神，臥薪嘗膽、勵精圖治的壯志，以及善於隱蔽自己行動企圖的計策，仍然有

值得我們學習繼承的地方。勾踐的韜晦人生，給我們啓示最大的是兩個字——堅忍。德國詩聖歌德說過一段富含哲理的話：

> 只有兩條路可以通往遠大的目標，及完成偉大的事業：力量與堅忍。力量只屬於少數得天獨厚的人；但是苦修的堅忍，卻艱澀而持續，能為最微小的我們所用，且很少不能達成它的目標，因為它那沈默的力量，隨時間而日益增長為不可抗拒的強大力量。

留得青山在

西元前六三六年春，晉公子重耳（西元前六九七—前六二八）在秦國軍隊護送下返回晉國。此時，他已是六十二歲，前後在外流亡了十九年，終於回到祖國，並當了國君，即晉文公。

晉文公重耳之所以大難不死，反敗爲勝並成爲一霸，主要是得力於他的身邊有一個忠誠如一、深有謀略的人才團體，得力於重耳和他的智囊們的韜光養晦，鍥而不捨。

據《史記．晉世家》記載，重耳十七歲時，身邊已擁有一批賢能之士，著名的如狐偃、

趙衰、賈佗、魏武子、顛頡、先軫、介子推等。當時，晉獻公立幼子爲繼承人，殺太子申生，又派人去殺重耳。重耳從牆上逃走，連衣襟都被人割斷了。重耳逃到狄國避難十二年，狐偃（重耳之舅）等賢臣始終跟隨著他。晉惠公派寺人披到狄國去謀刺重耳，這時他已五十五歲了。重耳連忙帶著賢士隨從，離開狄國，由狄至齊。經過衛國時，衛文公不願接待。一行人走到衛國的五鹿（今河南濮陽東），腹中空空，不得已只好向鄉人乞討食物。有個鄉下人不僅不給他們食物，反而給他們一塊泥巴。重耳一見，大爲惱火，要鞭打這個人。狐偃連忙阻止說：「這是上天賜以土地的好兆頭。上天借鄉人之手授公子以土地，還有什麼比這更寶貴的呢？」重耳鎮定下來，跪拜鄉人，鄭重接過土塊，放在車上。

常言道：留得青山在，不怕沒柴燒。晉公子和他的賢人謀士雖流浪他國，歷盡坎坷，但始終不忘復國大事。用韜晦之謀，歷千辛萬苦，借他國之力，重耳終於回晉爲君，此後還成爲諸侯霸主。這正可謂「小不忍則亂大謀」，「忍小忿終成大事」。在逆境中，在極爲不利的情形下，徒有雄心而無謀略，是難成大事的。一味意氣用事，拿著雞蛋碰石頭，自取其辱，甚至自取滅亡，此外別無他用。若能深藏不露，又壯心不泯，留下一片青山，何愁沒有一個鬱鬱蔥蔥的未來！

要說在艱難的環境中，把韜晦之計用得爐火純青者，我們不能不提到漢高祖劉邦的重要謀士陳平。後人稱他是「奇謀輔劉氏，韜晦除諸呂」。關於陳平是如何足智多謀，幫助劉邦爭

得天下，這裡暫不多談；我們重點說說呂后專權之後的陳平。

陳平（？—西元前一七八年），出身寒微，在戰亂頻仍之時，先是投奔魏王咎，未被重用；又投奔項羽，不和，又逃出投靠漢高祖劉邦。此後，他便成了劉邦的重要謀士，獻奇計，除危機，直至漢室建立。劉邦死，呂后專權，漢處於多事之秋，身爲丞相的陳平圓滑善變，曲意迎承，穩住漢室統治，內心裡卻深謀韜略。呂后一死，陳平以迅雷不及掩耳之勢，誅戮呂氏族人，恢復了劉氏天下。

且看陳平是怎樣韜光養晦的。

孝惠帝死後，呂后執政，她打算擴充自己勢力，封呂氏家族的人爲王爲侯。呂后問右丞相王陵，王陵堅決反對；又問陳平，陳平欣然同意。結果，王陵明升暗降，被奪了相權，後抑鬱而死；陳平反被提爲右丞相。

當時，陳平爲右丞相，左丞相是呂后的心腹審其食。此人與呂后狼狽爲奸，掌握了實權。聰明的陳平見這種情形，只尸位素餐，應付差事。呂后的妹夫樊噲與陳平有舊怨，樊噲的妻子呂須（即呂后之妹）多次在呂后面前說陳平的壞話：「陳平身爲丞相卻不理政事，每日飲酒作樂，玩弄婦女。」陳平聽說了，反而將計就計，更加沈湎酒色。呂后本來不願讓陳平多管朝政，以便自己獨斷專行，聽了妹妹的話，反而正中下懷，內心暗自高興，心想：不用擔心陳平了，呂氏天下可以穩如泰山了。後來，呂后又當著呂須的面對陳平說：「俗話

說，女人和娃娃的話不可信，就看你對我怎麼樣了，不要怕呂須說壞話。」

從此，呂后更加無所顧忌，爲所欲爲，大封呂氏子弟爲王。陳平唯唯諾諾，一副言聽計從的樣子。到呂后一死，陳平就和太尉周勃合謀，誅滅呂氏家族，擁立代王爲孝文皇帝，恢復了劉氏天下。

陳平表面迎合呂后，內心老謀深算，暗中佈置，一俟時機到來，就斷然採取行動，一舉成功。陳平一生，陰謀陽謀擅長，又通「黃老之術」，當丞相十年，處世有方，不但使漢室統治不倒，自己也被後人譽爲賢相。

陳平的韜晦人生，恰如孫子所說的「靜如處女，動如脫兔」。古人認爲，一個人的行動應像太陽火球一樣運行，而內心的精神狀態又必須像深夜一樣寧靜；情緒要像昔日大姑娘那樣不動聲色，而行動則應像兔子那樣敏捷快速。陳平正是如此。平日深藏不露，靜若止水，關鍵時動如脫兔，果斷行事。韜光養晦是手段，是前提，其目的、其歸趨則是成就一番事業，一番不易成就的事業！

裝聾作啞，癡癡呆呆，而內心裡卻特別清醒。這種假癡不癲的韜晦之術，就是在形勢不利於自己時，表面上裝瘋賣傻，給人以碌碌無爲或老病無用的印象，隱藏自己的才能和眞實狀況，掩蓋內心的眞正抱負，以免引起政敵的警覺，暗地裡卻等待時機，實現政治目的。三國時期，魏國的魏明帝去世後，繼位的曹芳年僅八歲，朝政由太尉司馬懿和大將軍曹爽共同

執掌。曹爽是宋親貴冑，飛揚跋扈，爲獨攬朝綱，他用明升暗降手段剝奪了司馬懿的兵權。老謀深算的司馬懿稱病不再上朝，裝病裝癡，待曹爽放鬆了警惕，他便抓住有利時機，一舉消滅了曹爽集團，終於獨攬大權。此可謂：

假作不知而實知，假作不爲而實不可爲。伺機而行，後發制人，穩操勝券。這是以謀勝力，以柔克剛。可見，韜光養晦，其用大矣。

不急於求成

在艱難困苦中、在險惡環境中韜光養晦十分重要，但這並不等於說，在人生、事業順利的時候就無需韜晦之計。

處於順境之中，有利之時，韜晦主要表現爲冷靜分析形勢，不急於求成，不輕易暴露自己的目標，一旦時機成熟，條件具備，再舉大事。孔子有句話，叫「欲速則不達」。廚師做菜，最講火候；政事戰伐、內政外交，又何嘗沒有「火候」！這個火候把握得恰到好處，就是一盤色香味俱全的「美味」；如果火候把握不好，或是「太爛」，或是「夾生」。

春秋時期的楚莊王，就是一個在順利之時長於韜晦的國君。人們都說「新官上任三把

火」，可是楚莊王上任三年「一把火」也沒放。他成天不理政事，沈湎於婦人醇酒之中。實際上，他並非酒色之徒、昏庸之君。後來，莊王說自己猶如一隻鳥，三年不亮翅，是為了專心長羽毛和翅膀；不飛翔也不鳴叫，是為了好細心體察民情。這鳥兒不飛則已，一飛沖天；不鳴則已，一鳴驚人。事實證明楚莊王沒有自吹。

楚莊王平時不顯山不露水，謹愼地藏起自己的鋒芒，不讓瑣事雜務妨礙自己的長處，所以能成就大業；他不炫耀自己的才能，而是在默默無聞中積累豐富的政治經驗，為以後的霸業奠定基礎。

這就是韜晦，就是謀略。稍加體味便不難發現，日常生活中，那些鋒芒畢露者未必有眞功夫，那些口若懸河者也多沒有什麼眞知灼見。古語云：善用威者不輕怒。同樣的道理，善於韜光養晦者，決不咄咄逼人，處處爭先，而是等待時機，把握火候，一旦舉大事，必能水到渠成。

坐而論道總不及眞實生動的實例讓人信服。這裡，我們就以朱元璋緩稱王的事情來印證和補充上面這番議論吧。

明太祖朱元璋從元朝至正十二年參加起義，到至正十六年率軍攻克集慶（今南京），前後僅四年的時間，就使起義隊伍發展壯大到五六十萬人，並建立了以集慶（朱改其名為應天府）為中心的穩固根據地，成為當時頗具實力和影響的隊伍。

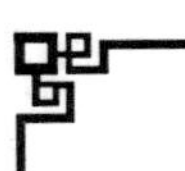

然而，朱元璋並沒有被勝利沖昏頭腦。他開始遍訪天下有識之士，來制定下一步的戰略方針。

有一天，朱元璋親登石門山拜訪老儒朱升，向他請教奪取天下的計策。朱升回答了九個字：「高築牆，廣積糧，緩稱王。」讓朱元璋繼續建立鞏固的根據地，發展糧食生產，而不要急於稱王稱帝，以縮小目標。等到準備充分，那時再圖大舉，自然馬到成功，事半功倍。朱元璋接受了朱升的建議，並依據上述九個字的精神制定下一步的戰略計畫。

在政治上，爲了避免樹大招風，朱元璋決定暫不稱王，對北方的小明王保持臣屬關係，仍使用宋政權的龍鳳年號，打的是紅巾軍的紅色戰旗，連鬥爭的口號也不改變：「山河奄有中華地，日月重開大宋天」，這與小明王的「直抵幽燕之地，重開大宋之天」是一致的。

在軍事上，朱元璋抓緊軍隊建設，命令部將帶領士兵進行軍事訓練，提高作戰本領。

在經濟上，他非常重視農業生產，勸課農桑，興修水利，軍隊屯田，兵農兼資。

此外，朱元璋還注重軍民關係，「惠愛加於民，法度行於軍」；注意禮賢下士，招攬人才。

經過「高築牆，廣積糧，緩稱王」戰略方針的實施，朱元璋迅速鞏固和發展了根據地，兵壯糧廣，人民擁護。這一切，爲他以後逐鹿中原、進而統一全國做好了充分準備。

可以設想，朱元璋如果不是用此韜晦之計，而是搶當出頭鳥，率先稱王，那他就成了衆

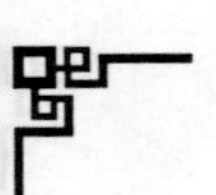

矢之的，恐怕後來的天下也未必姓朱，而元以後的歷史也就要重新改寫了。

欲速則不達

早在戰國時期，就不乏冷靜務實、不圖虛名的明智諸侯。趙國第五代君主趙武靈王就是這樣一位諸侯。

當時，趙的鄰國魏、齊、秦等相繼強大起來，而趙國則顯得非常弱小。趙武靈王即位時年僅二十歲。即位不久，秦、楚、燕、齊、魏五國就各出精銳之師萬人集於邯鄲，名曰弔唁會葬，實欲乘趙國主幼國艱之際以武力相威懾，相機侵呑趙國領土。此後，秦、齊兩家接連攻取趙國土地，而北邊的中山、林胡、樓煩也不斷南下騷擾。面對這種落後挨打、喪師失地的窮困局勢，趙武靈王沒有沈淪，相反卻發奮向上，走上了變法強國之路。

趙武靈王不圖虛名。在他即位後的幾年間，各國國君相繼稱王，獨有趙武靈王沒有這樣做。他說：「沒有實際內容，何必居此虛名！」令趙國人稱他爲君。趙武靈王唯在務實，爲提高趙國軍隊的戰鬥力，經過多年的深思熟慮，在西元前三〇七年，做出了進行「胡服騎射」改革的決定。他認爲，胡人作戰都用騎兵，他們身穿短衣窄褲，上馬下馬動作利索，彎弓射

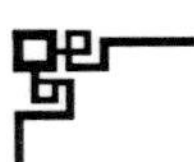

箭靈活方便，且騎兵輕捷，行動迅速；而中原人民穿著是峨冠博帶，寬袖長衫，行動拖沓；中原的軍隊以步兵和戰車爲主，裝甲笨重，行動遲緩，尤不適於山地作戰。於是，便提出胡服騎射的想法。胡服騎射實行之後，趙國軍事力量迅速強大起來。

前面說的都是韜光養晦的成功例證。歷史上，因急於求成，不擅長韜晦謀略而致失敗者，也不乏其例：

唐代末年，黃巢率領起義軍攻入長安後，急於稱帝，「安享富貴」，坐使潰逃的唐朝殘餘力量得以調和內部矛盾，糾集力量，重新反撲。

東漢末年，割據揚州的袁術因圖謀稱帝，導致各部各派鬥爭，削弱了自己的力量。

東晉時的桓溫，作爲權臣時，勢力雄厚，一旦僭號稱帝，很快就被對手找到了反對的藉口，劉裕在京口振臂一呼，他的力量很快就土崩瓦解了。

再說明末李自成領導的農民大起義吧。當時，起義軍聲勢浩大，所向披靡，席捲全國。就其形勢、實力而言，李自成比當年朱元璋更有利，但他卻功敗垂成，以悲劇告終。這裡面原因是複雜的。若從謀略的角度分析，李自成一直沒有建立穩固的根據地，老是流動作戰；進京後在危機四伏之時又急於稱帝，這些都是導致其失敗的重要原因。

德國大詩人歌德曾這樣說過：「生命裡最重要的事情是要有個遠大目標，並藉才能與堅毅來達成它。」但人生有些目標愈是急於達到，愈是南轅北轍，事與願違。倘若能沈著冷

靜，認清形勢，精心謀劃，採取切實有效的辦法，最終必定能達到目標。生命中的一個成功之道是：妥善準備，以待時機的到來。要是不能恰到好處地把握時機，就要終身蹭蹬，一事無成。把握時機，超前了不行，動作慢了也不行，這眞是一門深奧的學問呢！

貴在遠見卓識

誰都願意妙用韜晦之計，取得巨大成功。《隋書．薛道衡傳》：「韜神晦跡則紫氣騰天。」但古往今來，眞能一鳴驚人、紫氣騰天者又有幾人？徒有韜晦之願，而不解韜晦之神，總是事與願違，難成功業。

那麼，怎樣才能把握韜晦之道，巧施韜晦之計呢？南宋愛國詞人陸游談作詩「功夫在詩外」，這韜晦之用也是存乎一心，功夫在韜晦之外。也就是說，韜晦之計、謀略之術只是手段、是方式。而在它背後，有更深層次、更根本的東西——人的眼光與識見。

治史學的人講求「史識」，治文藝的人也講「膽識」，經邦緯國、軍機外交之中，豈能不講見識！有眼光、有見識者，才會想到韜光養晦，運籌帷幄；也只有眼光遠大、識力超群者，才有可能把韜晦之計運用得恰到好處、爐火純青！

曹操就是這樣一位具有遠見卓識的戰略家，一位冷靜深沈、善於審時度勢的政治家。

在東漢末年軍閥割據、天下大亂的形勢下，曹操在幾經挫折後，行動做事更加小心謹慎。他時時處心積慮，明察社會政治風雲，縱觀全局，相機而動，做到伸縮自如，凡事力求取得主動。在歷任地方官時，由於尙未熟諳當時社會的黑暗腐敗，雖曾盡力做了一些有益於國家民衆的事，但因此屢遭權貴讒陷，官職任所一遷再遷。所幸他的聲望也隨之與日俱增，並且在此種種經歷中，對當時社會動亂形勢認識更加清晰。在審愼考察天下大勢之後，他決定暫時退出官場，以便選擇有利時機，再做一番大事。

在任濟南相之後，曹操曾被徵召爲東郡太守。這時的曹操已深知官場的險惡污濁，也深知單憑一己之力無以改變現實；於是他便僞稱有病而不受徵召，回歸故里以求相機再起。

曹操歸鄉不久，冀州刺史王芬、南陽許攸、沛國周旌等人，連結當時一些豪強，陰謀廢掉漢靈帝，立合肥侯爲皇帝。他們將此事告知曹操，想拉他一起參與廢立行動。曹操審時度勢，認爲這些人無德無能，又缺乏必要的強有力的裡應外合的力量，最終難成其事，說不定有殺身之禍。出於這種考慮，曹操自然拒絕了王芬等人的拉攏。事實果如曹操所料，這些人的策劃還沒有來得及實施，就走漏了消息，王芬等人被漢靈帝殺掉了。

不久，因金城（今甘肅蘭州）韓遂殺刺史郡守，率十多萬人反叛起事，曹操又被徵召爲典軍校尉。這時正趕上漢靈帝駕崩，漢少帝即位，太后臨朝主政。大將軍何進與袁紹共同商議殺掉專權宦官，但是太后沒有採納他們的意見。二人想召見在京外帶兵的董卓，以便要挾太后，但因事先洩密，董卓沒有到來之前，何進等人就被殺掉了。當時，何進等人也曾想讓曹操參與誅殺宦官的行動，可是曹操認爲，對於宦官，治一元兇懲衆即可，不必過分張揚聲勢，興師動衆，召外將入京。所以曹操沒有參加行動，再次化險爲夷。

董卓帶兵進京後，廢掉漢少帝，立孺子爲漢獻帝，自任丞相，獨擅朝政，引起京師大亂，遭到天下人反對和怨怒。董卓專權以後，上表舉薦曹操任驍騎校尉，以此拉攏曹操，擴充自己的勢力。曹操縱觀全局，權衡利弊，認爲董卓雖然暫時憑武力控制了漢獻帝，一時間權傾天下，但因失掉了人心，終將失敗。於是他假裝接受官職，然後尋找機會，改姓易名，從小路逃出京師，回到故鄉隱居。後來，董卓果然失敗，被人殺死。事實又一次證明了曹操政治上的遠見。

過去，封建正統史學家和文學家均稱曹操爲「亂世奸雄」；其實，從唯物史觀的角度看，曹操應是一位雄才大略、高瞻遠矚的政治家、軍事家。他足智多謀，深於韜晦，在很大程度上得益於他深邃的眼光、超凡的見識。

「老驥伏櫪，志在千里；烈士暮年，壯心不已！」能寫出如此慷慨悲涼詩句的曹操，自然不是「奸雄」二字所能概括的。

魏晉是一個充滿危險、充滿殺機的時代，不少人死於非命。但也有善於韜光養晦的人，

不僅保全了性命，而且成就了功業。羊祜就是這樣一位政治家。

羊祜才兼文武，慮遠謀深，在曹魏末年司馬氏與曹氏兩大集團的激烈角逐中，他沈靜機敏，待時觀變，避免捲入鬥爭漩渦，從而成功地保全自我，最後脫穎而出，爲西晉統一中國立下了首功。

關於羊祜的韜晦我們從一件小事中即可窺見。羊祜年輕時，屢有出仕機會，但他卻不急於做官。當時，司馬懿父子與曹魏皇室之間鬥爭異常尖銳激烈，而羊祜與兩派都有姻親關係。他認爲，如果在局勢尚未明朗之際就捲進鬥爭的漩渦，鬧不好將會葬送一生的前途，甚至可能招來殺身之禍。因而他靜觀等待，不急於入仕。後來，執政曹魏朝政的大將軍曹爽徵召羊祜和王沈爲僚佐，王沈當即應召，而羊祜則拒不從命。王沈勸羊祜與己同行，羊祜說：「委質事人，復何容易！」堅持不改初衷。西元二四九年，司馬懿發動政變誅殺了曹爽，王沈也受到株連。事後，王沈慚愧地對羊祜說：「常識卿前語！」羊祜卻隱瞞了自己的心跡，淡然道：「此非始料所及。」

看來，韜晦之計源於深邃睿智的心靈，源於冷靜地審時度勢。韜光養晦並不等於陰謀詭計。它是人生經驗的積累，是處世智慧的結晶，是遠見卓識閃爍的火花。

韜晦之功，須從積累人生經驗、洞察世事風雲練起。

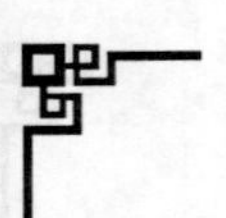

話說以靜待躁

《孫子兵法》中有「以靜待嘩」的說法，意思是以己方之鎮靜，等待敵方之嘩恐。

唐代李靖進一步發揮了孫子的這種思想。在《唐太宗與李靖問對》一書中，李靖曾這樣說：用自己的近便等待敵人的遠來，用自己的休整等待敵人的疲勞，用自己的飽食等待敵人的饑餓，這是《孫子》所說的大概含義。善於用兵的人，從這三種含義引伸出六種辦法，那就是：以利誘待兵來犯，以冷靜對待敵人的急躁，以持重對待敵人的輕率，以嚴謹對待敵人的懈怠，以整齊對待敵人的混亂，以堅守對待敵人的進攻。不這樣，戰鬥力就不能發揮。

上述「以靜待嘩」、「以靜待躁」等方法，實則是具有謀略意義的韜晦之計。總體意思是：以沈著冷靜的態度，對付浮躁不安的敵人。或者說以冷靜的態度，控制動蕩不安的局面。

古代「以靜待躁」的成功戰例不少。

西元六一七年，即隋煬帝大業十三年，唐太宗霍邑（今山西霍縣）之戰，隋虎牙將宋老生精兵二萬屯霍邑不出；太宗與建成數十騎至霍邑城下，舉鞭指麾，像是要圍城的樣子，並

且高聲辱罵，宋老生大怒，引兵出城。誰知，這正中了太宗之計。宋老生憤怒輕躁，導致大敗。太宗則誘敵以躁，又以靜待躁，可謂善用兵、善韜晦者也。

軍事史上著名的淝水之戰，可以說是一場靜與躁的較量。東晉以少勝多，實在是得益於以靜待躁的韜晦謀略。西元三八三年，前秦王苻堅以九十萬軍隊攻晉。當時，東晉總兵力不超過十五萬，局勢危急，朝野震動。執掌朝政的宰相謝安竟從容出遊，照常會見親朋好友，並命謝玄和他下棋。之後，他又獨自出遊，夜晚才回來。但在這平靜之中，他看到了前秦軍隊的上下離心，將士厭戰。謝安沈著果斷地調兵遣將，結果取得了以少勝多、大敗秦軍的奇異戰績。唐代著名大詩人李白有詩稱讚道：

但願東山謝安石，為君談笑靜湖沙。

前秦以「投鞭斷流」的絕對優勢，企圖一舉吞併東晉，而謝安以八萬之師，在衆寡懸殊的情況下，指揮若定，堅決迎擊，確實韜晦功夫不凡。所謂「兼將相於內外，繫存亡於社稷」，是史家對他的歷史評價。

這著名的戰役算得上是戰爭奇蹟，但奇中有常：知己知彼，百戰不殆。東晉方面將士一心，士氣旺盛，又以靜待躁，以逸待勞；而前秦大軍將士厭戰，上下離心。驚慌必失措。君心搖則臣心動，將心搖則軍心動。可見，絕對優勢在一定條件下也可轉化爲劣勢。

商戰如兵戰，在商場角逐、談判較量中，如何做到知己知彼，沈著應戰，以靜待躁，也是大有講究的。常說「兩軍相遇勇者勝」，這是強調士氣的重要。而在商業談判遭遇戰中，只有勇而無謀，一味動而不知靜，並不一定能成贏家。有時，韜神晦跡、以靜待躁，往往能達到理想的目標。

「術」應謹藏心中

如果說，老子的無爲而治哲學和以靜待動策略還是含而不露的「君王南面之術」的話，那麼，戰國時期法家所謂「法」、「術」、「勢」，則是赤裸裸的帝王權謀了。

商鞅是戰國時期法家的主要代表，「少好刑名之學」（《史記·本傳》），主張以法治人。他說：「凡人臣之事君也，多以主所好事君。君好法，則臣以法事君；君好言，則臣以言事君。君好法，則端直之士在前；君好言，則毀譽之臣在側。」（《修權》）意思是說，以君主的好惡來辦事的，君主重法治，正直的賢臣就靠近他；君主重言治，撥弄是非的小人就靠近他。

與商鞅同時的法家人物申不害，曾擔任韓昭王相。他雖然也強調法治，認爲「聖人任法

而不任治」，但他更講求以「術」馭人。他是把「術」作爲「法」的內涵。申不害講馭人之「術」，目的是要加強君主的絕對威權，即君主大權在握，群臣俯首聽命。他說：

> 君如身，臣如手；君若號，臣如響；君設其本，臣操其末；君治其要，臣行其詳；君操其柄，臣事其常。（《群書治要．大體篇》）

即君主是最高統治者，永遠居於主導地位，而群臣只能亦步亦趨，做一些具體的執行工作。然而，他又提出君主應「無爲」而治，即「君道無爲，臣道有爲」，「主處其大，臣處其細」（同上）。那麼，怎樣才能做到「無爲」而又不失其大權呢？這就要靠君主的「權變」之「術」了。這個「術」要點有三：

一是要循名責實。申不害說：「爲人君者操契以責其名，名者天地之綱，聖人之符。張天地之綱，用聖人之符，則萬物之情無所逃之矣。」（同上）這就是說，君主「循名責實」，就要用天地之「綱」，聖人之「符」，設下各種網路，來考察群臣的行爲。

二是深藏不露。申不害認爲：「善爲主者，倚於愚，立於不盈，設於不敢，藏於無事，竄端匿跡，示天下無爲。」（同上）這意思是，人君必須隱藏自己的眞跡，使人可望而不可測，形成一種神秘的感覺，這樣才好駕馭群臣。

三是故弄手腕。申不害爲了加強君權，提出必要時可以不顧信義，玩弄手腕，這就是他

的「權變」之「術」。例如他說：「失之數而求之信，則疑矣。」（《韓非子．難三》）完全反映了統治階級搞陰謀權術的陰險心理。

慎到是戰國時期稷下學派的一個重要成員。他雖崇尚黃老之學，但比較注重以法治國。其思想中最有特點的是「勢」，即馭人之「勢」。《韓非子．勢難》比較詳細地保存了慎到重視馭人之「勢」的一段記載，大意是這樣：靠看天空的雲和霧，龍蛇可以自由翱翔，地上的蚯蚓是遠遠趕不上的。可是，一旦雲霧消失，龍蛇和蚯蚓也就沒有什麼區別了，原因是龍蛇失去了憑藉之物。堯爲百姓的時候，連三個人也管不好；桀爲天子的時候，卻可以禍亂天下。不是因爲堯沒本領而桀有辦法，而是由於堯爲百姓，桀爲天子，所處的「勢位」不同。所以，慎到得出結論：

賢知未足以服衆，而勢位足以詘賢也。

戰國末期的韓非是先秦法家的集大成者。他把商鞅的「法」、申不害的「術」和慎到的「勢」，選擇性地結合起來，創立了「法」、「術」、勢」君主專制的理論體系。法、術、勢，是其「尊主安國」的政治綱領的具體體現；其中，「法」是「尊主安國」的主要法寶，「術」是運用「法」的主要手段，而「勢」則是「法」、「術」施行的前提和後盾，三者是一個不可分割的有機整體。韓非論勢、術關係時這樣比喻：

國者君之車也，勢者君之馬也，無術以御之，身雖勞猶不免亂。有術以御之，身處佚樂之地，又致帝王之功也。（《外儲說右下》）

從這段話中，我們看出韓非對御下之「術」也是十分重視的。關於「術」，韓非曾說：「術者，藏之於胸中，以偶衆端而潛御君臣者也。故法莫如見，而術不欲見。」（《難三》）這就是說，「術」在君主心裡深藏不露，只在必要時顯示一下，以便在暗中駕馭群臣。同時，韓非又說：「術者，因任而授官，循名而責實，操殺生之柄，課群臣之能者也。」（《定法》）在韓非看來，「術」是君主考察、使用、監督、管理群臣的手段。和「法」不同的是，「術」既爲君主所獨據，而又是神秘莫測的。正如《八經》中說的：「明主之行制也天，其用人也鬼」，即君主要大權獨攬，用人詭秘，使人可望而不可及。

法家的上述「權術」思想，當時和後世的封建帝王大多視爲至寶，咀嚼玩味，靈活化用。比如春秋時期的宋襄公，在即位之初曾有一番「讓賢」之舉。他堅持讓其公庶兄目夷來繼承君位。但從襄公後來表現出好大喜功的性格來判斷，襄公當初的讓賢之舉很大程度上是對其父兄的試探。在複雜的政治、軍事鬥爭中，韜晦深藏，是帝王一項重要的鬥爭策略。即使在平時的統御臣下中，君王也十分喜歡玩弄權術，常常深藏不露，喜怒無常，恩威難測，玩群臣於股掌之中。這種陰謀詭計類的韜晦術，其封建糟粕是顯而易見的。但它並非毫無用

處。即使在今天，也常有複雜的鬥爭、較量，「權術」也不可不講，尤其是在對敵鬥爭中。再說，害人之心不可有，防人之心不可無。你若對古今權謀之術，韜晦之計瞭解較多、體悟較深，若有人搞陰謀、耍花招，也就比較容易識破，而不致受騙上當。

【統御謀略篇】

求賢任賢
恩結人心
獎賞與懲罰
批評與納諫
責己與反省
清廉公正
公法與私情
考察忠奸

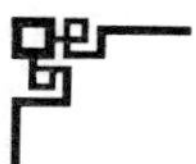

一、求賢任賢

求賢貴在心誠

「用人唯賢」是歷代有眼光的政治家極力倡導的。春秋時期，管仲主張明君之要務在於「論賢人，用有能」。《管子》上載：

> 夫爭天下者，必先爭人。明大數者得人，審小計者失人。得天下之眾者王，得其半者霸。是故聖王卑禮以下天下之賢而王之，均分以釣天下之眾而臣之。

三國時期，著名政治家諸葛亮有句名言：「親賢臣，遠小人，此先漢之所以興隆也；親小人，遠賢臣，此後漢之所以頹敗也。」他總結前漢、後漢用人的經驗教訓，明確指出如何對待賢臣與小人是國家興亡的關鍵。宋代龔茂良與周必大談用人「四事」，一是辨賢否，二是

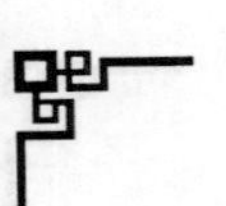

正名實，三是使才能，四是聽喚授。《資治通鑑》也是把辨賢選賢作為用人的首要大事。

可見，一個國家、一代王朝能不能選用賢明之士治理國家，的確是治國安邦之要道。春秋戰國時期，有作為的君主成就霸業、稱雄侯國，都和選賢用賢分不開。

齊國是當時的一個大國，東臨大海，物產豐富，有漁、鹽、鑄造之利。齊桓公即位以後，又任用管仲，改革內政，增強了國內實力。對外打著「尊王攘夷」的旗號，敗北戎，卻狄之，組織伐楚聯軍，幾次大會諸侯，取得了霸主地位。齊桓公之所以能建立這樣的功業，除了天時、地利等條件外，主要得力於他善於用人。

用賢得先求賢，而求賢貴在心誠。齊桓公善待「小九九」，引來眾賢士的故事，是很有啓示意義的。

桓公深知「得士者強，失士者亡」，於是千方百計地招納賢士。有一天夜裡，他看到一隊武士手舉火把巡邏，猶如一條火龍飛舞。於是就命令在宮廷前燃燒巨大明亮的火炬，表示要日夜接見前來投奔的賢士。

然而，整整過了一年，都未見一個投奔而來的賢士。後來只來了一個衣冠不整的鄉下人，自稱會念「小九九」算術口訣。齊桓公還是召見了這個人，不過他不無失望地說：「你會念『小九九』口訣，這只是末流小技，也配稱為賢才嗎？」這鄉下人還眞有點見識，說了一段頗有意味的話：「我聽說宮前求賢的火炬點燃了一年還沒人來，這是因為人們不知您求

賢的心是不是眞誠。我會念『小九九』的確微不足道；可是，你若能禮待這微不足道之人，還怕其他有眞本領的人不來嗎？」齊桓公聽了這話，連連點頭。接著，他以隆重的禮節招待了這位「小九九」。

齊桓公善待「小九九」的事不久就傳遍了全國。大家都知道桓公求賢若渴，各路賢士紛至沓來，宮廷從此人才濟濟。

精誠所至，金石爲開。求賢，不能假求，不能擺樣子、圖虛名，而必須眞心誠意，求賢若渴。君與臣的關係，其實質也還是人與人的關係，貴在人心換人心。歷代明君良臣，爲成大事，無不以誠感人，曲身求賢。如文王渭水訪太公，桓公京郊迎管仲，蕭何月下追韓信，劉備三顧請臥龍，久已膾炙人口，傳爲佳話。這裡，我們再講一個人們不太熟悉的戰國故事：魏文侯拜師段幹木。

魏文侯本名魏斯，是戰國初期魏國國王，素以禮賢下士、知人善任著稱。一天，他聽說都城有位名叫段幹木的人，德才兼備，頗有聲望，就是不願做官，一直隱居在一條僻靜的小巷裡。魏文侯坐車前去拜訪。可是，段幹木聽說國君要來訪，竟提前翻牆躲了起來。後來，魏文侯又一連去了幾次，都沒能見到老是躲避他的段幹木。愈是這樣，魏文侯對段幹木愈加仰慕，每乘車路過那條小巷，都從座上站起來，扶著馬車上的欄杆，翹首朝段家仰望。車夫抱怨段幹木不識抬舉，魏文侯連忙糾正：「段幹木先生學識淵博，又忠厚樸實；他不見我，

更說明他不趨炎附勢，不貪圖富貴，這樣的賢士，實在難得啊！」

爲請段幹木出山，魏文侯徹底放下國君的架子，不乘馬車，不穿王服，不帶隨從，隻身一人徒步走到段幹木家。段幹木也終於被魏文侯的精誠所感動，不但熱情接待了他，還給他出了許多治國安邦的好主意。魏文侯非常高興，敬請他作相國，但段幹木還是以種種藉口推辭。無奈，魏文侯只好拜他爲師，經常就一些重大問題請教他，傾聽他的意見和建議。

這件事不徑而走，很快在社會上引起了極強烈的反響。那些社會賢達，都被魏文侯曲身求賢的精神所感動，一個個慕名而來。一些著名人物，如政治家翟璜、李悝、西門豹，軍事家吳起、樂羊等人，都先後投奔魏國。由於人才濟濟，魏國一度成爲當時最強盛的國家。

常言道：家有梧桐樹，不愁招不來金鳳凰。如果說這「金鳳凰」是各方賢士，那麼這「梧桐樹」就是誠心誠意的求賢之心、任賢之道。只要你眞正求賢若渴、任人唯賢，「桃李不言，下自成蹊」。

談及求賢的誠心，我們還要說說戰國中期的燕昭王。他即位後，思賢若渴，厚幣招賢。應該先拜哪位賢者呢？郭隗給昭王講了一則歷史故事：

古時一個國君欲求千里馬，結果用千金徵求三年而未得。有一位近臣表示願意爲國君去求購千里馬，得到國君的派遣後，僅過了三個月，就尋到一匹千里馬，只可惜那匹千里馬剛剛死去。但是那位近臣還是花了五百兩金子買下了那匹馬的骨頭，回去向國君彙報。國君大

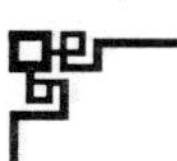

怒，說：「我求的是活馬，你卻花五百兩金子買回死馬的骨頭。」那位近臣向國君解釋說：「大王肯花五百金買回死馬的骨頭，天下人一定認為大王是眞心求馬，哪還愁沒有活千里馬上門來。」果然，不出一年各地就送來了三匹千里馬。

這則歷史故事使燕昭王豁然開朗。他眞心求賢愛賢，一時間，不少有才幹的人從四面八方來到燕國，鄒衍、樂毅、劇辛等賢能之人得以重用，燕國由此而逐漸強大起來。

看來，人世間並不缺少賢能之士，而是缺少發現，缺少誠心實意的發現。

以得才為樂，無才為憂

《吳子》兵法上記載著這樣一個故事：

一次，楚莊王和群臣一起討論國家大事。大家紛紛發表看法，各抒己見，可是誰都沒有楚莊王的見解高明。有的人遇到這種情況往往沾沾自喜，楚莊王卻是一臉的憂色。別人問他爲什麼不高興，他這樣說道：

寡人聞之，世不絕聖，國不乏賢。能得其師者王，能得其友者霸。今寡人不才而群

臣莫及者，楚國其殆矣！

意思是說，世上聖人是常有的，賢才也是很多的。能以他們為師則可以稱王，能和他們交友則可以稱霸。現在我沒有什麼才能，而我的大臣們還不及我，看來楚國是很危險了。

莊王能以得才為樂，無才為憂，把人才和國家的興衰聯繫起來，實在是很高明的。這比起那些妒賢嫉能、生怕群臣超過自己的昏君來，有天壤之別。事實上，雄才大略的君王未必什麼都懂，什麼都能，其「雄」其「大」主要體現在眼界的開闊、心胸的博大。古人講「無欲則剛，有容乃大」，賢明之君主貴在「有容」，猶如海納百川，地藏萬物。

重視人才，楚莊王不只是表現在口頭上，而更多地是表現在實際中。

平息了令尹若敖氏的叛亂之後，楚莊王四處求賢。他聽說地方官虞丘有才學，就立即召進宮來談論政事，常常到深夜還不休息。

有一次，王后樊姬問楚莊王為什麼回來得這麼晚，他說是遇到了賢才虞丘。王后說：「虞丘入朝這麼長時間，從來沒聽說他舉薦第二個賢才。常言道，獨取一人不盡賢，看來虞丘也不是很賢能的。」楚莊王聽了這話覺得很有道理，第二天就把這話告訴了虞丘。虞丘感慨地說：「王后說得對，請把訪賢的事交給我吧！」

不久，虞丘就推薦了農夫孫叔敖和軍士養由基。楚莊王分別委任二人為令尹和將軍。當

虞丘訪察到孫叔敖是一位賢才時，就準備讓位退賢，楚莊王百般挽留。虞丘說：「我長期貪圖高官厚祿，又不能進賢選能，再不辭官讓位，就是對國家不忠。爲人臣而不忠，君王何必再用他呢？」楚莊王只好厚贈而放，同時任用孫叔敖爲令尹。

孫叔敖剛上任，一位老人前來祝賀。孫叔敖虛心向老人求教。老人告誡他：「職位愈高，心愈要想著百姓；官做得愈大，愈要小心謹慎；俸祿愈多，愈要廉潔不取。能牢記這三點，就可以治理好國家了。」後來，孫叔敖果然成了楚國一名傑出的令尹。

眞正胸有大志，才能腹有良謀；心懷天下，才能廣羅英才。楚莊王正是一個「不鳴則已，一鳴驚人；不飛則已，一飛沖天」的君主。據說，楚莊王即位三年，沒有發布過一條政令，似乎是「飽食終日，無所用心」，群臣對此憂心忡忡。一次，大夫申無畏請求拜見，楚莊王坐在那裡不以爲然地問他：「大夫求見，有何貴幹？是想要飲美酒、聽音樂，還是有話要和寡人說？」申無畏拐彎抹角地回答道：「我既不是來飲美酒的，也不是來聽音樂的。我是有事特來請教大王的。」楚莊王聽說，忙問：「是何事，快說與寡人聽聽。」申無畏說：「楚國某地高崗上，棲著一隻身披五彩繽紛花紋的大鳥，已歷時三年，不飛不鳴，不知是何緣故？」楚莊王笑答道：「這不是一般的鳥。三年不動，是爲了養長羽翼；不飛不鳴，是爲了觀察民情。這隻鳥不飛則已，一飛沖天；不鳴則已，一鳴驚人。你拭目以待吧！」果然，不久楚莊王就施展謀略整頓吏治，任賢使能，平息內亂，滅亡宋國，成就了霸業。

由於楚莊王眞正以得才為樂，以無才為憂，善於識人用人，在他身邊聚集了像孫叔敖、伍舉、蘇從等一批賢臣，才使他得以「如虎添翼」。對君主、對國家來講，人才是眞正的無價之寶。能以人才爲寶，既是楚莊王的用人思想，也是他那個時代聖明君主用人的共同特點。戰國時期的齊威王就是典型一例。

齊威王，姓田名因齊，桓公之子。他繼承和發揚桓公舉賢任能的傳統，使齊國繼續保持強盛。《史記·田敬仲完世家》和《資治通鑒·周紀二》都記載著這樣一個故事：

齊威王和魏惠王在郊外一起打獵。惠王說：「齊國也有寶嗎？」威王說：「沒有呀！」惠王：「我國雖小，還有直徑一寸的夜明珠，能夠照亮前後十二輛車的就有十顆；難道齊國這麼大，竟沒有寶物嗎？」威王說：「我對寶物的看法與你不一樣。我有位大臣叫檀子，讓他守南城，則楚人不敢爲寇，泗上十二諸侯都來朝拜。」接著，他又列舉了守高唐的盼子、守徐州的黔夫、防備盜賊的種首等三位賢臣，而後自豪地說：「這四個大臣，如果把他們比成珠寶，能夠照耀千里，哪裡僅僅是照亮前後十二輛車子呢！」魏惠王聽後自慚弗如。

一個王朝視人才爲至寶，自然興盛；反之，視人才爲草芥，自然衰敗。看來，無論在什麼時候，在什麼地方，人才都是最寶貴的。齊國的強大與魏國的弱小形成鮮明差距；這種差距的形成雖有諸多因素，而兩國國君對什麼是「寶」的看法之異，恐怕也是彼衰此興的重要緣由吧！

任賢不嫌年老

賢與不賢，與年齡老少沒有必然聯繫。年輕人與老年人各有特點、各有優勢。有句老話說，薑還是老的辣。意思是說老年人經驗豐富，深於謀劃。如果一個年老之人足智多謀，又十分賢明，那實在是可堪重用之才。我國古代選賢用賢不嫌年老，留下了不少對後世富有啓示意義的故事，周文王訪得姜子牙就是其中一則。

姜子牙，即呂尚，是我國最早的傑出軍事家和思想家，也是周王朝時的著名賢士。《尉繚子・武議》上說：

> 太公望年七十，屠牛朝歌，賣食盟津，過七十餘而主不聽，人人謂之狂夫也。及遇文王，則提三萬之眾，一戰而天下定。

周文王在世時，禮賢下士。他訪賢得姜子牙一直是膾炙人口的佳話。《史記・齊太公世家》說呂尚「年老矣，以漁釣奸周西伯。西伯將出獵，卜之，曰『所獲非龍非螭，非虎非熊，所獲霸王之輔』。於是周西伯獵，果遇太公於渭之陽，與語大說，曰『自吾先君太公曰當

有聖人適周，周以興。子眞是邪？吾太公望子久矣」。故號之曰『太公望』，載與俱歸，立為師。」說的是呂尙年老窮困，懷才不遇，就以釣魚為由，等待遇到文王的機會。這就是今日所說「姜太公釣魚願者上鉤」的來由。有一天文王外出打獵，行前卜了一卦，太史說：「今日出獵，得到的不是龍也不是螭，不是虎也不是熊，而是輔佐朝廷的棟樑之材。」文王來到渭水岸邊，見一老者釣竿高懸，竿上無鉤，就驚奇地與之交談；一談才知道他是一個出類拔萃的人才。周文王高興地說：「像您這樣有本領的人，我們的老太公盼望好久了！」從此稱呂尙為「太公望」，恭恭敬敬地請回王宮，拜為軍師，終於完成了滅商興周的大業。

無獨有偶，春秋時期秦穆公建立霸業，也在很大程度上靠他那著名的宰相百里傒。而這百里傒與姜太公一樣，恰好也是一個大器晚成的賢明老者，也是因為巧遇聖王而一展抱負。在那樣的時代，得一賢而興國，失一賢而國衰，並非危言聳聽。納一賢而衆賢至，衆賢至則人心歸，人心歸自然國勢強。

說起秦穆公得百里傒，還有一段趣話哩。

當時，秦國和晉國有著傳統的婚姻關係，直到現在，還有人將兩家聯姻稱為「秦晉之好」。秦穆公的夫人就是晉獻公的女兒。晉獻公為女兒出嫁，不僅陪送了許多財寶，還陪送了一大群奴僕。奴僕中有個七十多歲的老者，名叫百里傒，原來是虞國大夫；因上任不久虞被晉滅，他也由大臣而為俘虜，後又作了陪嫁的老奴。百里傒不願作為陪嫁，便在途中偷偷逃

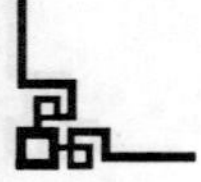

跑了。幾經周折，他跑到了楚國。楚國以為他是奸細，就把他關了起來。後來弄清了事情原委，才放了他，讓他給別人放牛。

秦穆公辦完婚事，見陪嫁奴僕的名單上有百里傒之名，卻不見其人，一問才知他半路逃跑了。當秦穆公進一步瞭解到百里傒原為虞國大夫，極有才學和智慧，只因虞君不用其計才身敗國亡時，就一心想得到這位賢才。

為了楚國能順利放行，秦穆公派人用五張羊皮把百里傒作為逃奴贖了回來。當時，百里傒已經七十餘歲，穆公深為惋惜。百里傒說：「臣年七十，確實老了，衝鋒陷陣，搏擊猛虎，當然不行；但出謀劃策，運籌帷幄，不是比姜子牙還年輕十歲嗎？」穆公覺得有道理。兩人「語三日，穆公大悅，授之國政，號曰五羖大夫。」（《史記．秦本紀》）

不久，百里傒又推薦兒子孟明視和老友蹇叔，蹇叔又帶來了兒子西乞術、白乙丙。這樣，秦穆公的五張羊皮就換來了五位賢士。穆公任命蹇叔為右相，百里傒為左相。又任命西乞術、白乙丙和孟明視為大夫，共同管理軍事。大家同心協力，改革內政，發展生產，加強戰備，擴充疆土，秦國日益強盛起來。

賢明之士，確實是君之臂膀，國之棟樑。對那些賢者，尤其是老而賢者，尊之，敬之，重用之，實乃國家之福，百姓之福。

今日講組織年輕化自無可厚非，但如何發揮德高望重、才識兼備、經驗豐富的老前輩的

作用，讓賢者人盡其才，實在需要格外注意。竊以為，用人不分老幼，其要在賢與不賢，才與不才。甘羅十二可為相，姜子牙八十歲也大有作為。

建大事不計小怨

《史記》中有這麼一句話：「智者千慮，必有一失。」這「一失」並不影響人們對智者賢士的評價。更何況，如果將這「一失」具體情況具體分析，換個角度看未必就是過失。春秋戰國時期的聖主明君對賢達過失的態度及處理方法，是令人深思的。

說到國君能諒賢之過、不計前嫌，當首推齊桓公之待管仲。

管仲原來家裡貧窮，曾經和他的朋友鮑叔牙一起做生意。兩人互相理解，結成了生死之交。

齊桓公沒有當國君之前，齊國在位的國君是齊襄公。齊襄公沒有兒子，只有兩個同父異母的兄弟，一個是公子糾，一個是公子小白。管仲和鮑叔牙兩人當時雖然地位不高，但都很有頭腦，他們認為將來繼承國君之位者，必定是公子糾和公子小白中的一個。於是，就決定分別輔佐兩人，鮑叔牙成了公子小白的老師，管仲成了公子糾的老師。

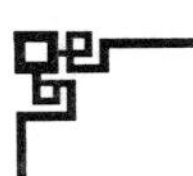

齊襄公昏暴不仁，結果宮廷內亂時被人殺死；國中一時無主，公子糾和公子小白本來都在國外避難，這時又都想趕回國爭王位。爲了阻止公子小白從莒國回國，管仲從魯國出兵攔截，並向小白射了一支冷箭；這一箭射中了小白的衣帶鉤，差點要了他的命。小白僥倖搶先回國後得到王位，他便是後來的齊桓公，立誓要向管仲報一箭之仇。

管仲被帶回齊國以後，他的老朋友鮑叔牙堅決請求桓公釋仇怨，用管仲。起初，桓公對此很生氣，他說：「那傢伙一箭險些要了我的命，我正要宰了他，你怎麼讓我重用他呢！」鮑叔牙說當時各爲其主，如箭在弦，不得不發；接著他還講了一番要使國家強大必須重用人才的道理。桓公說：「富國強兵，我有你這樣的人就夠了。」鮑叔牙說：「我只不過是個小心謹慎、奉公守法的人，與管仲比，我有五不如：寬惠愛民，我不如他；治國不失秉，我不如他；忠信可結於諸侯，我不如他；制禮義，我不如他；介冑執枹，立於門軍，使百姓都勇敢，我也不如他。要幹大事業，只有管仲這樣的人才行。您要建立霸業，怎能記那一箭之仇呢？」

齊桓公是個明智之君，有遠見，有雄心，爲了成就大事業，他聽從了鮑叔牙的勸告。選定一個好日子後，桓公親自出城把管仲接到宮中。兩人敘談軍國大事，一談就是三天三夜。經過深談，桓公知道管仲確實是個才能非凡的人，於是就任命他做了宰相。後來，管仲在內政方面進行改革，在外交方面採取有效措施，齊國一天天強大起來。可以說，桓公的霸業有管仲的一半功勞。

試想，齊桓公如果心胸狹窄，不聽勸諫，非要報那一箭之仇，他固然可以解一時心頭之恨，但卻會失去一位才智超群的賢相。當然，要寬恕並重用一個欲置自己於死地的人，確實需要眼光和胸襟。這也正是桓公作爲春秋五霸之首的過人之處。縱覽史冊，中國歷代君主中這類明達之人還有不少。

明代湯和說：「成遠算者不恤近怨，任大事者不顧細謹。」在封建時代，由於鬥爭需要，用人貴在寬宏大量，不念舊惡，捐棄小忿，正確處理各種矛盾，化敵爲友，轉禍爲福，變不利條件爲有利條件。果然如此，天下有用人才皆爲己所用。

爲「成遠算」而棄「近怨」者歷史上還著實不少。

雍齒屢次背叛劉邦，劉邦不懷舊念，加以封侯，群臣曠然，穩定了局勢。

西漢末年，朱鮪爲劉玄出謀劃策，殺死劉秀的哥哥劉縯；劉秀爲擊敗王莽，統一全國，視殺兄之仇爲小怨，勸朱鮪投降，加以封官晉爵。

張繡先是投降曹操，後又襲破曹軍，殺死曹操子侄；但爲了統一大業，曹操不計「小怨」，當張繡再降時，仍封其爲列侯，讓其出征迎敵。

唐代魏徵、王珪曾是唐太宗舊怨，輔佐太宗的對手太子李建成。太宗登基後，對魏、王二人信之用之，深得其力。太宗與魏徵的關係成爲封建時代君賢臣忠的典範。

歷史上這些開明的政治家，為了奪取天下，創立大業，視殺兄殺子殺身之仇為「小怨」而不予計較，蓋出於宏猷遠謀。誠如劉秀對朱鮪說的：「夫建大事不計小怨，公降，官爵可保，況誅罰乎！」足見開國之君的卓識遠見與恢廓大度。

封建帝王的棄怨用才，是一種雄才偉略的表現，其間又不乏權謀之術、利害之算。今天我們若能去蕪存精，在選人用人時以國家利益為重，以長遠事業為重，為建大事而不計小怨，仍是十分必要的。

諒賢之過、不計前嫌並非中國古代帝王統御之術的「專利」。現代西方社會，有頭腦、有氣魄的政治家也很注意選人任賢，對於眞正的人才，即使是自己的對手，也捐棄「小怨」，攜手同進。

不可求全責備

俗話說：「人無完人，金無足赤。」所謂賢能之士其實也又都是普通之人，既然識之用之，就不可求全責備。賢能之士也是德有高卑，才有長短，倘若必求完美而用之，那就自然會棄之而不用。縱覽春秋戰國歷史，王德聖功，往往不忘人之功，採其一美，而不求備於

衆。賢明的君主，對於那些「不矜細行」的賢能之士，皆能取其所長，諒其所短。

我們還是從管仲說起吧。管仲有經天緯地之才，濟世匡時之略，這一點不錯。最初，他懷才不遇，只好與鮑叔牙合夥做買賣。本錢，是鮑叔牙多拿一倍，可是賺了錢，管仲常常多拿一倍。不少人認爲他太貪，議論紛紛。鮑叔牙卻說：「管仲並不是看上了這一點錢，而是他家太清貧了；且有老母，需要奉養。」鮑叔牙是個品行高潔的謙謙君子，他的辯護可備一說；但站在客觀公正的立場看，生意場中管仲實在不是好夥伴。後來，齊桓公並沒有因爲管仲品行上的小污點而棄才不用，反而委以重任。後來《管書》上談及人之才與德的矛盾時，有幾句話是很有見地的：「夫貞廉之士，未必能經濟世務，是以齊桓公忘管仲之奢僭，而錄其匡合之大謀，漢高捨陳平之污行，而取其六奇之妙算。」

看來，事情常常難以兩全。有些很有才幹的人，並不具備良好的品德；而一些德行有口皆碑的君子，又未必有什麼眞本事。上面提到的陳平，就是一個滿腹韜略卻名聲狼藉的人。劉邦不究細行，用其所長，又是一段美談。

陳平原是項羽的部下，後經漢營魏無知推薦投到了劉邦營中。劉邦很高興，拜他爲都尉，並讓他負責監督衆將的事情。這個職位很重要。劉邦對陳平的信用引起了衆將的不滿。後來，有人到劉邦那裡告陳平的狀，說：「陳平雖然外表瀟灑、漂亮，但胸中未必眞有才學。我們聽說陳平在家時與嫂嫂私通，名聲不好。他先投魏王咎，不受重用，逃到了項羽那裡；在他那裡待不下去，又投奔大王帳下。您拜爲都尉，讓他監督全軍，可是他在這個職位上幹了不久，便受了諸將不少賄賂。給他金銀多的人他就說好話，否則便尋機報復，可見陳平是個反覆無常的亂臣和小人，請大王三思！」

聽了這些議論，劉邦立即把推薦陳平的魏無知叫來，問他究竟是怎麼回事。魏無知說：「我向大王推薦的是陳平的才幹，大王問的是他的品行，這是兩個問題。在今天爭奪天下的鬥爭中，如果只有好的德行而不懂得機謀和戰略，這樣的人大王能用嗎？我所以推薦陳平這樣的人，是看到他的才學可以有益於大王的功業。如果他眞是一個棟樑之材，那盜嫂、受賄的事情，又何必抓住不放呢？」劉邦覺得魏無知的話有些道理，但仍有所懷疑，又召來陳平本人，親自問了一番。人們對陳平的指責有的屬實，有些則要具體分析。與陳平交談後，劉邦覺得他的確是可堪重用的大材，便賜給他一些金子，又提升他爲護軍中尉。衆人見劉邦如此信任陳平，再也不敢多說什麼了。

在楚漢兩家爭奪天下的鬥爭中，陳平爲劉邦出了許多奇謀妙策，最主要的是用反間計除掉了項羽的軍師范增，又協助劉邦掌握和任用了韓信。漢朝建立後，陳平歷任惠帝、呂后、文帝三代的丞相，參加了挫敗呂氏篡漢陰謀的鬥爭，成爲中國歷史上最有名的智者與謀臣之一。

事實證明，劉邦重用聲名不佳的陳平，確實用對了。選人用人，不能求十全十美。無論歷史上還是現實中，德才兼備、識見不凡的人都是極少見的。用人，與其用一個沒有明顯缺點也沒有什麼眞本事的「好人」，還不如用那種有缺點但又確實有才幹的有爭議的人物。

曹操用人有個特點，就是隨才任使，不求完人。他周圍的人才，或長於德而欠於才，或長於才而欠於德，或謀有餘而勇不足，或勇有餘而謀不足，但都能充分發揮其特長和才能。曹操認爲：「有行之士，未必能進取；進取之士，未必能有行也。」這就是說，人們的品德和才能往往是不統一的，取人用人不能求全責備。他舉出蘇秦濟燕、陳平定漢等許多歷史事例說明，有明顯缺陷的人，也會有超人的才能。因此公開主張要用「負污辱之名，見笑之行，或不仁不孝而有治國用兵之術」的人。這種看法，這種眼光不同凡俗，但確實是眞知灼見。

看看今日的人才使用，我們覺得曹操之言仍然很有警醒作用。當今之世，那種溫柔敦厚、善於應酬關係的所謂謙謙君子常得以重用，平步青雲，占據要津；而這種人大多才學平平，屬曹公所說的「有行」而不能「進取」。各級各層的太平官多屬此類。那種有明顯缺陷又有超人才幹的人才，大多懷才不遇，英雄無用武之地，常有虎落平陽之歎。

對大才之人可不計細行，並非說德行之類無關緊要。德才兼備始終是人才的理想模式。我們只是從歷史的經驗中強調，用人不可過於求平求穩，求全求美。即便是起用那些「細行」不好的幹才，也不能忘了必要的教育和約束。愈是千里馬，愈要有好騎手駕馭。

任其所長，不任其所短

事難兩全，人難盡美。對於那些德能不一者的使用，自當不拘俗見，用其所長。這方面的例證上節已講過不少，這裡再說說魏文侯任用吳起的事。

吳起是戰國時期著名的軍事家，和孫武齊名。但是這個人有不少毛病，貪財、好色、殘忍。當時，魯國人曾這樣評價他：「起之爲人，猜忍人也。」（《史記·孫子吳起列傳》）指出他是敗家子及殺害鄉人、母死不歸、殺妻求將等許多不光彩的事。後來，吳起投奔魏文侯，文侯問李悝：「吳起何如人也？」李悝答道：「起貪而好色，然用兵，司馬穰苴不能過也。」（同上）於是，魏文侯拜吳起爲將，攻打秦國，取城五座，建立了大功。魏文侯知人善任，不同凡俗，吳起自然也沒有辜負他的信任與希望。

人才的內在矛盾，不僅體現在一個人德與能的不統一上，而且也體現在自身才能結構的不平衡上。即便拋開德行不說，僅就才能而論，每個人往往也是各有長短，如何用長棄短也大有講究。

管仲在我國歷史上，第一次明確提出了「任其所長」的用人原則。他曾說：

明主之官物也，任其所長，不任其所短。故事無不成，而功無不立。亂主不知物之各有所長短也，而責必背。夫慮事定物，辨明禮義，人之所長而猱猿之所短也；緣高出險，猱猿之所長而人之所短也。以猱猿之所長責人，故其令廢而責不塞。《形式解》

不僅人、猿有別，就是人與人比，在才能上也是各有特點、各有優勢的。春秋時期，齊國繼管仲之後又一傑出的政治家晏嬰（即晏子），也具體生動地闡發了用人之長的道理。他說：「地不同生，而任之以一種，責其俱生不可得；人不同能，而任之以一事，不可責遍成。……故明主之任人，任人之工，不強其拙。此任人之大略也。」（《晏子春秋集釋》）這就是說，不同的土地不適宜於生長同一類植物，不同的人能力也不相同。所以明主用人，不讓諂諛之人接近自己，不讓結黨之人獲得權利。發揮人才的長處，不強調他的短處；任用人才的智慧，不苛求他的不足。這就是用人的大致方針。

管仲、晏子這種「用人所長」的理論，後來在一些聖明帝王那裡用之於實踐，並有卓異成效。劉邦之所以能蕩平群雄，挫敗項羽，在很大程度上靠的是慧眼識才、善於用人。漢高祖劉邦剛剛起兵時，兵不過數千，將領才幾個，可以說是兵微將寡。而他的對手項羽卻不可一世，赫赫聲威，兵多將廣，擁有超過劉邦幾倍的實力。然而，楚漢相爭多年，項羽最終成爲劉邦的手下敗將。爲何會出現這樣的結局呢？關鍵在於劉邦廣納人才，愛護賢能，發揮他們各自所長，委以重任；這樣一來，天下的賢能之士當然都竭盡才智，忠心耿耿地替他做事。如蕭何、張良、韓信、陳平、王陵等人，都是有能有才的文臣武將。而項羽則不然。他雖然兵多將廣，卻是個十足的孤家寡人，妒嫉賢能，懷疑、迫害有功之人。韓信背他而去，陳平投向漢高祖，他的大將丁公也臨陣放過他的冤家對頭。賢能之人紛紛背棄他，他最後自刎烏江的結局自然就不算意外了。在總結楚漢相爭成敗得失的經驗教訓時，劉邦說過一段冷靜客觀、意味深長的話：

在後方制定作戰策略，決定千里之外的勝利，我不如張良；鎮守國家，安撫百姓，供給食物，供應糧草，我不如蕭何；聯合統帥百萬大軍，戰必勝，攻必克，我比不上韓信。這三位，都是才智出眾的人，都勝過我，但我能任用他們，發揮各自的長處，使各盡其才。這就是我能夠取得天下的原因。而項羽只有一位范增，還不能信任他、重用他，這就是他失敗的原因啊！

此乃「帥才」之言。古有「將兵」與「將將」之說。「將兵」者，將才也；「將將」者，帥才也。劉邦之過人之處，不在他無所不能，而在他識人用人。

既然不同的人才互有長短，那就有個人才搭配問題。如何形成合理的人才結構，取長補短，形成「系統」之合力，實則是古今人才學的一大重要課題。

晏子較早意識到人才合理配置的重要性，認為凡是要成就一番大的事業，就需要若干具有不同特色的人才，組成一個互相補充的人才團體。他舉例說，齊桓公時各式各樣的人才具備，文臣武將各有特長，互為補充，而桓公「能以人之長續其短，以人之厚補其薄」，所以才成就了霸業。後來的齊景公本人的過失很多，又沒有形成一定的人才結構輔助他，因而難以和桓公相比。

唐太宗李世民既瞭解部下的長處，又瞭解他們的短處，並能優化結構，形成一加一大於二的合力。比如，人所稱道的「房謀杜斷」就說明了這個問題。因為「房知杜之能斷大事，杜知房之善建嘉謀，裨諶草創，東里潤色，相須而成，俾無悔事。」（《舊唐書．房玄齡杜如晦傳》）所以，李世民任房玄齡、杜如晦並為丞相。兩個丞相，一人善謀，一人善斷，各具所長，相得益彰。對於朝廷其他大臣的使用與搭配，李世民也多能各取所長，各展其才。

合理的人才結構不僅要體現在整體戰略構思、人員安排上，而且也體現在具體的戰術運用之中。曹操用人就深諳此道。他根據人們不同的長處分派不同的用場，如讓懂農業的人去屯田，讓會帶兵的人去打仗，讓通法理的人持法典，讓善文辭的人修史書。即使在行軍打仗中，他也能根據每一位將領的智慧、本領和個性，進行適當的配搭、調遣。如派張遼、李典、樂進守合肥時，因為深知張遼驍勇、樂進性急、李典持重，便預先寫下簽令：「若孫權至者，張李將軍出戰。樂將軍守護軍，勿得與戰。」後來曹軍果然獲勝。後人孫盛評論曹操

此舉說：

專任驍勇者出戰會惹事被動，專任持重者將使士氣不足。讓張、李二將軍奮兵突擊，然後憑樂進的剛毅固守。這樣的安排真是絕妙之極！

疑人不用，用人不疑

用人先要識人。春秋戰國時期的政治家、軍事家們，都十分重視人才的鑒別。孔子主張「尊賢」、「舉賢」，但並不輕易用才，而是要經過認眞的反覆的鑒別。《論語．爲政》篇中，孔子提出：

視其所以，觀其所由，察其所安。人焉廋哉？人焉廋哉？

此話意思是說，考察一個人結交什麼樣的朋友，看看他採用什麼方法辦事，瞭解他安於什麼，不安於什麼，那麼這個人是什麼樣子就難以僞裝了。在〈衛靈公〉篇中，孔子還主張，不以「言」、「容」取人。

戰國時期，魏文侯有一次和李悝專門討論如何鑒別人才。李悝曾這樣說：

君不察故也。居視其所親，富視其所與，達視其所舉，窮視其所不為，貧視其所不取，五者足以定之矣，何待克哉！（《史記・魏世家》）

這就是說，只要從一個人的「居」、「富」、「達」、「窮」、「貧」五個方面去考察，就可以判斷其賢與不賢。

當然，對人的考察、鑒別不只限於賢與不賢，還有忠與奸、有才與無才、大才與小才等區別。

對於人才，一旦鑒別準了，就要放心、放手，大膽使用。「用人不疑，疑人不用」，已成爲一條極有價値的經驗。古往今來多少事都一再證明，使用人才，不能猜疑心重，處處設防，更不能用而不放手，千方百計加以制約。聰明的、有眼光的領導，只要是看準了的人才，就能放心大膽使用，信其人，用其才，最終能服其心。眞正的人才對用之不疑的上司，都能盡心盡力，完成任務。古人說「士爲知己者死」，你放心，他就忠心；你放手放權，他就竭盡全力，義無反顧。人心換人心，這實在太重要了。

我們剛才提到的魏文侯，就是當時一個善於識人，又用人不疑的諸侯。魏文侯釋疑信樂羊是個在後世傳爲美談的用人故事。事情是這樣的：

樂羊是魏文侯的大將，但他的兒子樂舒卻是中山國國君的親信。當魏文侯任用樂羊攻打中山國的時候，大臣們議論樂羊會因兒子之故而不盡心盡力。後來，樂羊為爭取民心對中山國圍而不攻，猜疑、攻擊樂羊的奏疏就紛紛送給文侯。然而，文侯不但沒有撤換樂羊，反而不斷派人到前線慰問。當樂羊終於攻破中山國，凱旋歸來的時候，文侯為他召開慶功會，並賞給他一口箱子。樂羊打開一看，全是非議、中傷自己的書信。他當下感動地說：「我雖然建立了功勞，但全是您用人不疑的結果啊！」

後世君王像魏文侯這樣用人不疑的，也還不少。東漢開國之君劉秀用人的一個特點，就是放手專任，信用人才。大將馮異統率大軍獨守關中時，聲威大震，遠近聞名。有人向劉秀告發說：「馮異威權至重，百姓歸心，號為『咸陽王』。」由於馮異是劉秀起兵不久歸附的心腹大將，劉秀並不懷疑他，只是把告發信讓馮異看了。馮異看後，十分恐慌。劉秀反安慰他說：「將軍之於國家，義為君臣，恩猶父子，何嫌何疑，而有懼意？」（《後漢書・馮異岑彭賈復列傳》）並帶馮異一起回朝，向公卿解釋說：「他是我起兵時的主簿，為我披荊斬棘，平定關中。」以後，劉秀對馮異信任如故，恩寵有加。

歷史的經驗證明：要想使用人，就要尊重人。而怎樣尊重人，是一門大學問。高明的人在尊重人時會特別注意人的自尊心，把尊重建立在對人的深入瞭解的基礎上，這樣就滿足了人的尊嚴感，就能把人的主觀積極性調動起來，以至於產生所謂知遇之恩，鞠躬盡瘁，死而

後已。在封建時代，帝王對臣子往往有生殺予奪的大權，其信與疑，還直接影響臣子的人生安全感；因此，用人不疑顯得更爲重要。

對於君王的任人唯賢、信任不疑，我國古人還從理論上進行了闡發，有些見解至今仍有借鑑或參考價值。

東漢時期的劉向曾上書皇帝，說明任用賢能的重要。他指出：讒邪的小人之所以有市場，往往是由於帝王疑心太重。本來賢人行善政做得很好，如果帝王對他們不放心，有猜疑，那些奸邪之人的「讒賊之口」便有了用武之地。這些人一得勢，賢能之士就只好退場。正可謂「小人道長，君子道消」。反過來，如果帝王信任、重用賢能，且「堅固而不移」，那麼，自然「君子道長，小人道消」。

想想歷史與現實，確實也是這個道理。劉瑾、秦檜、魏忠賢這類奸邪之人，之所以在封建王朝能權傾朝野，炙手可熱，不正是由於當朝帝王不信任賢臣所導致的嗎？而帝王們對這些不值得信任的奸邪小人卻「用之不疑」，實乃是國家的不幸，賢人的不幸，百姓的不幸。

南宋著名的民族英雄和愛國詞人辛棄疾，也認爲用人必須不疑，否則難成大功。他的《美芹十論．久任》對此有過專門論述，其中有兩點值得注意，即賢君用人一是要「不恤於小節」，也就是不能對人才求全責備；二是要「不間於讒說」，也就是要放手用賢，用人不疑，尤其不能以一勝一敗來決定人才的用廢。他在當時是有感而發的，但基本精神仍適用於我們

今天的領導與管理工作。

近君子，遠小人

上節我們講疑人不用、用人不疑，那是指對待君子的態度。對小人可不能這樣。從春秋到後世，在用人問題上出現失誤而導致悲劇發生者，有許多足以警醒後人的典型例證。

劉備死後，諸葛亮懷著興復漢室統一中國的雄心壯志北伐。蜀漢建興五年（西元二二七年），諸葛亮率軍移駐漢中，準備揮軍北上。臨行前，諸葛亮對後主劉禪很不放心，寫了一道上疏，囑咐劉禪不要「妄自菲薄」，不要「塞忠諫之路」，而應該繼承先帝遺志，北定中原，完成統一大業。這就是著名的《出師表》，其中有幾句總結兩漢興亡的話頗爲深刻（本章第一節中已引），其精要就是六個字：親賢臣，遠小人。

親賢臣則國家興旺，用小人則國家衰亡，這並非危言聳聽，歷史上這樣的教訓實在太多了。我們還是以齊桓公爲例來談這個問題吧。

齊桓公重用德才兼備的管仲，建立了轟轟烈烈的大事業，這在後世一直傳爲美談。可是又有多少人知道，這樣一個精明強幹的諸侯只因爲用了小人而不得善終呢。

管仲是齊桓公最得力的國相。管仲病重，彌留之際齊桓公問他：「你有什麼話要對我說嗎？」管仲說：「希望您以後疏遠易牙、豎刁這兩個人。」桓公不解，問道：「易牙聽說我不知人肉味，把兒子都殺了，難道還不可靠嗎？刁豎為了侍候我，自願做了太監，難道也不能信任嗎？」管仲說：「人之情，沒有不愛自己兒子的，對兒子尚且如此殘忍的人，怎麼會眞心愛您呢？人之情，沒有不愛惜自己身體的，對自己的身體都不顧惜的人，又能對您好到哪兒去呢？」齊桓公聽了管仲的話，把易牙、豎刁兩個人趕走了。兩人離開後，齊桓公總像少了點什麼，感到很不舒服。他覺得再沒有人像易牙、豎刁那樣能體察自己的心思和滿足自己的需要，因此「食不甘、心不怡者三年」。他想，用易牙、豎刁有什麼不好，管仲太過慮了吧，於是，他又把這兩個不近人情、兇險奸詐的小人召了回來。

第二年，齊桓公得重病，易牙和豎刁作亂，塞宮門，築高牆，不讓人進宮看護桓公，只讓一個小丫頭從狗洞中查看桓公死了沒有。有一個婦人悄悄溜進齊桓公的住所來看他。齊桓公餓壞了，求她弄點吃的來，那婦人說：「到哪兒去弄呀！」桓公又說：「弄不到吃的，給我弄口水喝吧。」那婦人說：「水也無處去弄呀。」齊桓公問出了什麼事，那婦人告訴他：「易牙、豎刁相與作亂，堵塞宮門，築起高牆，誰也不讓進來，因此什麼東西也帶不進來。」齊桓公慨然歎道：「哎呀，聖明之人實在有遠見呀！若死者有知，我有什麼臉面去見九泉之下的管仲呀！」最後，一代霸主齊桓公竟餓死在宮中，以至屍體在床上六十七天，腐爛後的

屍蟲都從門窗裡爬到了外面。

齊桓公何等精明，無奈善始不能善終，因親近小人落得如此悲慘的結局；昏庸君王親近重用小人，後果更是不堪設想。戰國時期的楚懷王，信讒寵佞，不聽忠諫，斥絀賢良，弄得朝政日非，國勢日衰，自己也客死於異邦；昏庸無能的秦二世胡亥寵信、重用小人趙高，導致國破身亡；漢元帝忠奸不分，任用奸邪小人石顯，使朝政混亂，內憂外患，國勢衰微。這樣的教訓實在是太多了。

近君子，遠小人，道理容易懂，卻爲什麼常常難以做到呢？孔子的孫子子思對衛侯說的一番話回答了這個問題。衛國是戰國時代的一個小國。衛侯身邊的大臣盡是些無能之人，衛侯講的話即使不對，群臣也是一味迎合。子思批評說，君主自以爲是，只願聽奉迎話，不願聽反對話，就容易給小人留下空子。奉迎者得福，剛正者生禍，則小人進而君子遠。這也正如南宋朱熹在《已酉擬上封事》一文中所說：「小人進則君子必退，君子親則小人必疏，未有可以兼收並蓄而相容者也。」漢代桓寬在《鹽鐵論》中也說：

水有蝙獺而池魚勞，國有強御而齊民消，故茂林之下無豐草，大塊之間無美苗。夫理國之道，除穢鋤豪，然後百姓均平，各安其宇。

剷除小人，對國之安危至關重要。但封建帝王有幾個不貪淫佚享樂？有幾個不喜諂諛奉

迎？皇帝分辨不出君子小人的一個重要原因就在這裡。剛正耿直的忠臣常常惹皇帝生氣，自然易受貶斥；奸邪貪鄙的小人事事奉迎討好，自然易得皇帝歡心，但皇帝也往往被這些人所害。後唐莊宗即其一例。

後唐莊宗李存勖寵信、迷戀優伶，「常身與俳優雜戲於廷，伶人由此用事」。李存勖不僅喜歡看戲，還喜歡自己登臺演戲。伶官景進、史彥瓊、郭門高等人刻意奉迎，深得李存勖歡心。誰料正是這幾個人在李存勖危難之時發動叛亂，用亂箭射殺了他。北宋文學家、史學家歐陽修專門寫了一篇《伶官傳》，敘述、評論此事。他總結說：

憂勞可以興國，逸豫可以亡身，自然之理也。故方其盛也，舉天下之豪傑，莫能與之爭；及其衰也，數十伶人困之，而身死國滅，為天下笑。夫禍患常積於忽微，而智勇多困於所溺，豈獨伶人也哉！

像後唐莊宗這樣的慘痛教訓歷史上還有許多。事實一再證明：遠君子、近小人，還是近君子、遠小人，一直是衡量君主聖明與否、政治清明與否的一個重要標誌。

二、恩結人心

得饒人處且饒人

統御之術，講究寬猛相濟、恩威並施。當領導的，不僅要有威信，有威望，還要有威嚴，使部下有敬畏之感：從心理學角度講，就是既有崇敬的心理，也有畏懼的心理。施德時寬仁大度，感人至深；施威時，號令如山，言出必行。這兩手交替結合使用，才能充分發揮統御效能。

古人常說，得人心者得天下。這裡，對統御之術中的「嚴猛」一面暫且不論，而重點談「恩」與「寬」的問題。

翻開春秋史冊，有段「楚莊王絕纓宴群臣」的佳話格外引人注目。

楚莊王，名熊侶，穆王商臣之子。這個人很有政治才幹，重視人才，氣量寬宏，是著名

的「春秋五霸」之一。漢代劉向《說苑》上記載了他滅燈絕纓、恩結人心的故事。事情的經過是這樣的：

西元前六〇六年，當楚莊王率兵征伐陸渾之際，國內發生了令尹斗越椒叛亂。莊王心急如焚，急忙帶兵返回，很快平息了叛亂。他異常高興，特地在漸臺設置「太平宴」，並令嬪妃參加，還明確表示：一定要盡歡方止。

宴會上，滿朝文武直喝到日落西山，意猶未盡。莊王命掌燈繼續歡飲。當大家皆有幾分醉意的時候，莊王把他最寵愛的許姬叫出來為大家敬酒。突然，一陣風吹滅了堂燭。席上，一人見許姬美貌異常，趁黑燈瞎火之際，暗中扯她的衣裙，拉她的手。許姬反應敏捷。她左手絕袂，右手順勢把那人的帽纓揪了下來。許姬手持帽纓，疾步走到莊王面前，附耳稟報，並請他下令馬上點燈查人。誰知，莊王聽罷哈哈大笑，急忙下令：不要急於點燈。並高聲重申：「本王有言在先，今日都要盡歡而散。請諸位一律摘掉帽纓，以盡情痛飲。」群臣不知就裡，一個個遵命而行。待重新點上燈燭時，是誰對許姬無禮，自然已無法查尋了。

宴會散後，許姬問楚莊王絕纓之故。莊王笑著回答說：「古時候，群臣飲宴，禮不過三爵，且只擇白日，不置夜晚。我今日令文武盡懷，從白日飲至深夜，酒後失態，當屬人之常情。若按君意，將那人查出來治罪，其結果當然顯現出了你的節操，但卻傷害了國士之心，使群臣都不高興。這，不是我舉辦宴會的本意啊！」許姬恍然大悟，深為歎服。

三年後，晉國發兵攻打楚國，楚莊王被晉軍圍困。莊王麾下有一員偏將，名叫唐狡，表現得異常英勇。他置個人生死於不顧，五次衝鋒陷陣，終於保護楚莊王脫險。原來，這個唐狡正是那個宴會上酒後失禮，戲侮許姬的武官。

劉向在書中記載此事，並評論說：「此有陰德者，必有陽報也。」這個計謀故事後來又被小說家寫進了《東周列國志》第五十一回，傳播更廣。有首讚揚楚莊王寬容人才、以恩結之的詠史詩，這樣寫道：

暗中牽袂醉中情，玉手如風已絕纓；
盡說君王江海量，蓄魚水忌十分清。

的確，爲君爲王者當有江海之量。林則徐說：「有容乃大，無欲則剛。」這「有容」二字十分重要，君御群臣百官，必要時當寬大爲懷，恩結人心。

常言說，人太精了不容人，水太清了不活魚。看來，君王之道是當精明處就精明，該糊塗時且糊塗。

做事不要太絕

楚莊王這裡的「保賢之節」，實際就是今天領導藝術中講的「感情投資」。對屬下，以恩結之，必得其心；衆心歸服，力量無窮。對於這種「感情力量」，國外軍事學家也是有高度認識的。克勞塞維茨說過：

寬厚或嫉妒、謙虛或傲慢、溫和或暴躁，所有這些感情力量，都能在戰爭這種大型戲劇中起作用。

的確，統治者個人的素質，尤其是心性，對治國、軍事乃至個人生活的幸與不幸，都有很大的影響。西方有「性格悲劇」之說。中國古代，這種「以恩結之」的感情作用，後來又在西漢袁盎身上得以驗證。袁盎做吳王時，有從吏某人與袁盎的侍女私通。袁盎知而不問；但這位從吏聽說袁盎要治他的罪，便慌忙逃走。袁盎親自將他追回，不僅沒有治罪，反而還把侍女賜給了他。到漢景帝時，袁盎任太常官，再次奉命使吳。這時吳王正在謀反，派人包圍了袁盎，打算殺掉他。正巧奉命辦此事的校尉司馬是從前那位從吏。他感於舊恩，放走了

袁盎。

明人洪自誠的《菜根譚》對這種寬以待人、恩結人心之道，進行了精闢的概括，茲錄幾條，既照應歷史人事，也啓迪今人心智：

> 人之短處，要曲為彌縫，如暴而揚之，是以短攻短；人有頑固，要善為化誨，如忿而疾之，是以頑濟頑。
>
> 攻人之惡，毋太嚴，要思其堪受；教人之善，毋太高，當使其可從。
>
> 不責小人過，不發人隱私，不念人舊惡。三者可以養德，亦可以遠害。
>
> 地之穢者多生物，水之清者常無魚。故君子當存含垢納汙之量，不可持好潔獨行之操。

洪自誠力主退讓哲學，其言論中不乏圓滑世故的部分，也蘊涵著許多深刻正確的人生哲理。對這些話，只要不是機械理解，必能有所感悟。

常言說，得饒人處且饒人。放人一馬，實際上既使人得益，自己也有好處。把人逼得太急，把事情做得太絕，別人將與你勢不兩立，自己也無迴旋餘地。

春秋時期的鄭莊公與其母親的故事讀來頗有趣味，也對我們有啓示作用。

鄭莊公的母親是武姜。據說武姜生鄭莊公時是難產，因而她一直不喜歡鄭莊公而寵愛莊

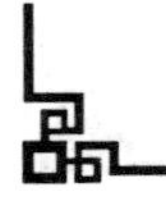

公的弟弟共叔段。她先是不想讓莊公繼國君之位，後又支援共叔段，試圖推翻已當上國君的莊公。鄭莊公採取欲取先予的策略，徹底打敗了共叔段。莊公十分痛恨母親武姜的所作所為，盛怒之下，就把武姜囚禁在城穎這個地方，並且發誓說：「不及黃泉，無相見也！」表示在有生之年決不再見武姜。

不久，鄭莊公感到那種激於一時的義憤之舉似不易獲得社會輿論的好評，多少有點後悔。他想把姜氏接回來，但礙於自己對武姜發過黃泉之下才相見的誓言，感到左右為難。這時，穎谷的地方長官穎考叔給鄭莊公出了個主意，讓他往地下挖至有泉水處，然後打一條隧道與武姜相見，這樣就名正言順，也不失諾言了。鄭莊公聽從了他的建議。莊公與武姜見面以後，雙方都十分激動，母子倆和好如初。

知錯即改，又不失面子。鄭莊公此舉，又在國人面前樹立了一個講究孝道的國君形象。後來，鄭莊公在與周天子的交戰中也採取適可而止的策略，取得了很好的效果。

西元前七〇七年的繻葛之戰，鄭莊公的軍隊打敗了周王室之軍和陳、蔡、衛等國軍隊。戰鬥中，周桓王的肩膀中了箭，有人請求繼續追擊，鄭莊公卻不同意，他認為：「君子不欲多上人，況敢淩天子乎！苟自救也，社稷無隕，多矣。」意思是鄭國本是被迫應戰，不應該過分對待周桓王。

當天晚上，鄭莊公派祭足等人到周軍中問候周桓王和其他將領，以表示鄭是不得已而應

戰，還是願和周王室和好的。

繻葛之戰，不僅打敗了王師，更重要的是使周天子威風掃地，把周天子「受天有大命」、「輔有四方」的牌子打掉了。鄭莊公在對待周桓王方面措施得當，贏得了人們的讚揚，鄭國的威信進一步提高了。

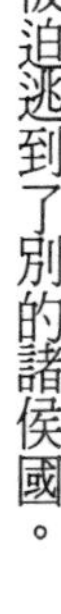

怨家宜解不宜結

孔子說：「君子之過也，如日月之食焉；過也，人皆見之；更也，人皆仰之。」又說：「躬自厚而薄責於人，則遠怨矣。」春秋戰國時期的許多王侯將相都是「躬自厚而薄責於人」者，對有「過」之君子，往往採取寬容諒解的態度。事實上，你若能諒「一賢」之過，常常能使「眾賢」歸心；大度容人，事半而功倍。晉文公特赦寺人披的故事就說明了這個道理。

晉文公，名重耳，是春秋時期五霸之一。他一向禮賢下士，深得人心。四十三歲時，由於他父親晉獻公過於寵愛驪姬，而驪姬又一心想讓自己的親生兒子奚齊繼承王位，獻公聽信讒言，逼死了太子申生，並陰謀殺害比奚齊年長的公子重耳和夷吾。重耳和夷吾為了全身遠禍，被迫逃到了別的諸侯國。

重耳在狄國前後避難十二年。這期間，晉獻公曾派武夫寺人披去行刺重耳。獻公死後，公子夷吾在秦穆公的幫助下回國當了國君，即晉惠公。惠公擔心重耳回國奪位，也看中寺人披，又派他去刺殺重耳。寺人披第一次行刺時，專門跑到國外，秘密跟蹤重耳到了蒲城，結果一劍削掉了重耳的一只衣袖，未能刺中身體。第二次行刺時，寺人披尚未下手，重耳已事先聞訊而逃。

過了數年，晉惠公去世，其子公子圉繼位，即晉懷公。秦國對懷公有舊恨，想用重耳取代他。這樣，歷經磨難的重耳在秦穆公的幫助下，回國殺了晉懷公，自己做了國君，即晉文公。這年他已經六十多歲了。

晉文公即位後，前朝元老呂甥、郤芮等人惶惶不可終日。他們因具體籌劃了前幾次刺殺重耳的陰謀，深恐重耳找他們算帳。爲免萬一，他們決定採取以攻爲守的策略，再次讓寺人披去縱火殺人，乘亂殺掉晉文公。

晉文公正想緝捕寺人披之際，這位大膽刺客卻主動上門，要求面見文公。文公大怒，隨即派心腹責罵他，打算隨後處死他。那心腹劈頭蓋腦便將寺人披責罵一通，哪知寺人披面不改色，沈靜答道：

我是位普通人。以前，獻公、惠公令我行刺，那是國君的命令，我不能不從。既然

遵從，就理當把事情辦得又快又妥，這是我行刺並提前行動的用意所在。我想，文公應將此視為一位臣子對國君的忠誠。

接著寺人披又引經據典，說：

從前，管仲為了公子糾繼承王位，曾箭射齊桓公。桓公即位後，不但不殺管仲，還拜他為相，稱他為仲父。這就是桓公大度、賢明的表現。晉文公也應體諒臣子的苦衷。何況，無論過去和現在，反對文公者豈止在下一人？若懲處殺害，能有完麼？

心腹聽了這番話，似覺有理，便將這些稟告了晉文公。晉文公隨即召見了寺人披；寺人披便將呂甥、郤芮等人的陰謀和盤託出。晉文公鑒於多方面的原因，即請秦穆公出馬，幫助平定了呂、郤之亂。

此後，在朝堂又談及寺人披，不少人認爲，他一而再、再而三地參與刺殺晉文公，罪惡不赦，理當殺掉，以防後患。而晉文公卻認爲他是君子之過，改而當諒。晉文公不但沒有處死寺人披，還重用了他。世人聞之，爭相傳頌文公大度，投誠者、進諫者接踵而來。文公廣採群臣建議，延攬人才，很快彌補了動亂創傷，國家欣欣向榮，君臣上下一心，這爲他稱霸諸侯打下了基礎。

古語云：「滋味濃底，減三分讓人嘗；徑路窄處，留一步與人行。」與人方便，自己也方便；寬待別人，甚至是從前的對手，給別人一條生路，同時也拓寬了、鏟平了自己的人生之路、事業之路。藏族諺語說：「益友百人少，仇敵一人多。」漢族也有諺語說：「多個朋友多條路，怨家宜解不宜結。」晉文公寬恕屢次刺殺自己的刺客，使對方免於一死，而自己獲益更多。一時的恩怨與一世的霸業豈可同日而語！

歷代明君英主，大多胸襟開闊，不計前嫌，善於以恩結人。一代女皇武則天與上官婉兒的恩怨結解，也是很有意思的。

婉兒是唐初重臣上官儀的孫女兒。唐高宗懦弱，後期對武則天獨斷專權頗爲不滿，就密令上官儀起草廢后詔書。此事不料被武則天發覺，上官儀因「大逆之罪」慘死獄中，同時被抄家滅籍。時年一歲的婉兒及其生母充爲宮婢，被發配東京洛陽宮廷爲奴。

婉兒十四歲那年，太子李賢與大臣裴炎、駱賓王等人籌劃倒武政變，婉兒爲了報仇也積極參與此事。後事情敗露，太子被廢，裴炎被斬，駱賓王死裡逃生。上官婉兒以爲自己也將被處死，但結果完全相反：竟被武則天破例收爲機要秘書。

原來是因爲婉兒有才，武則天因愛才而該殺不殺，反而留在自己身邊。這自然使婉兒感激涕零。此後，武則天又一直對她悉心指導，從多方面感化她、培養她、重用她。婉兒則從武則天的言行舉止中，瞭解了她的治國天才、博大胸懷和用人藝術，對她徹底消除了積怨和

誤解，代之以敬服、尊重和愛戴，並以自己的聰明才幹，替她分憂解難。由於武則天對婉兒「以恩結之」，最終使她由宿敵變成了心腹。武則天御下有術，恩威並用，不愧女中英主。

「民心」比「良馬」重要得多

如果說晉文公、武則天在上述兩例中的恩澤是施於個別才女武夫的話，那麼春秋時秦穆公的恩澤則是普惠衆人，但同樣都贏得了人心與民心。這裡，我們就說說秦穆公以「良馬」換「民心」的一段趣聞。

秦穆公爲春秋五霸之一，是當時秦國一位很有作爲的君主。春秋前期，秦國還是一個邊遠小國，地方偏僻，土地貧瘠，被中原諸侯視爲狄戎之邦。到西元前六世紀中期，秦穆公即位：這位雄才大略的君主廣羅人才，善結民心，擴地千里，開創了秦國歷史的新時代，爲以後秦始皇「六王畢，四海一」（杜牧〈阿房宮賦〉）的統一大業奠定了基礎。

秦穆公用人，不僅能知人善任，而且深結民心，這也是他之所以能振興秦國的一個重要原因。晉國鬧饑荒時，秦穆公不乘機伐晉，反而慷慨借糧。而秦國鬧饑荒時，晉國反而以怨報德，趁機相侵。於是，穆公十四年時，秦晉兩國大戰了一場。當秦穆公追趕晉惠公時，誤

中了晉軍埋伏。穆公身負重傷，形勢非常危急。

就在這緊要關頭，一群老百姓捨命殺入重圍，不僅救出了穆公，而且還生擒了晉君。爲什麼穆公在關鍵時刻，得到了這樣一支天上飛來的「敢死隊」呢？

原來，穆公幾年前曾丟失了一匹良馬，據查是被「岐下」這個地方的「野人」，即落後地區的老百姓逮住殺了吃肉。當時，有官吏把這些老百姓抓了起來，並打算予以嚴懲。秦穆公知道此事後，對官吏之舉不以爲然。他認爲，眞正的君子不會因爲牲畜而傷害人民。他還幽默地說：「我聽說吃好馬肉要喝好酒，否則對身體不好。」（《史記．秦本紀》）這樣，穆公不僅沒有治那些百姓的罪，反而還派人給他們送去美酒，隨即無罪全部將他們釋放了。

這些老百姓一直十分感激穆公。後來，聽說秦軍擊晉，他們都要求隨軍出征。當穆公被圍的緊要關頭，這批「敢死隊」爭先恐後，浴血奮戰，以求報答穆公當年的恩德。

這個故事告訴我們，人必須有寬容精神和廣闊胸懷，不要爲了無關緊要的小事而斤斤計較，要善於體諒別人，待人以寬，收服人心。前人說得好：

> 施必有報者，天地之定理，仁人述之以勸人；
> 施不望報者，聖賢之盛心，君子存之以濟世。

這兩句話的意思是：做什麼事有什麼回報是天地間不變的道理，有仁心的人以此勸人；

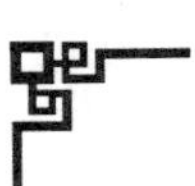

佈施不求回報，乃聖賢的心胸，君子用這種胸懷以濟世。穆公沒因一匹馬而治罪於百姓，他當時並未想到日後怎樣，這實乃是聖賢胸襟。而這些「岐下」百姓也堪稱君子，受人滴水之恩，卻湧泉相報。《戰國策》上有句名言：「士爲知己者死，女爲悅己者容。」可見，你以寬容愛護的態度對待別人，別人也會將心比心，投桃報李，回報於你。

說到這兒，我們又記起了戰國時期的一個亡國故事，講的是中山國王因一杯羊羹而失國。

中山國是戰國時期的一個小國。有一次，中山國的國君設宴款待國內的名士。當時正巧羊肉羹不夠了，無法讓在場的人全都喝到。有一個沒有喝到羊肉羹的人叫司馬子期。他爲此懷恨在心，到楚國勸楚王攻打中山國。楚國是大國、強國，收拾弱小的中山國易如反掌。中山被攻破，國王逃到了國外。

中山國王逃走時，發現有兩個人手持長戈一直護衛著他，便問：「你們來幹什麼？」兩個人回答說：「從前有一個人，曾經因獲得您賜予的一壺食物而免於餓死，我們就是他的兒子。臣的父親臨死前囑咐，中山國有任何事變，我們都必須竭盡全力，甚至不惜以死報效國王。」

中山國君聽後，感歎道：「給予，不在乎數量多少，而在於別人是否需要；而施怨不在乎深淺，而在於是否傷了別人的心。我因爲一杯羊羹而亡國，卻因一壺食物而得到了兩位勇

士啊！」

道話兒道出了人際關係的微妙，道出了恩怨相報的某種眞諦。施恩於人，以恩結人，關鍵不在事情大小、金錢多少、財物貴賤。雪中送炭，酷暑送冰，「好話一句三冬暖」。一件小事，幾句體己話，足以讓人感激一輩子。而傷害一個人有時也十分容易，一杯茶，幾句話，舉止言語不得體便可使對方的自尊心受到損害。有時「言者無心，聽者有意」，什麼時候與人結了怨自己還蒙在鼓裡。看來征服人心、普施恩德，是個「用之在俄傾，積之在平日」的功夫，正如明代呂坤《呻吟語》所說：

五月繅絲，正為寒時用；八月績麻，正為暑時用；平日涵養，正為臨時用。

《戰國策・齊策》上所載的「馮諼買義」可作爲呂坤之言的最好注腳。

孟嘗君要從門客中找個熟悉會計的人去薛地催收放給百姓的債款。馮諼自告奮勇願去收債。臨行時，馮諼問：「債全部收完後，用收回的款買些什麼東西回來呢？」孟嘗君說：「你看我家缺少什麼，就買什麼吧！」

到了薛地，馮諼假託孟嘗君的命令，把放出去的債款都賜給百姓，並且當場把契約燒毁。百姓高興得歡呼萬歲。

馮諼回去後，孟嘗君對他這種作法很不滿意。誰知一年以後，齊湣王要撤掉孟嘗君，就

婉轉地對他說：「我不敢把先王的大臣，作爲自己的大臣。」孟嘗君只好前往自己的封地。當離辟地還有百里遠的時候，百姓就扶老攜幼，在路上迎接孟嘗君。孟嘗君轉頭感動地對馮諼說：「先生爲我買的義，我今天見到了。」

統一天下在於統一人心

春秋戰國是我國歷史上由奴隸制向封建制過渡的社會劇變時期。這期間，兵連禍結，烽火不息。在刀光劍影的激烈爭戰中，各路諸侯都欲稱王稱霸，一統天下。那麼，如何在群雄逐鹿中獨佔鰲頭？又如何在四分五裂中，使天下歸順？對此，荀子有一番高見，他認爲：

有百里大的地方就可以奪得天下，這是不假的，關鍵就在於君主要懂得取得天下的道理。所謂取得天下，不是指別人帶著土地來歸服，而是你的治國之道能夠統一人心罷了。那些人如果真和你一心，那麼他們的土地又怎麼會離開你而歸到別處去呢！（《荀子・王霸》）

在荀子看來，雖然只是百里之地，但它所擁有的等級爵位，完全可以安排天下賢人，任

用天下有才能的人；從舊法中選擇好的認眞使用，就完全可以馴服那些好利的人。賢人都歸順了，有才能的人都任用了，好利的人都馴服了，天下也就歸自己所有了。所以，「百里之地，完全可以盡得天下的勢位；致力忠信，提倡仁義，完全可以盡得天下的人心。」

子產執政時期的鄭國，恰好是荀子所說的「百里」之國；然而，它「以小事大，雖弱猶強」。子產姓國，字子產，名僑。他是鄭穆公的孫子，西元前五四七年出任宰相，到西元前五二二年去世，前後二十多年，銳意革新國內政治，開展外交活動，使列強不敢加兵於鄭。

鄭國當時是一個小國，又夾在晉、楚兩大強國之間，兩邊都得罪不起，於是楚來與楚盟，晉來與晉盟，首鼠兩端，疲於應付，外交困難，內政也是矛盾重重。受命於危難之際的子產任宰相後，不僅恢復了國內政治秩序，而且通過積極巧妙的外交活動，使小小鄭國在列強之間屹立不倒，政治地位受到應有的尊重。

子產治國，主要有兩點：一是加強法治，一是重視民心。針對當時統治集團內部黑暗，政治紊亂，民衆目無法紀，胡作非爲，舉國混亂的局面，子產首先從整頓國家秩序入手，健全法規制度，完善各級統治機構，並把各種法律條文鑄在刑鼎上發布全國。這一舉動在幾年後便大見成效。在推行這種嚴厲政策的同時，子產又十分重視民心，重視寬容的政治空氣。

「子產不毀鄉校」的佳話一直流傳至今，連中學國文課本都收錄了。

當時，鄭國有一種教育機構叫「鄉校」。這種機構原是爲了教育統治階級中下層大夫、士

等地方貴族而設的，後來逐漸演變爲政治活動場所，以致發展爲結黨暴動。子產的父親子國就是由於這種暴動而被殺的。鄭國大夫然明怕子產也遭不測，就勸子產毀掉鄉校。子產卻說：「爲什麼要毀掉呢？人們早晚聚在這裡，談論掌權人的好壞。他們稱讚的，我們就堅持；他們厭惡的，我們就改正。這是我們的老師啊！忠誠地爲人民做好事就能減少百姓的怨恨，作威逞兇不可能堵住埋怨。誰都想快點制止人們的非議，然而，這就像防止漫溢的大水一樣，大水決口造成的災害傷人衆多，無法挽救；不如早開小決口疏而導之，保留鄉校，聽到人們議論就當良藥治病一樣。」後來，鄉校自然沒有毀掉。子產留下的是鄉校，獲得的是人心。子產死後，孔子流著淚說：「他是古代仁愛之風的化身啊！」

子產雖然沒能輔佐鄭侯成就霸業，那是因爲有許多客觀的原因。稱王稱霸，既有人的因素，也與時、勢相關連。子產既重法治，又講德化，實爲後世統御二法。後世儒家尤重德化，如朱熹就曾說過：

> 人君之治，莫大於道，莫盛於德，莫美於教，莫神於化。道者，所以持之也；德者，所以苞之也；教者，所以知之也；化者，所以致之也。（《潛夫論・德化》）

程朱理學，在封建社會後期成爲欽定的官方哲學，「德化」思想與方法更加受到重視。道德之化人，具有一種潛移默化作用，非刑法所能代替。因此，古代帝王往往不務治民事，

而務治民心，導之以德，齊之以禮，動則思義，舉則唯仁，誠使六合之內，咸懷忠厚之心，而無淺薄之惡，各奉公正之心，而無奸險之慮。倘若舉世如此，就可出現清明盛事。

這種以德化人、以恩感人的方法，當然是爲統治階級的根本利益服務的；它有如精神鴉片，的確是有毒的、有害的。但若能剔除其階級的、時代的糟粕，注重人心向背，講求恩結與德治，對於當今的領導工作、管理工作，又都還是有積極作用的。俗話說「人心齊，泰山移」，如何「齊」人心，實可從古代文化遺產中汲取營養。

攻心才是真正的上策

無論是內政還是外交，也無論是治國治軍還是征戰攻伐，人心的確都是最重要的。對屬下、對百姓，聰明的統治者往往恩威並用，尤重德化；對於對手，或者敵人，也不只是用武力征服，而是講求「攻心爲上」，讓對方口服心服，俯首稱臣。

三國時期，諸葛亮對西南少數民族就採用了「攻心」戰。而「攻心爲上」的策略，當時是由馬謖提出來的。他認爲，對西南少數民族地區需要堅持「和撫」政策，使其歸服。若單以武力去征服，必是征而不服，後患無窮，這是其一。其二，從西蜀劉氏政權統一天下的戰略全局來看，對西南的平定絕不在於一次軍事上的勝利，關鍵是要把西南變為長治久安的大後方，以利於將來集中兵力，逐鹿中原。正如馬謖指出的，雖然單憑軍事力量可以打敗孟獲，但一旦中原戰事緊張，西南仍會隨風而起，「其反必速」。這一分析，點明了問題的關鍵所在，堪稱高瞻遠矚。諸葛亮聽了馬謖的意見後，讚歎道：「幼常（馬謖）是知吾肺腑也！」本著「攻心為上」的策略，諸葛亮七擒孟獲，又七次放了他，終於徹底感化了孟獲，使他心悅誠服，誓不再反。從此，蜀國西南安定，諸葛亮才得以舉兵北伐。

「攻心」是以德化人，以情感人，以理服人。《呂氏春秋》上載：「用武則以力勝，用文則以德勝。文武皆勝，何敵之不服？」諸葛亮七擒孟獲，自然是「文武皆勝」。這裡也要注意，儘管兵家一再強調「攻心為上，攻城為下；心戰為上，兵戰為下」；而事實上，「攻心」與「攻城」、「心戰」與「兵戰」是不能分開的。道理很簡單，諸葛亮的「攻心為上」戰術，如果沒有蜀國兩年的積極準備，沒有占絕對優勢的兵力，顯然就不能有戰場上的「七擒七縱」，自然也就不會有孟獲的「心服」和南中的安定。因此，唯有恩威並重，心戰與兵戰相結合，才能眞正降服敵人。有句老話叫「弱國無外交」，同樣的道理，在大多數時候，「弱兵」是無所謂「攻心」戰的。

「攻心」或重「德」，或重「情」，或重「理」。它既可克敵制勝，又可用以保全自我。因此，攻心戰也並非只是一種模式。載於《東周列國志》第四十三回的〈老燭武縋城說秦〉，便

是另外一種攻心之戰。

西元前六三〇年，晉文公聯秦伐鄭，用重兵包圍了鄭都。鄭國的燭之武夜間縋城而出，對秦穆公來了一番攻心戰，結果使秦晉大軍不戰自退。

秦穆公的「心」之所以被燭之武「攻」破，原因在於燭之武說清了攻鄭與否對秦國的利害關係。鄭國在晉國的東邊，秦國在晉國的西邊，鄭秦東西相距千里。燭之武首先抓住這種地理上的特點，說明鄭亡只能歸晉所有，遠在西方的秦國根本無法獲得鄭國；而鄭國一旦歸晉所有，則晉益強而秦益弱，力量對比對秦國極爲不利。其次，燭之武揭露了晉國賴帳的醜史，指出晉君曾答應將焦、瑕兩地割讓給秦國，但晉君在秦君幫助下早晨過河回國，晚上便在那裡修築防禦的城牆，出爾反爾，拒不兌現諾言。最後，燭之武指出，晉君貪得無厭，兼併逞強，今天東來伐鄭，明天就可能西去攻秦。燭之武入情入理的分析，終於打動了秦穆公之心。

這段故事也見於《左傳．僖公三十年》，可見是實有其事。鄭國沒動一刀一槍，沒用一兵一卒便解了城下之危，全靠燭之武一番言說，證明攻心作用之大，確實不容忽視。

攻心戰其實就是一種心理戰，一種情感戰，一種利害分析戰。在現代商戰中，這種「攻心爲上」的謀略又有了新的時代特色與具體內容，其運作方式也常翻奇出新。茲舉一例，以見一斑。

美國某航空公司要在紐約建立一座巨大的航空站，要求愛迪生電力公司按優惠價供電。電力公司認爲對方有求於自己，故意推說公共服務委員會不批准，不予合作。在這種情況下，航空公司主動中止談判，揚言自己建電廠比依靠電力公司供電更合算。電力公司得知這一消息後，擔心失去賺大錢的機會，立即改變了態度，還託公共服務委員會前去說情，表示願意以優惠的價格給航空公司供電。在這筆大交易中，處於不利地位的航空公司巧於打草驚蛇，形成主動地位；這樣，不費一槍一彈，便得到了很大的利益。可見，在經濟競爭中，抓住對方的心理，視情況採用精神戰術，往往有可能出奇制勝。這種攻心之戰，比起攻城似的強攻硬衝來，無疑更富智慧，也更見成效。

《孫子兵法》早就提出了「上兵伐謀」的戰略思想，其宗旨就在於通過鬥智鬥謀，達到「兵不頓而利可全」、「不戰而屈人之兵」的最高目標。事實證明，這種攻心之謀不僅適用於兵家，也適用於商戰及人生其他領域。只不過今日運用，應通其「道」而變其「技」，即要把握「攻心」的精神，而具體辦法可靈活多變。

感情投資的回報

治國治軍、內政外交，人才與人心都是至關重要的。春秋五霸，戰國七雄，哪一個不是在人才的延攬與人心的收服上做足了文章！當時以及後世都留下了不少耐人尋味的佳話。從上述楚莊王、晉文公、秦穆公的言行舉止可以看出，這些人之所以在諸侯逐鹿的年代能稱霸一時，絕不是偶然的。

三國時期的曹操之所以能統一北方、稱霸中原，一個重要的原因也是他唯才是舉，善結人心。官渡之戰時的一段小插曲就很能說明。曹操在官渡之戰中以少擊衆、力挫袁紹以後，從繳獲的袁氏信件中，發現許昌守城乃至前線的一些人私下寫信給袁紹，準備投降。浴血奮戰的將士知道這件事後都非常氣憤，紛紛要求懲處叛徒。曹操卻下令將這些信件全部燒毀，並說：「袁紹那麼強大，我恐怕自身都性命難保。官渡一戰，是勝是敗，誰也沒有把握，怎能怪這些人呢？」這樣，私通袁紹的人轉爲感激，忠實於曹操。原來處於觀望態度的人也甘心效忠曹操了。

人們常以成敗論英雄，勝者王侯敗者寇，儘管這並不總是正確無誤，但在大多數情況

下，勝者確有些英雄的氣度，而敗者也常有些盜賊的素質。

人才得失、人心向背，的確與政治、軍事、外交等重大領域關係密切，而它對人們經商、處世，也是至關重要的。常說「商場如戰場」，經商之道與軍國大事也有許多相通的道理。比如這「感情投資」，就不僅是統御之術，它同時也是十分重要的商家謀略。

近兩年，有兩本歷史小說在國內很暢銷。一本是大陸作家唐浩明的《曾國藩》，一本是臺灣作家高陽的《胡雪巖全傳》。社會上一度流行著這麼兩句話：當官要讀《曾國藩》，經商必看《胡雪巖》。這裡，我們姑且拋開前一部書不談，專門來看看高陽筆下的商業巨賈胡雪巖。

胡雪巖在中國近代史上實有其人。他從給人當小夥計起步，最後竟成了一代巨商、紅頂商人。他辦錢莊、販軍火、做期貨、開工廠，凡是那時能做的生意都做了。他雖然最後失敗，但他畢竟成功過、輝煌過，不愧爲一個失敗的英雄。

胡雪巖之所以能由布衣以至巨富，他依靠了自己的機遇、膽略、技巧，這中間，其商業倫理、爲人之道起了很大作用。胡雪巖有句律身格言：「上半夜替自己想想，下半夜替別人想想。」可見，作爲商人，他講求利己，但又有個度。同時，他又在自己的辦事原則和別人的辦事原則之間尋找交切點，既不過分勉強別人，也不過分委屈自己。依據這樣的處世原則，胡雪巖講究商業道德，並不幹那種缺斤少兩、坑蒙拐騙的小勾當。他想在商業上大有作爲，因此又注意放遠眼光，延攬人才，籠絡人心。對政界、商界要人，對手下能員幹將，能

「以恩結之」。這「感情投資」使他受益無窮。且看：當他還不太富裕的時候，就拿出五百兩銀子資助窮困潦倒的王有齡買官，這爲他後來的發跡打下了基礎。而當他發財以後，更加注重人際交往中的感情投資作用：比如他盡心幫助郁四處理家務，比如他細心籌劃玉成古應春與七姑奶奶的婚事，比如他撮合阿珠姑娘與「小和尚」的姻緣，比如他爲漕幫排憂解難——所有這些，都屬感情投資。常言道：種瓜得瓜，種豆得豆。胡雪巖的這些感情投資收回的「利潤」，便是籠羅了一批眼光手腕都不錯，且眞心實意爲他效力的心腹與幹才。而人才與人心才是致勝之本。

「感情投資」，目的在於獲取人心，增強凝聚力、向心力；但它在不同時代、不同單位或不同的人那裡，又有其不同的表現形式。「以恩結之」者，可以是個體，也可以是群體；可以是直接的下屬，也可是間接的相關人員。

人們常說：人心齊，泰山移。注重「感情投資」，必定使人們更加團結和睦，工作更加努力上進，這效益是難以用金錢來計算的。

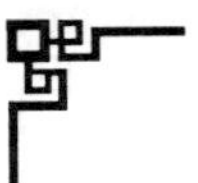

三、獎賞與懲罰

賞罰乃指揮之棒

古代帝王的臣僕，除了極少數以外，大多數人之爲帝王效忠、賣力都是爲了能有所得，就如《水滸傳》中武松對宋江所說的那樣，「到疆場上去，一刀一槍，搏個封妻蔭子」。這個得，歸結起來主要是兩樣東西——地位和財富。因此，帝王手中所掌握的賞罰大權，就成了駕御文武百官的「指揮棒」。善於運用它來達到自己的種種目的，是帝王必不可少的一項統治藝術。

對於賞罰術的功用，古代政治家有很透澈的認識。在儒家經典「十三經」之一的《周禮》中，作者曾列舉了國君駕御群臣的八件「法寶」：

一曰爵，以御其貴；二曰祿，以御其富；三曰予，以御其幸；四曰置，以御其行；五曰生，以御其福；六曰奪，以御其貧；七曰廢，以御其罪；八曰誅，以御其過。

這些用以御使臣僕的東西，除了生死之外，幾乎都與財富、地位有關。春秋戰國時期的法家人物韓非子爲君主設計的七套權謀術中，賞罰的運用就占其二——「二曰必罰明威，三曰信賞盡能」。韓非子還認爲，賞罰這種手段是「立竿見影」的好東西，君主掌握了它，就能制御臣僕，但如果反過來被臣僕掌握了，就會危及君主的權勢。尹文子認爲，治國者必須使臣民感到只有通過做官這條路才能富起來，只要一觸犯刑律就會破產。這樣，才會人人爭著向君主效力而不敢去違法亂紀，「貧富皆由於君，則君專所制，民知所歸矣」。

春秋時期鄭國的子產講寬猛剛柔，實際上也與賞罰有密切關係。他認爲，施政不過兩種方法，一種是寬大，一種是嚴厲。只有德高望重的人，才能用寬大的政治來使百姓服從。好比水火，火猛烈，百姓看著害怕，所以很少有人死於火。水性柔弱，百姓就不畏懼，所以死於水的人很多。寬大的統治術像水，很難奏效。更多的還是要用嚴厲的統治。

一向講「禮」講「仁」的孔子，也很贊成子產的這種統治術。他說：「太寬大，百姓就會怠慢不服統御，因而要用嚴格的法律治理，這免不了要有傷殘，又反過來有所寬大。因而應該剛柔並濟，相輔相成，才能政通人和。」

孔子這話還頗有辯證味道。這裡雖是宏觀講統治術，但確實暗含賞罰術。因爲後者是前者的具體化，是前者的一個重要部分。

帝王的賞罰手段對臣僕來說，具有塑造行爲的「指示效應」。根據現代心理學家的研究，連續而有目的的賞罰，對於人們的行爲形成有一種定向作用。楚王喜歡細腰的女子，國中女子皆紛紛減肥，趨之若鶩。越王勾踐爲了報吳國之仇，極力培養民衆的尙武精神。某次，他駕車出巡，見到路上擋著一隻發怒的大蛤蟆，便恭恭敬敬地向它行禮；爲了不傷害這隻蛤蟆，他甚至命令隨行人馬繞道而走。他的侍從感到奇怪，便問勾踐這是爲什麼。勾踐一本正經地說：這樣一隻勇敢的小東西，難道還不値得我們向它致敬嗎？這條「花邊」新聞一傳開，越國民衆爭相以勇武相誇。勾踐就憑著他們，一舉打敗了吳國。

可見，賞罰之術是一個具有「魔力」的指揮棒。運用正確、得法，就能調動衆人的積極性，使人們齊心協力，奮發向上。運用失誤，就會挫傷人們的積極性，使一個單位或部門陷入混亂、懶散、矛盾重重的狀態。因此，獎誰罰誰，怎麼獎怎麼罰，不僅是封建帝王的統治藝術，也是現代領導科學的重要課題。

升遷貶斥，賞罰分明

賞罰，關鍵在賞其所當賞，罰其所當罰。賞罰之術的運用，具有收攬人心、鼓勵忠誠、打擊奸滑等方面的功效。馬基雅維里在《君王論》中論賞罰之術道：

君王要想確保他的大臣對他效忠，就應該替他的大臣設想，要尊重他，要讓他富有，要予以仁慈的關懷，賜給他榮譽，授給他重任；這樣，讓他看到他是怎樣地依賴於君王，讓他獲得了顯爵厚祿之後，不會企求其他的富貴，而他所擔負的責任，使他害怕有任何變革。當君王和他的大臣處於這樣的相互關係中時，他們是能夠彼此信賴的。

馬基雅維里在這裡講的主要是恩賞，其實，賞與罰總是相輔相成、互相作用的。春秋戰國時期，諸侯們是十分注意賞罰並用，駕御屬下的。下面再說說春秋霸主楚莊王。

楚莊王登位後，三年不治理政事，喜歡隱語以爲遊樂，國家面臨滅亡的危險。士慶問左右的群臣說：「大王臨政三年不治理政事，只喜歡隱戲，國家面臨滅亡的危險，爲什麼不進宮忠諫？」左右群臣都說：「您進宮去吧！」

士慶進宮，向楚莊王拜了兩拜，上前說：「我向您說一個隱語：有一隻大鳥，落在南山之南，三年了，不飛也不叫，不知這是什麼緣故？」楚莊王說：「你去吧，我知道了！」士慶說：「我說是死，不說也是死，願意聽聽大王對這個隱語的解說。」楚莊王說：「這隻大鳥，三年不飛，爲的是讓羽翼長豐滿；三年不鳴，爲的是觀察群臣的言行。這隻鳥雖然不飛，飛必沖天；雖然不鳴，鳴必驚人。」士慶向莊王叩頭說：「這正是我願意聽到的。」楚莊王對士慶的提問，非常高興，任命他爲令尹（宰相），給了他相印。士慶大喜，出了宮門，環顧左右的人，笑著說：「我們的大王是已經成熟了的大王啊！」

中庶子聽說了這件事，向楚莊王跪下，哭著說：「我給您管理衣帽十三年了，走在您的前面，好像開路的響箭；走在您的後面，好像您的屏障。您賜給士慶相印，卻不賜給我，我活不了幾天了！」楚莊王對他說：「前些日子，我好比陷在污泥之中，你和我說的話，對內，沒有談到國家，對外，沒有談到諸侯。像你這樣，是只能讓你富不能讓你貴的。」於是，拿出璧玉等國寶賞賜給中庶子，說：「忠信，是士人應有的品行；言語，好比是士人應走的道路。道路不修理，士人就沒有路可走了！」

在楚莊王看來，臣下僅有忠誠是不夠的，更重要的還要有識見，關心國政，敢於提出意見。對於徒有忠誠，如老僕中庶子，他僅使其富；而對敢於進言、關心國家的士慶，委以重任，授以相印，這不同的賞賜表明楚莊王是精通並善用賞罰之術的。升遷貶斥，賞罰分明，

這恐怕也正是莊王後來能一鳴驚人的一個緣故。

賞罰既然是帝王諸侯御下之術，那麼用好了就很有效力。賞與罰，貴在公正、嚴明，依據事實，而不是依據道聽途說，偏聽偏信。戰國時期的齊威王賞罰嚴明，在後世一直是傳爲美談的。

無獨有偶，齊威王即位以後，也是不理國事，把政事都交給大臣們。九年間，各國都來侵略，國內大亂。於是威王把即墨大夫召來對他說：「自從你到即墨以後，天天有人來告你的狀。但是我派人視察即墨，田地種得好，人民富足，官府沒有積壓案件，東方因此而安定。這是你沒有收買我的近侍來替你說好話的緣故。」於是，加封即墨大夫一萬戶。隨後，威王又召來阿城大夫說：「自從你治理阿城，天天聽到有人稱讚你。可是派人視察阿城，土地荒蕪，人民窮困。早些時候趙國攻打甄城，你不能救援；衛國占據薛陵，你不知道。這是你用錢收買我的近侍替你說好話的緣故。」於是，當天烹死阿城大夫，連左右平常被其收買而說好話的人，也一同被烹死。

由於齊威王舉賢用能，賞罰嚴明，後來又使齊國國勢日盛，雄風再現。

獎勵，一般來說是獎有能力者，獎有識見者，獎有功勞者，但有時又不盡然。在古代，無功而受上賞者也不乏其例，東周列國時期就有此類事情。

越襄子被圍在晉陽。解圍以後，賞賜了五個有功之臣。另有一個叫高赫的，並未立功，

卻得到頭等獎賞。這五個有功之臣都很氣憤，張孟談對襄子說：「晉陽被圍的時候，高赫沒有大功，現在卻給他頭等獎賞，這是爲什麼呢？」襄子說：「在我被圍困的時候，沒有失掉臣下對國君的禮儀的，只有高赫啊！你們雖然有功，對我卻非常傲慢。給高赫頭等獎賞，不也是可以的嗎？」孔子聽了後說：「趙襄子可算得上是善於獎賞臣下的了，獎賞高赫一個人，而普天下的臣子都不敢違背君臣之禮了。」

這就是我們前面說的「指揮棒」的導向作用。是重獎有功者，還是重獎有禮者，這其間蘊藏的是一種御下的權謀。

勸善而不勸惡

賞罰有一個很重要的準則——不勸惡。從最狹義的意義上來理解，就是不能對惡行給予獎賞，哪怕這種惡行曾經對自己有過幫助，以免助長有害於統治穩固的惡德。

戰國時期，張儀曾告訴秦惠王說：「陳軫是你的部下，卻常把國情遞給楚國。我無法同他共事，希望大王能驅逐他。」當秦王找陳軫質問時，陳軫卻給他講了一通「老婆情人不一樣」的道理。娶妻確實是品德第一。舊時代有所謂「娶妻娶德，娶妾娶色」之說。家庭生活

中也奉行「不勸惡原則」。這一原則運用於政治、軍事，就演出了許多變幻不測的悲喜劇。

劉邦在楚漢戰爭中，曾兵敗被項羽部將丁公追迫甚窘。經過求勸，丁公私下把劉邦放走了。後來，項羽戰敗，丁公找到劉邦，想討一點封賞。劉邦當即將他斬首示衆，並說：「丁公對項王不忠，他沒有追殺我，因而使項王最終失去了天下。我之所以不報他對我的恩德，是爲了讓今後當臣子的不要再學丁公的樣。」古往今來，叛徒大多沒有好下場，劉邦一語道出了其中的奧秘。

與對待叛徒相反，明智的君王對前朝的忠臣往往優待有加，委以重任。這基於一個邏輯推斷──既然過去能盡忠於故主，只要能爭取到自己手下，必然也會竭誠於自己。南北朝末年，陳朝派大臣許善心出使於隋，被隋扣留。不久，隋軍滅陳。許善心在關押中聽到此訊，頓腳號哭。隋文帝下令任命他爲隋朝的通直散騎常侍，許善心雖然接受任命，但在上朝時仍然悲悲切切，以致連正常的朝拜禮節都不能完成。隋文帝對左右大臣說：「我平定陳國，只得到這樣一個人才。他既能如此不遺忘他的故主，將來也必定是我的誠臣。」於是又給他升了一級官職。

上述史實都表明，獎賞意在勸善，不在勸惡。這個善惡，其實是看對己是否忠誠無二。如果再從更廣一點意義上來理解「不勸惡原則」，就意味著帝王在賞功時要處理好短期行爲和長遠利益之間的關係。有時君王出於應付政治、軍事的複雜局面，不得不採取一些臨時性的

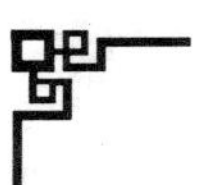

權宜之計，對於在這方面作出貢獻的人員進行獎賞。但在這種情況下，必須注意不要讓臣僕們把這種策略性的短期行爲轉化爲「定勢」，以損害長遠利益。

春秋時，晉軍與楚軍在城濮對壘，晉文公向大臣咎犯問計，咎犯認爲，在楚強晉弱的局面下要取勝，不防用詐術。大臣雍季反對，他說：「詐僞之道，雖今偷可，後將無複，非長術也。」晉文公根據咎犯的謀劃，在城濮之戰中打敗了楚國；但在論功行賞時，卻以雍季居首。大臣們都不理解，晉文公解釋說：「雍季之言，百世之利也；咎犯之言，一時之務也。焉有以一時之務，先百世之利者乎？」

曹操在賞罰上也是很有戰略眼光的。有時，他不得不冒險出征，歷經艱險，僥倖獲勝；勝後厚賞那些勸阻自己出征的人，並說：「孤前行，乘危以徼倖，雖得之，天所佐也，顧不可以爲常。諸君之諫，萬安之計，是以相賞，後勿難言之。」

西漢宣帝誅滅爲非作歹的霍氏家族以後，也有過類似的言行。他在獎賞揭發霍氏惡行的人時，同時也獎勵了早就向自己建議設法抑防霍氏作惡的徐福，其理由是「鄉使福說得行，則國無列土出爵之費，臣無逆亂誅滅之敗」。

諸如此類的例證還可舉出不少，這讓我們想起了一則頗富意味的古代寓言，說是有人造了一座新房，但廚房煙囪是直的，燒火時直冒火星，柴草放得離灶又近。有位老人見了，對主人說：你應該改造煙囪，移開柴草，否則，很容易引起火災。主人不聽，結果眞的遭了火

災。火救滅後，主人設宴酬謝前來幫忙救火、燒得焦頭爛額的鄉鄰，並對衆人說，當時我若聽了老人的話，也不會有這場災難了。

這正是：不聽老人言，吃虧在眼前。吃虧後要反思，要感謝老人，總結經驗教訓，否則，以後還有誰願意提醒你呢！

賞罰的「無怨原則」

現代管理學關於激勵有一個很重要的理論，即公平理論。

公平理論是美國心理學家亞當斯於六〇年代首先提出的，也稱爲社會比較理論。這種激勵理論主要討論報酬的公平性對人們工作積極性的影響。人們將通過兩個方面的比較來判斷其所獲報酬的公平性，即縱向比較與橫向比較。

所謂縱向比較，就是將自己的「目前」與「過去」相比較，來判斷自己所獲報酬的公平性，從而對此作出相對應的反應。橫向比較，則是將「自己」與「別人」來進行比較。

面對賞罰，人們總是比較喜歡「橫向比較」，這個比較具體體現爲：自己對所獲報酬的感覺；自己對別人所獲報酬的感覺；自己對所投入量的感覺；自己對他人所投入量的感覺。如

果一個人覺得報酬是公平的，他可能會因此而保持工作的積極性和努力程度。

與西方現代的公平理論有些關聯的，是中國古代賞罰術中的「無怨原則」。所謂「無怨原則」，就是說帝王行使賞罰，應該使受賞罰者和沒有得到封賞的人都沒有怨言，這一要求的意義，當然是很明顯的。這種「無怨」，有的是通過賞罰的公平來達到，有的則是用權術來達到。不過在帝王那裡，只要能達到目的，手段和方式是可以任意選用的。

從總體上看，要使受賞者或受罰者心悅誠服，沒有怨言，即使透過橫向比較也覺得賞得其所，罰得其所，因此公平、公正還是十分必要的。不該獎者不獎，不該罰者不罰，同時也不能讓該獎者不獎，該罰者不罰。賞罰要用到關鍵的人身上，晉文公勝鄴賞功臣便是善於獎賞的一個好例證。

晉文公將要攻打鄴城，趙衰對晉文公講了怎樣攻克鄴城的意見。晉文公採納了趙衰的意見，取得了勝利。準備賞賜趙衰時，趙衰說：「您是要獎賞在這次戰役中起一般作用的人呢，還是獎賞那些起過根本作用的人呢？獎賞一般有功的人，有騎馬乘車作戰的士兵們在那裡；如果要獎賞起過根本作用的人，那麼，我關於攻城的建議是來自郄虎。」

晉文公召見郄虎說：「趙衰對我講了怎樣攻克鄴城的意見，按照他的話去做，我們取得了勝利，我準備賞賜他時，他說，是聽你說的，你應該受到獎賞。」郄虎回答說：「說起來容易，做起來困難。我不過說了點意見罷了。」晉文公說：「你不要推辭了！」郄虎不敢堅

決推辭，便接受了賞賜。

這個故事見於劉向的《新序》。故事中的晉文公打了勝仗後賞賜功臣，抓住根本，善於聽取意見，應該說是比較公平的；賞到點子上，臣下自然信服。而趙衰也是一個有德之人，不埋沒他人的功勞，自己不貪賞賜，確實也值得欽佩。

由這則是重賞衝鋒陷陣的勇士還是出謀劃策的謀士之事，我們非常自然地想到了一個類似的故事——「功狗」與「功人」。

漢王五年，滅了項羽，天下安定，便要論功行賞。由於群臣爭功，討論了一年多，定不下來。劉邦認為蕭何功最大，封他為酇侯，擁有的城邑最多。功臣們都說：「我們這些人披堅執銳，親臨戰場，多的作戰百餘次，少的也有十幾次，攻占城池，掠取土地，功勞大小不等。現在，蕭何未曾立下汗馬功勞，只憑舞文弄墨，誇誇其談，沒打過一次仗，論功行賞反在我們之上，這是什麼道理？」劉邦問：「諸位知道打獵嗎？」大家說：「知道。」又問：「知道獵狗嗎？」大家仍答：「知道。」劉邦說：「打獵時追趕捕殺野獸的是獵狗，可是發現目標指示目標的卻是人。你們諸位捕殺了野獸，是有功的狗；至於蕭何，他發現目標，指示目標，是有功的人！況且諸位單身一人跟我幹，頂多隨身帶來三兩個人，而蕭何全家幾十口都跟著我，他的功勞是不能忘記的。」大家聽了都不敢再說什麼了。

這裡說的是論功行賞，實質是能否公平處事、公平待人的問題。當君主的，也要一碗水

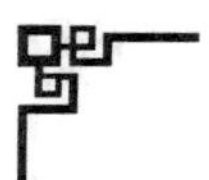

端平，不要有個磚厚瓦薄，否則就有可能弄得人心不穩，怨聲載道，甚至禍起蕭牆。

劉邦在賞罰時比較注意公平，讓下屬「無怨」，但有時也難以擺平。漢王六年，劉邦已經封了大功臣二十多人，大多是老部下和他喜歡的人，其餘的人日夜爭功，高下難分，鬧得很厲害。爲了穩定人心，平息怨氣，劉邦接受張良的意見，大擺酒宴，封雍齒爲什方侯，對其定功行賞。而這個雍齒和劉邦有舊仇，且劉邦一向不喜歡他，只因他功大才沒殺他。酒宴後，大家都高興地說：「雍齒都封了侯，我們還怕什麼呢！」

論功行賞，其間有公平，也有權術。

奉行公正，端平一碗水

賞罰貴在公正，不存私心，這說說容易，做起來的確很難。這裡，我們再引述《貞觀政要》中唐太宗的有關言行；這些言行對今人如何認識和實行公平賞罰仍不無啓示。

經過幾十年沙場血戰，又經過玄武門爭奪皇位的政變，秦王李世民終於登上了皇帝寶座。按常情常理，主子發達了，部屬都要跟著沾光。但唐太宗任人爲賢，秉公辦事，對過去的老部下並無什麼特別優待。很快，中書令房玄齡就來報信說：「秦王府老部下，未得封官

的人，都埋怨前太子東宮及齊王府部下的人比自己先得官職。」針對由賞罰帶來的這種怨言，太宗說了一段頗爲深刻的話：

「古時候認爲最公平的，就是公正而沒有私心。丹朱、商均，都是堯、舜的親生兒子，但是堯、舜撇開他們，把天下傳給賢者。管叔、蔡叔，都是成王的親兄弟，周公旦卻承受王命討伐他們。因此，你們要懂得統治國家的人，要以天下爲公，對人不能有私心。以前，諸葛孔明是一個小國的丞相，都對人說他的心像秤一樣，要公平，不能對人分親疏，何況如今我是治理一個大國呢！我和你們的衣食都是老百姓供應的，百姓的財物奉獻給了上層，而上層還未給下面的百姓帶來好處。

現在之所以選拔賢能有才德的人，正是爲了安定百姓。用人只看他能不能勝任職務，怎麼能因爲是新認識的，或是老部下就態度不一樣呢？凡是見過一面的人尚且覺得有些交情，何況是老部下，能一下子就忘記嗎？如果才能不能勝任職務，那怎麼能因爲是老部下就優先任用？現在不管這些人才幹怎樣，都只聽從他們埋怨，這難道就公平麼？」

唐太宗確實不愧爲一代明君。以江山社稷爲重，任人爲賢，唯才是舉，這正是他能成「貞觀之治」的重要原因。若一人得道，雞犬升天，任人爲親，賞罰失衡，那就很難有公平正直可言。如果僅憑親疏，讓一些無能之輩占據要津，必將政事荒疏，百姓受罪。一旦奉行公正，形成風氣，自然也就聽不到怨言了。

太宗執政初期，不僅下屬官員要求升官晉爵，且連原秦王府的士兵，也有人上書請求一律授予他們武官職位，補入宮禁值宿警衛。太宗自然沒有同意。他說：「我把天下看作自己的家一樣，不能對一些人有私心，只能任用有才能德行的人，怎麼能因爲舊人新人在待遇上有差別呢？況且古人說過：兵器如同火一樣，使用而不能控制，將會燒到自己。封賞秦王府士兵的意見，對國家無益，不能接受。」

賞罰公平確實不易，唐太宗對此頗有感慨。貞觀二年，他對房玄齡等人說：「我每次見到隋朝的遺老，他們都稱讚高熲是賢相。我於是讀他的傳記，高熲的確可以說是個公平正直的人，特別精通治理國家的策略。隋朝的安危，決定於他的生死。隋煬帝無道，他忠誠直諫，煬帝誣陷他謗訕朝政，殺了他。這眞令人痛惜，也叫人懷念。」

另外，唐太宗再次提到諸葛亮的公平正直，賞罰嚴明。諸葛亮曾經上表，請求把押運軍餉遲誤，甚至謊報軍情的廖立與李嚴削職爲民，送到蜀地南方。諸葛亮病逝於定軍山軍營中時，廖立聞訊痛哭道：「我們恐怕要亡國了！」李嚴聽說諸葛亮去世的消息後，哀傷得發病而死。所以歷史學家陳壽稱：「諸葛亮執政，唯誠相見，坦白無私。只要竭盡忠誠爲國，即使是他的仇人也必定獎賞；違反法令怠慢職守的，即使是他的親人，也必定處罰。」能得到這樣的評價，實在是後來治國爲民的人所心嚮往之的。

說到諸葛亮，有一點很值得我們回味。這便是足智多謀的諸葛亮在對敵鬥爭中，屢屢用

計，而在內部管理中卻極少用什麼權術。看來，眞正高明的領導，並非一定要玩弄權謀；以法治國、治軍、治人，公平正直，往往是更有效的武器。

讓直言極諫者獲獎賞

唐太宗善於納諫，是人們都熟悉的。爲了鼓勵大臣進言，他對溜須拍馬者給予貶斥，而對直言極諫者則給予獎賞。

關於太宗賞賜進諫者的事例實在不少。貞觀中授監察御史，後拜吏部侍郎的高季輔向唐太宗嚴詞陳述國家在大政方針上的得失。太宗特賞賜他由石鐘乳配製而成的藥物一劑，說：「卿進我藥石般的諍言，所以我用藥石一劑予以報答。」接著又賜給他金背鏡一面，以表彰他的高明的鑒別力。

俗話說：「良藥苦口利於病，忠言逆耳利於行。」唐太宗虛懷若谷，不僅能誠心接納臣下的諫言，而且還給進諫者各種獎賞，這實在是難能可貴的。

大凡古代聖明的、有作爲的君王，都能比較正確地對待進諫。唐太宗賞賜進諫是從正面來表現的例子，晉文公將對己忠誠但不批評自己的人列在末獎之列，則是從另一面來表明他

勸諫臣諍言的重視。

跟從晉文公流亡的小臣壺叔，對文公說：「您行賞三天，都沒有輪到我，請問我有什麼過錯？」文公答道：「引導我行仁義，施恩佈德的，受頭等獎賞；輔助我行動，直到成功的，受二等獎賞；在戰場上立下汗馬功勞的，受三等獎賞；盡力跟從我，但對我的過失沒有什麼幫助的，受四等獎賞。三賞之後，自然會輪到你的。」

這裡，晉文公設了「四等獎」，能得頭獎的是那些能勸諫自己、引導自己行仁向善者，而徒具忠誠卻不能幫助自己、指出自己過失者，僅得末獎。這一褒一貶，實際上體現出一種導向作用。像晉文公這樣明智的諸侯，終能稱霸天下是不難理解的。

敢於直諫的忠臣常讓人難堪，有時弄得君主下不了臺；那些奉迎拍馬的勢利小人，常常拍得人很舒服，弄得君主暈暈乎乎。但前者對國家有利，是社稷之福；後者卻讓君主昏沈不醒，實乃朝廷之禍。那些深明大義的君王能以國家社稷爲重，而不是僅憑個人的好惡，來賞罰諫臣與佞臣。楚共王臨死前的賞罰很有意思，令人回味。

楚共王是春秋時期楚莊王的兒子，西元前五九〇年到西元前五六〇年在位。他病重時，召見令尹說：「常侍筦蘇和我在一起的時候，常常用忠言告誡我，用正義匡正我。我和他在一起，心裡不安，見不到他，我也不想。即使這樣，我還是從他那兒得到了不少有益的東西。他的功勞不小，必須用爵祿厚賞他。申侯伯和我在一起的時候，常常放縱我。我所喜歡

的，他鼓勵我去做；我所愛好的，他總是提前爲我辦好了。我和他在一起感到很愉快，見不到就感到憂傷。即使這樣，我終究沒有從他那兒得到什麼有益的東西。他的過失不小，必須立即打發他走。」令尹說：「對。」第二天，楚共王便去世了。令尹馬上拜筦蘇爲上卿，並把申侯伯趕出了楚國國境。

這一賞一罰，的確涇渭分明，然而它又不是以楚共王的個人好惡爲依據，而是以國家利益爲標準的。這樣的賞罰，至今仍不乏借鑒意義。楚共王臨死前的賞罰，讓我們又想到了唐代一則異曲同工的故事——韓休爲相。

唐玄宗任命韓休爲門下侍郎，同平章事。韓休爲人耿直敢言，不熱衷於名利。等他當了宰相，非常稱職，不孚衆望。玄宗有時在宮中宴樂，到後苑遊獵，小有過失，就要對身邊的人說：「韓休知道不？」話剛說完，韓休的諫疏就到了。玄宗時常面對鏡子，悶悶不樂。左右侍從對他說：「韓休當宰相以後，陛下變得特別消瘦，爲什麼不把他逐出相府呢？」玄宗歎口氣，說道：「我雖然瘦了，但天下必肥（富足）。蕭嵩奏事常常能順從我的旨意，但當他退朝後，我總是睡不安穩。韓休常常據理力爭，不順從我，但當他退下以後，我能睡得很踏實。我重用韓休，不是爲了自己，而是爲了國家。」

這則軼事見於宋代葛洪的《涉史隨筆》。唐玄宗前期比較開明，任賢臣，遠小人，賞罰有道，寧肯瘦自己而肥天下，所以有「開元盛世」。到了後期，玄宗變得驕奢淫逸，任小人，遠

賢臣，讓楊國忠之流主持朝政，是非不分，黑白顛倒，賞罰失度，結果是一人肥而天下瘦，終於導致了「安史之亂」，大唐帝國由盛而衰。這歷史的教訓是十分深刻的。

信賞必罰，誅大賞小

關於賞罰，古人還有許多精闢的見解，所謂「罰不遷列」、「賞不逾時」即是其中一條，通俗地說，就是賞與罰都要及時。《司馬法．天子之義第二》說：「罰不遷列，欲民速睹為不善之害也。」「賞不逾時，欲民速得為善之利也。」意思是行罰要當場，好讓百姓迅速看到為非作歹的害處；行賞要及時，讓百姓及時得到為善的好處。

在我國軍事史上，流傳著不少執法嚴明的佳話，如田穰苴轅門立表斬莊賈，周亞夫細柳行軍令、諸葛亮揮淚斬馬謖等等，都是值得後人學習的。三國時的曹操賞罰嚴明、及時，更是堪稱典範。據說，他帶兵出戰，每次攻破敵方的城池，都把掠獲到的貴重財物，全部拿出來賞給有功勞的將士。對於功勞大應該重獎的，他不吝千金；而對那些沒有功勞又妄想得獎的人，則「分毫不與」。所以，作戰中將士們都爭著建功立業，表現得異常勇敢。

曹操對賞罰術的運用，也就是春秋時期所說的「信賞必罰」。《韓非子．外儲說右上》記

載，晉文公問狐偃說，他給士卒和百姓許多好處，如緩刑罰、補不足等，不知能不能使軍隊勇於作戰。狐偃明確地回答：不足爲戰。晉文公又問：「然則何如足以戰民乎？」狐偃回答道：「信賞必罰，其足以戰。」即該賞者一定賞，該罰者一定罰。後來，晉文公依狐偃之言，執法嚴明，打了一個又一個勝仗。「信賞必罰」就是出自這裡。

信，即言而有信。信賞必罰是古今兵家都十分重視的統御謀略之一。「若法令不行，賞罰不信，金之不止，鼓之不進，雖有百萬何益於用？」（《吳子兵法．治兵第三》）吳子把「信賞必罰」看作對敵作戰，欲求制勝的首要條件之一。他認爲「進有重賞，退有重刑，行之以信。軍能達此，勝之主也。」（同上）《三略．上略》中說：「將無還令，賞罰必信。如天如地，乃可御人。」《六韜．文韜》論賞罰說：「凡用賞者貴信，用罰者貴必。」「當賞不賞，是爲沮善；當罰不罰，是爲養奸。」就是說，該賞的要堅決賞，該罰的要堅決罰。如果有一次不嚴行賞罰，失信於全軍，則一切軍法軍令都難於繼續執行。

說到明賞罰、嚴軍紀，還是要數曹操的事跡典型。曹操曾提出：「明賞罰，雖用衆，若使一人也。」（《孫子注．九地篇》）在執法過程中，曹操提出法不阿貴，一體同仁，不能親疏，犯法必懲。有一次，他堂弟曹洪的賓客犯了罪，曹洪想通過曹操通融一下了事，許昌令滿寵聽說後立即將犯人處死。曹操知道後，不但沒有怪罪滿寵，反而對他大加讚賞，說：「當事不當爾邪？」（《魏志．滿寵傳》）尤其可貴的是，曹操不僅以法治人，而且能以身作則。有一次行軍中他騎馬誤入麥地，違反了「無敗麥，犯者死」的軍令，當即要自殺（當然最終不會），衆將苦苦求情。他說：「制法而自犯之，何以帥下？然孤爲軍帥，不可自殺，請自刑。」於是「割髮」代首，以整軍紀。作爲一個地主階級政治家、軍事家，曹操能做到這樣，實在是值得肯定的。

古代賞罰術還有一個重要的原則，即「誅大賞小」。此話怎講？《六韜・龍韜・戰威》說：「將以誅大爲威，以賞小爲明。」「殺一人而三軍震者，殺之；賞一人而萬人悅者，賞之。殺貴大，賞貴小。殺其當路貴重之人，是刑上極也；賞及牛豎馬洗廄養之徒，是賞下通也。刑上極，賞下通，是將威之所行也。」

這裡，將何謂「誅大」，何謂「賞小」，及其爲何這樣做的原因講得較爲透澈。事實也證明，懲罰的對象如果是罪大惡極、影響巨大的，才能殺一儆百，起到威懾作用。而獎賞，哪怕一介武夫，一點小功，也不忘賜賞，這樣就會激勵將士，建功立業。眞正做到「誅大賞小」，就在事實上表現了法令的威嚴和統治者堅決執法的至公之心與明察秋毫的至誠之心。

隋朝的開國皇帝隋文帝楊堅，前期執法力求公正，在賞罰之術的運用中就十分注意誅大賞小。先說賞。對於政績突出的地方官吏，他常常給予擢升嘉獎。比如，新豐縣令房恭懿治績突出，楊堅就賞給粟帛；而且每當縣令們謁見皇帝時，都把他叫到跟前，向大家介紹治理辦法，後來又提拔爲海州刺史。再說罰。對於違法的官吏，楊堅總是依法論處。特別是對於貪官汙吏，更是嚴加制裁。他經常派親信偵察百官行跡，對犯罪者施以重刑，即便是自己的兒子也不寬恕。他的兒子秦王楊俊在擔任並州總管期間奢侈無度，放縱不法，「違犯制度，出錢求息，民吏苦之，」（《隋書．文四子傳》）楊堅就免去他的官職，同時懲處了上百人。可惜的是，隋文帝到後期就不能這樣了。

由古人的信賞必罰，誅大賞小，聯想到今日的反腐敗。現今，黨內、政府內的腐敗現象是較為嚴重的，這也是人民群眾最痛恨的。歷史的經驗告訴我們，整頓吏治，打擊貪官污吏，關鍵要敢於「誅大」，即要抓大案、要案，要打「老虎」，不要只是拍「蒼蠅」。抓住典型，牽一髮而動全身。罰，要先從上面的違紀者開刀。上不正，無以正下。

獎賞的「節制原則」

「信賞必罰」作為一種統御手段，應該有一定的「度」。古人認為，「刑多而賞少則無刑，賞多而刑少則無賞。刑過則無善，賞過則多奸」（《神機制敵太白陰經》卷二）。可見，掌握好賞罰的「度」，才能運用好賞罰兩種手段治軍、治國。

善用威者不輕怒。嚴刑峻法，並不是濫施刑法，而是要堅持標準，慎之又慎。關於「罰」

這裡就不論述，下面重點談談古人獎賞中的「節制原則」。

「節制」的第一層涵義，是賞賜不可一下子過多，因爲人臣的官位和國家所允許個人擁有財富的程度總是有一個限度的，過早或過易地使他們達到或接近這個限度，等於取消了帝王手中這一「利器」的長期效力，這對於帝王來說無疑是很不利的。

古代帝王對於有功者既給予獎勵，又注意「勿太過」。從給的一方來講，手中的東西畢竟是有限的，一下子給太多了，「盛極難繼」。比如一個人，你賞他官，讓他輕易當了宰相，下一步還能賞個什麼官呢？從受的一方來講，有些東西來得太容易，也讓人不知珍惜；把胃口撐大了，就欲壑難填。高明的做法，應該是將賞賜漸次投入，就如馴獸的雜技演員那樣，指揮動物完成一個動作，給它一點吃的，如果一下子餵飽它，動物反而不肯做動作了。宋太祖就是深諳此道的高手。

北宋初年，太祖趙匡胤派遣大將曹彬率大軍討伐南唐，出師前趙匡胤對曹彬說：「等你打了勝仗回來，我就讓你擔任樞密使。」這「樞密使」就是今天的武裝部隊總司令，對武將來說是最大的官了。大臣潘美聽說此事後，便來祝賀曹彬。曹彬卻說：「你不要高興得太早，樞密使位居極品，皇上怎麼會這麼容易就把這個位置給我？」潘美弄不懂，曹彬告訴他，還有北方尚未平定，皇上怎麼會輕易讓我升到這個高位呢！果然，曹彬在平定南唐後回朝，趙匡胤又對他說：「我本想升你爲樞密使，但北漢尚未平定，你還是先等等吧！」潘美見狀，在一旁看著曹彬直想笑。趙匡胤見他們兩人眉來眼去的，就問其中的緣故。潘美把曹彬的一番話原原本本地告訴了趙匡胤。趙匡胤聽後哈哈大笑，便重重地賞賜了曹彬。退朝後有人向曹彬問起升官的事，曹彬說：「幹嘛非得當這個樞密使，再好的官也比不上多得錢。」

「勿太過」，是精明的帝王賞罰下屬的一種權謀。其中又確有值得令人思考和借鑒的地方。比如對一個青年幹部，在其能力還有待增強，政績也不十分突出的情況下，就為了「年輕化」而破格提拔，讓其過早地、過易地到達高位，這無論是對他本人還是對事業，都會利少而弊多。對一個青年學者，如果並非特別突出，就讓其輕而易舉地得到教授職稱，也並不利於其繼續進取。同時，職位職稱總是有職數限制的，如果獎賞的人並非眞正出類拔萃，那後來居上，更有實力的人，就難以使其得其所該得，發揮應有的作用。

「節制」的另一層涵義是不可過濫，一濫，官職、爵位被人們看重的程度就會下降，帝王運用它的效力也就會隨之下降。因此，「狗尾續貂」之類的事應極力避免。

說到「狗尾續貂」，還有一段歷史故事。西晉趙王司馬倫篡位時，濫封官爵，許多親信被委為近侍皇帝的顯要官職——侍中。按照當時的服飾制度，侍中應該戴一種人稱「惠文冠」的武弁大冠。據說這原是戰國時趙惠王很喜歡戴的一種帽子，秦滅趙後，就把它作為侍中的制帽。（這種將前朝尊貴服飾降低等級的手段也是帝王在文化上常常使用的權術之一）這種帽子與武將所戴的武冠完全一樣，所不同的只是在帽子上飾有金蟬、貂尾等物。後人認為這

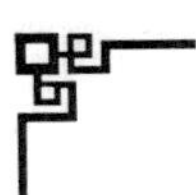

些東西都是有所取義的，「蟬取清高飲露而不食，貂則紫蔚柔潤而毛彩不彰灼，金則貴其寶瑩」。當時由於封官太多，貂尾供不應求，於是有人只好用外形相似的狗尾冒充。這便是「狗尾續貂」的來歷。

如此濫封官爵，一方面是一氾一濫就不值錢了，對被封賞者也無眞正的激勵作用。另一方面，由於濫封官，勢必產生官職與能力不相符合的情況。戰功赫赫的武將，就不一定會治民。因此，不可輕易用官位賞功。對此，早在春秋戰國時期，韓非就有過精闢論述。《韓非子·定法》中說：

> 今有法曰：斬首者令為匠、醫，則屋不成而病不已。夫匠者，手巧也；而醫者，齊藥也。而以斬首之功為之，則不當其能。今治官者，智慧也；今斬首者，勇力之所加也。以勇力之所加而治智慧之官，是以斬首之功為醫、匠也。

韓非認爲，勇士未必能當好工匠或醫生。同樣的道理，勞工模範不一定就能勝任廠長的工作，而大學裡有名的教授也並非都有校長之才。

四、批評與納諫

防民之口，甚於防川

古人論用人之道，認爲能否納諫是極重要的一條。唐代名臣魏徵把君王能否納諫，提高到國家興亡治亂的高度來認識。他有一句名言：

納諫則世治，杜諫則世亂。

縱觀中國歷代王朝的興衰更替，可知魏徵並非危言聳聽。周代厲王的教訓便是明證。

周厲王是一個十分暴虐的帝王。在他的統治下，百姓吃盡了苦頭。大臣們對厲王的嚴酷政令也十分不滿，朝廷內外也多有怨言。

召穆公對厲王說：「現在賦稅繁重，政令苛刻，百姓不堪忍受，怨氣很重。願陛下輕賦

斂，施德政。不然，天下就要大亂了。」

周厲王不但沒有接受召穆公的勸諫，反而變本加厲。爲了堵住朝臣和百姓的嘴，他派人監視公卿大臣，還派人到大街小巷監視百姓，聽到有人議論朝政，或說對他不滿的話，立即抓起來殺頭。這樣一來，「國人莫敢言，道路以目」，再也沒人敢隨便講話。周厲王很得意，對召穆公說：「你看，再也沒有人敢誹謗朝政了。這些人，不殺幾個就不知道厲害。」召穆公說：

是障之也。防民之口，甚於防川。川壅而潰，傷人必多，民亦如之。是故為川者決之使導，為民者宣之使言……夫民慮之於心而宣之於口，成而行之，胡可壅也？若壅其口，其與能幾何？（《國語・周語上》）

這意思是說，人們對朝政不是沒有怨言了，只是敢怒而不敢言罷了。他告誡周厲王，對百姓和臣下，不能採取堵嘴巴的辦法。這就好比防治洪水，洪水來了，應該設法疏導，採取堵的辦法，洪水愈聚愈多，一旦潰決，災害就大了。

可是周厲王仍不聽勸諫，一意孤行，而且變本加厲。三年後，發生了「國人暴動」，厲王被趕下臺，流放到彘這個地方。

召穆公把防阻百姓講話比喻爲「防民之口，甚於防川」，表明古人很早就知道輿論的厲

害。古人也常以能否納諫來評價一個帝王是不是稱得上聖明。孟子曾說：「子路人告之以有過則喜。禹聞善言則拜。大舜有大焉，善與人同，舍己從人，樂取於人以爲善。自耕稼陶漁以至爲帝，無非取於人者。」（《孟子．公孫丑上》）盛讚古代聖人聞過則喜，善於聽取別人意見，吸取他人長處，所以才能成就大事業。

召穆公提出的疏導論，在《左傳》中每每有人提及，著名的如鄭國子產「小決使導」的主張等。《呂氏春秋》對這個理論進行了專門論述，明確指出疏導的目的在於達鬱、開塞以及知實。《達鬱》篇首先論述萬物「通」則生、「鬱」則敗的道理，認爲國家也有「鬱」，那就是「主德不通，民欲不達」。《壅塞》篇論述君主不聽直言則壅塞，壅塞則亡國的道理。文章上說：「亡國之主不可以直言。不可以直言，則過無道聞，而善無自至矣，無自至則壅。」由此可見，君臣、君民之間關係如何疏導，關係國家存亡。

前面舉了周厲王這個反面的例證，這裡我們再舉個正面典型——漢文帝。

漢文帝劉恒一向以恭謹愛人著稱，而虛懷納諫正是他恭謹愛人的具體體現。比如，爲了廣開言路，消除禁律，文帝下令廢除了誹謗、妖言之法。他說：

古之治天下，朝有進善之旌，誹謗之木，所以通治道而來諫者也。今法有誹謗、妖言之罪，是使衆臣不敢盡情而上無由聞過失也。（《史記．文帝本紀》）

在當時，因法律規定誹謗和妖言有罪，結果壓制了人們對朝廷的批評。而文帝取消誹謗、妖言之罪，就解除了進言者的顧慮，開啓了暢所欲言、批評朝政的渠道。

文帝言而有信，平時就比較能聽取尖銳的批評。張釋之爲廷尉時，有一次隨文帝車駕過中渭橋，正好一個百姓從旁邊匆匆穿過，驚動了文帝的車駕。文帝當時大怒，要下令斬那個人。而張釋之作爲廷尉正是主管刑獄的，他認爲罰點錢就行了，如果斬首就罰不當罪。文帝很不高興地說：「這樣大的罪，只給點處罰就行了嗎？」張釋之說：「法者，天子所與天下公共也。今法如此而更重之，是法不信於民也。」（《史記・張釋之馮唐列傳》）文帝考慮了一會說：「還是廷尉說的對。」作爲一個封建皇帝，在個人受驚之際，能冷靜考慮他人的意見，沒有虛懷納諫的品德是辦不到的。

文帝和他兒子景帝在位期間推行清淨無爲的黃老思想政策，一方面減輕田租、賦役和刑獄，使農業生產有所發展，一方面又削弱諸侯王勢力，鞏固中央集權。幾十年後，便出現了「畜積歲增，戶口寖息，風流篤厚，禁網疏闊」的盛況，史家稱之爲「文景之治」。

知錯能改，仍是明君

上節說了東周之前的周厲王，說了東周之後的漢文帝，這裡還是再回到東周列國諸侯的話題上來吧。

春秋時期的楚莊王是公認的霸主，是一位較爲聖明和有作爲的諸侯。他之所以能取得成功，建立霸業，並不是說他十全十美，不犯錯誤。莊王的可貴之處在於他善於納諫，知錯便改。

據《史記．楚世家》記載，楚莊王剛即位的幾年，不理朝政，沈湎於酒色之中，「日夜爲樂」，並下令說：「有敢諫者死無赦！」可是，有一位賢士伍舉偏偏不怕死。他連續幾次勸諫莊王。莊王恐嚇他說：「你難道不知道我關於敢諫者殺的命令嗎？」伍舉回答說：「殺身以明君，臣之願也。」即如果殺了我能使你覺悟過來，這正是我的心願呀！楚莊王聽了這話，深受感動，決心好好革新政治，振興國事。他斷然殺了幾百個昏庸官吏，提拔了上百個賢明的官吏，並把國家大事交給伍舉和另一個賢者蘇放辦理。

古人有「明君昏君，一紙之隔」的說法，看來確有道理。試想，如果楚莊王不聽勸諫，

一意孤行，眞的將進諫者殺掉，那他就會步周厲王的後塵了。所幸他知錯能改，且很有魄力，終於有所成就。

列寧曾經引用過一句拉丁諺語：「錯誤人人都會犯，堅持錯誤的是笨蛋。」我國古語也說：「人非聖賢，孰能無過！」其實，不僅一般人難免犯錯誤，就是「聖賢」，即我們今天所說的傑出人物，完全「無過」者也是沒有的。列寧又說：「聰明人並不是不犯錯誤的人。不犯錯誤的人是沒有而且也不可能有的。聰明人是不犯重大錯誤同時又能迅速地糾正錯誤的人。」的確，人在一生中犯一些錯誤是難以完全避免的。然而，只要我們謹愼一些，善於從錯誤中吸取經驗教訓，就可以變錯誤爲財富，不斷進步，不斷走向聰明成熟。

說到楚莊王喜聞善言，從諫如流，還有一段關於養馬葬馬的有趣故事。

楚莊王非常喜歡養馬，把那些心愛的馬，都養在漂亮的房子裡，用好東西餵它們。有一匹馬因長得太肥死了。莊王就命令手下人給馬辦理喪事，並用棺槨成殮，一切排場都按照大夫的喪禮辦理。

楚莊王的左右大臣曾勸過他，叫他不要這樣做。而莊王始終不聽，並且還下了一道命令：「有誰敢爲了葬馬的事，來向我進言，定斬不饒！」

王宮有個聰明幽默且富有正義感的藝人，名叫優孟。他聽說了這件事，就闖進王宮，仰天大哭起來。莊王見了，大吃一驚，問他爲什麼大哭。優孟回答說：「那匹死了的馬啊，是

大王最心愛的！我們楚國是一個堂堂的大國，就應該有大國的體面。大王只用葬一個『大夫』的排場來葬它，照我來看，實在不像樣，應該用葬國君的禮節來葬它才對！」楚莊王感到優孟說得太過分，但不理解，於是就問：「照你說來，應該怎麼辦呢？」優孟說：「依我看，該用玉石雕一具棺材，用梓樹做一副外槨，發動大批士兵來掘一個大墳坑，叫老百姓都來挑泥擔土；出喪時，叫各國的使者都來送葬，齊國、趙國這樣的強國走在前面，韓國、魏國等其他各國走在後面；再給馬造個祠堂，用全牛全羊來祭祀，封它一個最高的謚號。這樣，大家都會知道大王把人看得很賤，卻把馬看得很貴重了！」

莊王聽了優孟的話後，知道了優孟葫蘆裡賣的是什麼藥；仔細一想，優孟批評得確實有道理。於是，他負疚地說：「這是我的過錯，這過錯眞會這麼大嗎？依你看現在該怎麼辦呢？」

優孟見楚莊王回心轉意，就打鐵趁熱說：「這有什麼困難，把馬肉燒得香噴噴的，請大家飽飽地吃一頓，不是很好嗎？」楚莊王聽從優孟的意見，用馬肉宴請了群臣，群臣皆大歡喜。

優孟勸諫，詼諧而又尖銳，嚴厲而又恰當，他的智慧才能後來一直受到人們讚揚。優孟的進諫屬於順而後諫，即在向君主進諫時，善於尋找機會，揣度君主的心理，委婉曲折地將意見表達出來。這種曲線勸諫法，有時比那種忠死之諫還有效。

明君還須賢妻提醒

在說諸侯帝王的賢妻前，先說一則春秋時一個車夫之妻「門縫窺夫」的趣事。

晏子做了齊國的宰相，一次坐車外出，車夫的妻子從自家門縫裡偷看自己的丈夫。她看到丈夫為國相晏子趕車，坐在車蓋下面，揚鞭策馬，得意洋洋，一副自以為了不起的樣子。等車夫回到家裡，妻子提出要離開他。車夫驚異地追問原因，他的妻子回答說：「人家晏子身高不到六尺（古尺），卻做了齊國的宰相，名傳諸侯，聲揚遠近。今天我看人家坐車外出，顯得深沈謙敬，常有自覺不如別人的神態；可是你，雖然身高八尺，卻只能為人駕御車馬，還趾高氣揚，心滿意足，所以我要離開你。」從此以後，這個車夫就變得謙虛謹慎起來。晏子發覺了這一點，感到奇怪，就追問車夫變化的緣故，車夫如實地說出了妻子門縫察看，殷切規勸的實情。晏子見車夫勇於改過，就推薦他做了齊國的大夫。

說到楚莊王葬馬、車夫之妻門縫窺夫的故事，我們不禁又想起了唐太宗李世民與其愛馬及賢妻的一則軼事。

據《資治通鑑》上說：唐太宗有一匹駿馬，很得他喜愛。一天，這匹馬無疾而死。太宗

立即遷怒於養馬的宮人，要殺死養馬人。長孫皇后知道後，勸說道：「從前齊景公因為馬死了要殺人，晏子就請求讓他列舉養馬人的罪過。他對養馬人說：『你養馬而馬死了，這是你的第一條罪狀。讓國君因馬死而殺人，百姓聞訊，一定埋怨國君，這是你的第二大罪狀。諸侯聽到這個消息，必然輕視我國，這是你的第三大罪狀。』齊景公聽了，趕緊赦免了養馬人。陛下曾經在書上讀到過這個故事，難道就忘了嗎？」

唐太宗聽罷，怒氣才漸漸平息下來，一件錯事也就避免了。後來，太宗對房玄齡說：「皇后在很多事情上啓發幫助我，很有好處呢！」

唐太宗以克己勵精、虛懷納諫而備受後人推崇，這中間的確有長孫皇后的一份功勞。

太宗是歷史上著名的政治家和開明皇帝。他的「從諫如流」成為一種政治風尚，魏徵、王珪、劉洎、褚遂良等都是當時的著名諫官。他們上至國家大事，下至家庭瑣事，無不犯顏直諫，有時弄得唐太宗下不了臺，但最後還是接受下來。特別是魏徵，前後所諫二百餘事，使李世民大受裨益。太宗還把魏徵寫的《十漸不克終疏》，寫在屏風上日夜觀看。唐太宗與魏徵的關係，成為封建時代明主與忠臣的典範。

李世民對魏徵十分信任，但也並非毫無介蒂，一有不高興，就會想起魏徵給李建成出主意殺他的事。魏徵卻像早已忘記了這件事，照樣給李世民提意見，連他嫁公主、選妃子的事都不放過，常常傷皇帝的面子。有一次魏徵又當朝頂撞李世民，弄得他很難堪。回到後宮，李世民恨恨地說，早晚要殺掉這個鄉巴佬！皇后吃驚地問：「陛下爲誰生這麼大的氣？」李世民：「還不是魏徵這個老傢伙，總是當著文武大臣的面讓我難堪！」長孫皇后沒有講話，換了一身朝服來向李世民拜賀。李世民驚問其故，皇后說：「妾聞主明臣直，今魏徵直，由陛下之明故也，妾敢不賀？」李世民聽了，又高興起來。

看來，唐太宗說皇后在很多事情上啓發幫助他，是有根有據的。人們常說，一個成功的男人身後，常常有一個默默奉獻的女人。我們似乎可以這樣說：一個聖明的君主背後，往往有一個賢惠聰明的皇后。長孫皇后正是這樣一位有見地、明事理的賢惠皇后，爲太宗的聖明形象增添了光輝。設若當太宗發怒生氣之時，她一味順從，或像長舌婦，添油加醋，搬弄是非，火上加油，那說不準會釀成歷史的大錯。西方人說：「與一個好女子結婚是生命的暴風雨中的避風港；與壞女子結婚則是港中的暴風雨。」對於一個帝王來說，皇后不僅僅是避風雨的港灣，她應是一面明鏡，一副清醒劑或鎮定劑，時時讓君王看到自己的不足，檢點自己的過失，冷靜下來處理人事。

說罷唐太宗與長孫皇后，我們再回到春秋戰國時代吧。春秋之際的樊姬巧諫楚莊王，已爲大家所熟知，這裡說一則戰國時期醜女闖宮諫齊王的趣事。

齊國在齊宣王即位的時候，經過幾代君主的治理，已是個比較強盛的國家。但當時齊宣王安於現狀，經常不理朝政，遊宴作樂，使國事一天天荒廢。就在此時，有一名叫鍾離春的

醜女人，闖宮對齊王極力勸諫，齊王不但接受了勸諫，而且立她爲王后，使齊國又一次強盛起來。

有一天，齊宣王正在雪宮大擺宴席時，侍從報告說有個醜婦人闖到宮門口要見大王。齊宣王正玩得高興，聽說此事，心中十分不樂，但爲了表示他的寬宏大度，還是讓醜婦人進來了。這個婦人的確很醜：前額很寬，眼睛深陷，身體粗笨，頭髮紊亂，身穿破衣，舉止魯莽，看上去又瘋又醜。

就是這個年已四十的醜女人，一席話卻不同凡俗。她大膽批評齊宣王的過失，有理有據，切中要害。齊宣王開始是在氣憤中忍著聽，可聽完以後，大吃一驚，他沒想到這個村婦竟有如此高深的見解。雖然這個鍾離春的話尖銳刻薄，但句句在理，使他受到了很大觸動。於是，齊宣王立即下令罷宴，用車子把鍾離春載回王宮，並立她爲后。鍾離春卻說：「大王如果不用我的主張，何必要立我爲后呢？」齊宣王高興地說：「我立你爲王后，就是聽了你的勸諫，眞心贊同你的主張，讓你幫助我管理政事，繼續建功立業。」

在鍾離春的經常提醒和幫助下，齊宣王的確又有所作爲了。因鍾離春有功，齊宣王以無鹽之地封給她，並封她爲無鹽君。

鍾離春醜女闖宮勸諫和齊宣王納諫並立醜女爲王后的事，成爲千古美談。

封建時代，帝王有三宮六院，有權勢、有財富者也可一妻多妾。帝王立后，講一個「德」

字，富貴人家也有「娶妻取德，娶妾取色」的說法。可見，這個「德」是十分重要的。

由賢王常有賢妻相助，我們想到今日，貪官多有貪妻助紂爲虐。平日翻閱報刊，有關貪官汙吏的報導中，每每是夫貴妻榮，夫貪妻也貪，夫唱婦和，這實在值得警醒啊！一個有權有勢的丈夫，若有一個明達事理、不貪錢財的妻子，實乃是一大福份。

忠臣不和，和臣不忠

關於納諫，漢代人王褒講過這麼幾句話：

> 世必有聖知之君，而後有賢明之臣。故虎嘯而風冽，龍興而致雲，蟋蟀俟秋吟，蜉蝣出以陰。（《資治通鑑》卷二十六）

這說明，國之興亡在君主是否聖明，而君主之聖明又在於有賢臣輔佐；賢臣非明君不可得，而君主之聖明又在於善納諫，能容人。出於這樣的道理，古人要求做臣下的不諂諛、不邪佞，而且要剛正不阿，敢於進諫。這是衡量大臣忠與不忠的一個重要標準。

晉文公重耳出亡十九年，回國登上王位後封賞跟隨他共患難的功臣，有的封邑，有的賜

爵。

行賞時，晉文公是把能直諫、出好主意的人列爲一等功臣，說明他對納諫是極爲重視的。春秋時期齊國賢相晏子以善諫著稱，而他對手下人也要求他們能諫敢諫。對於那些唯唯諾諾、不敢批評的人，晏子是不會重用的。如高糾給晏子管了三年家，從沒有指出晏子的過錯，晏子就把他辭退了。有人問高糾有什麼錯，晏子說：「完美無缺的只有聖人，我是一個普通人，難免有缺點錯誤；如果我左右的人不能時常提醒和批評，那對我自己、對國家都是不利的。高糾跟隨我三年了，卻從沒批評過我，所以我把他辭了。」

晏子實在是明智之人，自己不唯上，敢勸諫，對下屬也是反對俯首聽命、不敢諍諫的。這也許就是小人愛小人，忠臣惜忠臣吧。說到臣之忠與不忠，漢代任延的話是很有啓發的。

漢光武帝時，一個出名的耿直官員名叫任延。他在任睢陽縣令時，不管是誰，只要認爲不對的，都敢頂，即使是頂頭上司也毫不顧忌。光武帝提拔他當武威太守，並親自召見他，勸誡道：「要好好尊重自己的上司，不要老頂撞他們。」任延回答說：「臣聞和臣不忠，忠臣不和。爲官負責任，就免不了和上司有爭執。如果只知道順從上司，對什麼事都不敢負責任，這種人固然人緣好，但您能說他是忠臣嗎？忠正的官員應該奉公守法，辦事出以公心，對上司的錯誤決定敢於抗爭。如果大小官員上下和氣得像一個人，我看倒要壞事呢！陛下囑咐我善事上司，臣不敢奉命。」光武帝聽了這番話，大爲感慨，稱讚任延講得好。（《資治通

鑒》卷四十三）

做官要敢於負責任。唯唯諾諾，處處順從，只知道揣摩上司心思的人，用起來可能感到很順手，但卻是最不可靠的人。任延說「忠臣不和，和臣不忠」，的確很有道理，用人時不可不多加注意。那些忠臣直士，有正義感，有責任心，敢說眞話，敢提意見；他們常常讓上司臉面難堪、心裡難受，但最終對國家和上司本人都是有益的。正可謂「良藥苦口利於病，忠言逆耳利於行」。前舉唐玄宗時的「韓休爲相」亦可爲證。

唐玄宗前期比較開明，任賢臣遠小人，虛懷納諫，寧肯瘦自己、肥天下，所以有「開元盛世」。到了後期，他變得驕奢淫逸，重用奸邪小人，不聽忠言諫勸，讓楊國忠之流主持朝政，一人肥而天下瘦，終於導致了「安史之亂」，歷史的教訓是十分深刻的。

真誠勸諫，不為名利

「從道不從君」這句話出自《荀子．臣道篇》。它是古代爲臣之人處世修身的一條根本原則。眞正的賢臣忠臣，決不唯君主是從，而是以道義爲重。他們極少考慮個人榮辱，一己名利，而處處關心國家興亡、社稷安危，對君主敢諫敢爭。那些「從君不從道」的臣子，或膽

小怕事，或利欲熏心，往往一味服從、討好君主，這種人實在是君主之害、社稷之禍。

春秋時的齊景公，上述兩類大臣都遇見過。起初輔佐景公的是晏子，他極有才幹，又勤奮理政，善於勸諫，屬那種「從道不從君」的賢良之臣。晏子去世以後，齊景公漸漸驕傲起來，喜歡奉承，聽不得批評，因而那種「從君不從道」的臣子有了市場，他們時常投君主所好，諂媚取寵。

有一次，齊景公請文武大臣赴宴。宴席散後，景公和大臣們一起乘興來到比武場，進行射箭比賽。景公拿起弓來，一箭射去，結果沒有中的。而一旁觀陣的大臣卻齊聲喝彩：「好呀，射得好呀！」以往齊景公聽了讚揚的話，感到很舒服，這次卻沈下臉來，頗為不悅。他扔下手裡的弓，深深地歎了一口氣。因為這次太明顯，明明沒有射中靶，大臣們卻叫起好來，這好在哪裡呢？喝彩的大臣們見景公生氣了，都嚇得不知所措。

正在這時，有個名叫弦章的大臣從外面走進來，齊景公就對他說：「弦章呀，我這時眞想念晏子啊！晏子已經死了十七年了，這些年一直就沒有人肯指出我的過失。今天，我射箭明明沒有射中，可是那些人為什麼照樣喊好、喝彩呢？」

弦章沈思了一會兒說：「陛下，依微臣之見，這事並不費解。我聽過這樣一句話，『上行而下效』。國君喜歡穿什麼，臣子就學他穿什麼；國君喜歡吃什麼，臣子也就跟著他吃什麼。你有沒有見過樹上生長的一種叫蠖的小蟲？它吃了黃色的葉子，身體就變黃；吃了藍色

的葉子，身體又變藍。像你這樣不願聽批評的人，還有人敢指出你的過失嗎？那麼，剩下的便只有投你所好，奉承讚揚。你想過沒有，對你奉承讚揚的人，是想得到你的喜歡、信任，撈些好處。」

這一席話，景公初聽感到很難受，但耐著性子聽完之後，覺得很有道理，就對弦章說：「你說得很對，今天我明白了一個很重要的道理。我做了你的學生，你做了我的先生，希望你今後多多提醒我。」

過了不久，有個地方獻給齊景公一大批魚。爲了鼓勵弦章的進諫，景公吩咐人送了十幾車魚到弦章家。弦章接待送魚的人說：「請你回去轉告大王，從前晏子常常當面指出大王的過錯，不是爲了賞賜，而是爲了治理好國家。如今一些大臣，一味討好、奉承大王，目的就是想吃大王的『魚』。我今天如果接受賞賜，和這些想吃『魚』的人又有什麼不同呢？只盼望大王能接受衆臣的勸諫，處理好國事。這才是國家和人民的最大福份。」自然，弦章最後將賞賜退回去了。

齊景公聽了送魚人的彙報，更加敬佩弦章。同時，他進一步明白了一個道理：眞誠勸諫的人，不是爲了名利和獎賞，而是爲了國家社稷。從此，他公開讓群臣進言。

弦章無愧爲一個敢諫善諫之臣，齊景公也不失爲一個知錯能改之君。弦章講述的道理，景公體悟的道理，是君臣之理，也是普通的人生哲理。記得日本作家池田大作說過這麼一段

意味深長的話：

友情是善惡共存的。惡友易得，良友難尋。真正的良友會時常嚴厲地指出你的缺點和錯誤，而虛情假意靠近你的，反倒是毀人終身的惡友。

人的弱點往往是對指出自己缺點的人敬而遠之。其實，缺點使你吞下的現實惡果要痛苦幾十倍。友人和前輩為不使你失敗而提出的忠告，該是多麼難得啊！

春秋霸主齊桓公的人生經驗，也可從正反兩面印證池田大作的這段話。桓公起先接受鮑叔牙的勸諫，任用仇敵管仲爲相，使管仲成了難得的忠臣和諍友，爲其霸業起了關鍵作用。可惜，齊桓公在用人、納諫方面有始無終。管仲臨死時，曾再三囑咐他不能用豎刁、易牙等小人，桓公卻認爲：「易牙聽說我不知人肉味，就把兒子殺了給我吃；豎刁爲了侍候我，竟然做了太監；衛公子（衛懿公之子）寧可丟了太子位，也要來跟隨我，這三個人不是很愛我嗎？爲什麼不可用？」儘管管仲說這幾個人不近人情，奸詐兇險，但桓公後來還是重用了他們。然而，也正是這幾個人，在桓公重病時和公子無虧、衛姬等守住宮門，不讓人照看桓公，只讓一個小丫頭從狗洞中看桓公死了沒有。以至「桓公屍在床上六十七日，屍蟲出於戶」（《史記‧齊太公世家》）。一代霸主死得如此悲慘淒涼，這中間的教訓是十分深刻、發人深省的。

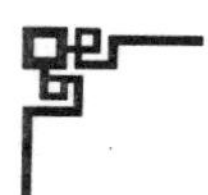

明君難遇，直諫不易

對於納諫，戰國末期的趙良說過一段頗有見地的話：「反聽之謂聰，內視之謂明，自勝之謂強。」意思是，只有能虛心接受批評，善於自我反省的人，才算聰明人；也只有能克制自己的人，才眞正能成爲強者。他還說：「千人之諾諾，不如一士之諤諤。武王諤諤以昌，殷紂墨墨（默默）以亡。」（《史記》卷六十八）這幾句話用歷史的經驗教訓告誡人們：只有重用那些敢於犯顏直諫、剛正不阿的耿直之臣，國家才能興盛；唯唯諾諾、隨聲附和的人愈多，國家社稷的危險也就愈大。

然而，能像唐太宗那樣容納、厚待直諫之臣的聖明君主，歷史上又有幾個！剛直不阿、犯顏直諫的耿介忠臣又有幾個有好下場！

聖主難遇，諫臣難當。韓非子爲此專做《說難》一文，分析在君主身邊進諫的種種難處：

「事以密成，語以洩敗」，如果進諫者的話恰恰「語及所匿之事」，那他就有危險了；

「貴人有過端（即過錯）」，進言者偏偏闡明禮義，指責其過失，那他就有危險了；

有的人做某種事，嘴上說是爲了某個原因，其實有更深的用意，如果不幸被進言者說破，那他恐怕性命難保了；

如果進言者所說的話恰恰觸及了人家的隱私，雖然是無心的，但知道了不該知道的事，那麼也將危在旦夕；

如果說到君王的近臣，或者說到君王的所憎或所愛之人，稍有不愼，就要被認爲是詆毀忠臣，或是朋比爲奸，這也是十分危險的……。

列舉了「如此者身危」的種種情況以後，韓非又講述了兩個因言得禍的具體實例。

鄭武公要伐胡，爲了麻痹胡君，把女兒嫁給胡君，還故意問群臣：「我想對外用兵，你們看攻打誰？」大夫關其思說：「胡可以伐。」鄭武公聽後，裝作十分惱怒，把關其思殺掉了。他還說：「胡，是我們的兄弟之國，關其思說要討伐，這怎麼行呢？」胡君聽說這件事後，眞以爲鄭君對自己十分友好，更加放心，毫無戒備。鄭武公乘機偷襲胡，把胡滅了。關其思做了鄭君陰謀的犧牲品。

另一個故事是說，宋國有一個富人，因天下大雨，沖壞了家裡的院牆。他的兒子說：「要趕快修起來，以免家中被盜。」鄰居也這樣提醒他。當晚他家果然被盜了，丟失了不少財物，一家人都誇兒子聰明，卻懷疑鄰居是不是就是小偷。韓非說，富人之子和鄰居說同樣的話，後果卻不一樣，可見「厚者爲戮，薄者見疑，是非知之難也，處知則難也」。

有時候，即便是同一個人前後做類似的事，說相同的話，禍福也大相徑庭。下面的例子足以為證。

彌子瑕得寵於衛君。當時的衛國之法，竊駕國君的車子要處以刖刑。彌子瑕的母親病了，為了早點回去探望母親，他假傳衛君之命，駕著衛君的車子回家。衛君知道後，不僅沒有處罰他，還誇他「孝哉」。又一次，彌子瑕與衛君遊於果園。彌子瑕吃到一只甜桃子，吃了一半，把剩下的一半給衛君吃。衛君不認為他不敬，反而誇他：「愛我哉！忘其口味，以啗寡人。」

等到彌子瑕失寵，衛君又想起這兩件事，罵他：「是固嘗矯駕吾車，又嘗啗我餘桃。」韓非說：「彌子瑕的言行並沒有什麼不同，為什麼以前得到衛君嘉許而後來又獲罪，關鍵是衛君的愛憎起了變化。」因此，「有愛於主，則智當而加親；有憎於主，則智不當見罪而加疏。故諫說談論之士，不可不察愛憎之主而後說焉。」「夫龍之為蟲也柔，可狎而騎；然其喉下有逆鱗徑尺，若人有嬰（觸犯）之者，則必殺人。人主亦有逆鱗，說者能無嬰人主之逆鱗，則幾矣。」

韓非把君主比作不可冒犯的龍，頗為生動。古人還有「伴君如伴虎」之談，看來，侍奉君主尚且提心吊膽，更何況給他提意見呢！有鑒於此，古之善諫者多用巧諫。鄒忌是個典型的例子。

獎賞進諫，門庭若市

談論進諫與納諫，戰國時期鄒忌諷齊王納諫是値得一提的。這裡的齊王是指齊威王，他即位以後，整天吃喝玩樂，不管國事。大臣們很著急，又不敢勸阻他。

有個琴師叫鄒忌，聽說齊威王愛好音樂，便來求見，想借機勸勸齊威王。鄒忌調好琴弦，拿著琴卻不彈，只是一個勁地講彈琴的道理。齊威王不耐煩了。鄒忌借論彈琴之道，向齊威王進諫道：「大王拿著齊國這張大琴，九年沒彈過一回，全國百姓也不一樣不高興嗎？您又不聽大臣們勸告，這不是要亡國嗎？」齊威王一聽有理，便讓人把琴收起來，和鄒忌議論起國家大事來。此後，鄒忌深得齊王信任，被拜爲宰相，還封了侯。

由於齊威王納諫用賢，改革政事，經過十多年的努力，使得國富民強。但齊威王在政績面前又變得驕傲自滿起來，不再從諫理政，言路閉塞。鄒忌早想規勸齊威王，廣開言路，修明政治，進一步使國家強盛，但苦於沒有很好的辦法，不敢貿然行動。

有一天，鄒忌早上起床，穿戴好衣帽，照著鏡子，對他的妻子說：「我跟城北的徐公相比，那個漂亮？」他的妻子說：「您漂亮極了，徐公哪比得上您呀！」徐公是齊國有名的美

男子，鄒忌不相信自己比他漂亮，又問他的妾：「我跟徐公比誰漂亮？」妾也說：「徐公哪比得上您哪！」正巧有客人來，鄒忌又問客人同一問題，客人也說：「徐公不如您漂亮。」

過了幾天，徐公來拜訪鄒忌。鄒忌仔細端詳徐公，又用鏡子照照自己，覺得自己的容貌確實比不上徐公。細細一想，他終於明白了妻、妾、客人不說眞話的原因。

後來，鄒忌給齊威王講了自己和徐公比美的事。齊威王聽了不覺笑了起來，問鄒忌說：「那麼你和徐公到底誰漂亮呢？」鄒忌說：「我哪兒比得上徐公啊！我的妻子說我美，是因爲她偏愛我；我的小妾說我美，是因爲她怕我；我的客人說我美，是因爲他有求於我。現在，我們齊國有一千多里土地，一百二十多個城池，王宮裡的美女和左右近臣沒有不偏愛大王的，朝廷上的臣子沒有不害怕大王的，全國各地的人沒有不是有求於大王的。這樣一來，大王您受到的蒙蔽也就十分厲害了。」

鄒忌一番話，由此及彼，巧妙勸諫，言之成理，令人信服。齊威王聽了，連聲說：「對，對。你講得太好了。」於是，齊威王下了一道求諫令：「各位朝廷大臣、各地官吏、全國的老百姓，能夠當面指出我的過失的，得上等獎賞；能上書指出我的錯誤的，得中等獎賞；能夠在市場或朝廷上議論我的錯誤，並傳入我的耳朵的，得下等獎賞。」

這道求諫令下達以後，臣子們紛紛上朝規勸，指出皇帝的錯誤，一時間絡繹不絕，門庭若市。幾個月後，還斷斷續續有一些上朝諫議的。一年以後，雖然還有人想提意見，可是已

經沒什麼可說的了。燕國、趙國、韓國和魏國聽到這些情況以後，都來朝拜齊國。這就是人們所說的「在朝廷裡征服了敵國」。

進諫與納諫，是我國古代政治生活中的常見現象，對此人們總是加以肯定和讚揚。進諫不僅要一片忠心，敢諫，還要講究方式方法，善諫。而納諫，貴在誠心實意，虛懷若谷，不僅想納諫，還要真納。

進諫者如何進言，使人主與對方樂於傾聽，其中大有奧妙。有人將古人勸諫的原則和方法概括為以下數種：示以威力，審以大勢，說以存亡，動以利害，諫以危言，責以大義，喻以禮威，析以哲理，觸以隱痛，怵以隱患，等等。鄒忌也可謂敢諫又善諫者。他借用文學中的比興手法，由此及彼，從普通的生活事件中引伸出人君須廣開言路的道理，語言樸素，形象生動，確實讓人信服。

齊威王也算是個迷途知返者。聽了鄒忌一番話覺得有理，便痛下決心，採取有效措施開納諫之門。若齊威王執迷不悟，不聽勸諫，鄒忌縱有天大本領，也只能「對牛彈琴」。古人一再講「君明臣直」，不是沒有道理的。連魏徵這樣的耿耿忠臣都說：「陛下（指唐太宗）開臣使言，故臣得盡其愚。若陛下拒而不受，臣何敢數犯顏色乎！」（《資治通鑒》卷一九四）齊威王知錯能改，開門納諫，值得稱讚。鄒忌巧用說辯謀略，幫助齊威王納諫進賢，令人敬佩。遺憾的是，鄒忌後來為了爭寵固位，施展陰謀，陷害田忌，給自己留下了抹不掉的污點。

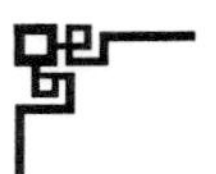

五、責己與反省

勇於承擔失敗的責任

這個話題從秦穆公罪己說起吧。

秦穆公三十二年（西元前六二七年）冬天，晉文公去世。鄭國方面有人出賣鄭國於秦，說：「我負責管理城門，趁此時可以來偷襲鄭國。」

穆公就這件事問老臣蹇叔和百里傒。兩位老臣都認爲，秦鄭相距很遠，越過幾個國家的領土，走上千里的路途，去襲擊他國，不可能得到益處。況且有人出賣鄭國，我國國人難道不會把我軍情報也告訴鄭國嗎？因此，千萬不可出兵。

可是當時的穆公，爲貪欲所驅使，不聽兩位老臣的勸諫，一意孤行。他動員軍隊，派百里傒的兒子孟明視，蹇叔的兒子白乞術及白乙丙帶兵遠征。

秦軍在半路上被鄭國商人弦高識破出兵用意。弦高假借鄭國國君之名犒勞秦師，暗地裡讓人回鄭國報信。見鄭國已有準備，想偷襲恐怕是不行了。秦軍不甘心空手而歸，就來了個順手牽羊，滅了滑國（今河南偃師）回師。不料在崤山遭晉軍伏擊，全軍覆沒，三帥被俘。後來晉國把這三個將帥釋放回國。

穆公違反了「冒行千里、勞師襲遠」的兵家之忌，結果遭到了慘敗。這教訓確實是慘痛的。穆公的錯誤決策是這次遠征失敗的根本原因。可貴的是，秦穆公是個知錯認錯、知錯改錯的人。他敢於正視自己的過失，勇於承擔失敗的責任。他深責自己當初不該不聽蹇叔之言而發兵襲鄭。仍令孟明視等擔任原來的職務，並說：「這次失敗的責任在我，你們無罪。而且我不以一眚掩大德。」

「兵敗者死」，國有常刑。這是一般原則，孟明視等人也有「就戮於秦」的思想準備。然而，實際情況卻是，兵敗的根本原因不在主帥指揮失誤，而在穆公決策不當。秦穆公清醒地認識到這一點，不遷怒於人，不諉過於人，而是總結經驗教訓，公平對待敗軍之將，既平息了軍心，又保全了大將。穆公不僅恢復了孟明視等三人的官職俸祿，而且更加重用他們。他沒有做使親者痛仇者快的蠢事，充分表現了一個政治家的膽略和氣魄。

「千軍易得，一將難尋。」秦穆公的可貴不僅在於他勇於自責、自省，還在於他善於識人、用人。他用人不疑，堅信孟明視是難得的人才，必能洗雪前恥，興國安邦。

孟明視在秦穆公的大力支持下，招兵買馬，很快又組建起一支新的隊伍。一年後，孟明視認為可以對外作戰了，就徵得穆公同意，去報崤山之仇。結果，剛剛交戰，就被晉軍打得七零八落。孟明視異常悔恨，覺得無臉再見穆公，而穆公也不會再饒恕他。但當他灰溜溜地返回秦國時，秦穆公依舊迎接他，仍把責任攬在自己身上，並讓他一如既往地掌握軍權。

兩次的慘敗，兩次的寬容與諒解，極大地教育了孟明視。為了東山再起，他變賣了家產，撫恤陣亡將士家屬，親自招募兵將並進行訓練，深入軍營，與士兵同甘共苦。不久，便又組建了一支紀律嚴明、士氣旺盛、兵精將廣的軍隊。兩年以後，他再次揮師東進，結果大獲全勝，報了仇，雪了恥。

這段史實，《左傳》上寫得有聲有色，《東周列國志》又演出一段精彩的歷史故事。這中間，使人感觸最深的，還不是孟明視的東山再起，而是秦穆公的敢於正視過失、承擔責任。這不禁讓我們想到如今有些主管，見功勞就往自己懷裡攬，見過失、責任就往同僚或下屬身上推。這中間，主要的恐怕還不是一個謀略問題，而是一個人為人為官的境界問題、胸襟問題。

要知道，人們最討厭的並不是有過失的人，而是那種有過失又不敢承擔責任的人。知錯能認、能改者，乃大丈夫也。

妥善地對待先見之明者

蹇叔、百里傒知兵必敗，而且認爲必定敗在崤山關隘，秦師出征的結果被他們不幸而言中。秦穆公要是早聽了兩位有先見之明的老臣之言，也就不會有崤山之敗。

聖主明君，大多能虛心聽取各方面的意見，不管這意見正確與否。說到這兒，我們不覺又想到了曹操和他的對手袁紹。

曹操起兵之時，勢力很小。袁紹是大士族，起初就實力雄厚，但後來袁紹敗在了曹操手下。這是時勢使然，還是有個人自身的原因？下面兩個事例或許就隱含著謎底。

烏桓之戰，曹操打了勝仗。可是他說：「我之所以勝，其實有些僥倖。當初有人進諫，說這仗不能打，打則必敗，他們考慮的非常周全，沒有漏洞。」曹操並沒有被勝利沖昏頭腦，而是冷靜地總結經驗，妥當地對待勸諫之人，不僅沒有責怪那些說自己會打敗仗的人，反而獎賞他們。曹操說：「這樣，以後遇事不管是什麼意見，大家都敢暢所欲言了。」

官渡之戰，袁紹吃了敗仗。其實，袁紹的謀士田豐對這一仗的勝敗早有預見。當曹操率大軍進攻徐州的劉備時，田豐勸袁紹趁曹操的老窩許都（今河南許昌）兵力空虛時偷襲，但

袁紹沒有同意。後來，劉備逃到了鄴城（今河北臨漳西南），袁紹才感到曹操是個強大的敵人，決心進攻許都。原來勸他攻打許都的田豐，這時候卻不贊成馬上進攻。他說：「現在許都不再空虛，怎麼還能去襲擊呢？曹操兵力雖少，但他善於用兵，變化多端，可不能小看他。我看還是作長期的打算。」

袁紹不聽田豐的話，田豐一再勸諫，袁紹反認為他擾亂軍心，把他關進了監獄。結果呢，曹袁交戰，袁軍大敗。袁紹和他的兒子袁譚，連盔甲也來不及穿戴，帶著剩下的八百多騎兵向北逃走。

官渡之戰敗北後，袁紹對人說：「大家聽說我打了敗仗，肯定都很悲傷，恐怕只有田豐一個人高興，因為這結果正是他所預料的。」於是派人殺了田豐。

宋代蘇東坡記下這兩件事以後，不無感歎地說：「為明主謀劃，言而不中，不僅沒有罪，反而還得賞賜；而為庸主謀劃，即便是言中了，也不僅得不到獎賞，反而還因此而得禍。這正是曹操之所以興、袁紹之所以亡的原因。」（《曹袁興亡》）而田豐，確實是個有先見之明的人，他不僅料到袁紹必敗，而且料到自己必死。袁紹以失敗而告終，這時有人為田豐慶賀：君必然重新受到重用。田豐卻說：「袁紹心胸狹窄，喜歡嫉妒。若是他打了勝仗，還可能乘著高興放了我；今日兵敗自羞，惱羞成怒，一定會加害於我，我必死矣！」袁紹氣量狹小，不善於自我反省，這正是他失敗的根源。

一葉知秋，見微知著，曹操與袁紹的差別的確十分明顯。正是因爲這種差別，使袁紹的戰將成爲曹操的得力大將，袁紹的謀臣許攸成爲曹操的謀臣並爲之出謀劃策擊敗袁紹，使曹操由劣勢變爲優勢，以少勝多，以弱勝強，一舉消滅了袁紹的勢力。

古語云：「大智興邦，不過集衆思。大愚誤國，只爲好自用。」這意思是用智慧振興國家，乃是凝結著多數人的智慧。愚蠢而使國家遭受禍害，只因爲剛愎自用。曹操、袁紹之不同結局，正說明了這個道理。嚴於責己，寬以待人，天下英才必爲你所用；剛愎自用，苛責他人，天下英才必離你而去。

失敗並不可怕，可怕的是不能從失敗中吸取經驗教訓；走錯了路並不可怕，可怕的是自以爲是，不能迷途知返。

若有閃失要善於補過

人非聖賢，孰能無過。即便是聰明的帝王也不可能沒有閃失。常言說：馬有失蹄，人有失手。有失誤並不要緊，重要的是要能及時補救，亡羊補牢，猶未爲遲。漢宣帝補賞先見之明者就是這方面的一個生動例證。

漢朝宣帝時（西元前七三年～前四九年），霍光家族生活奢侈靡爛，茂陵的徐福說：「霍家一定亡。在衆人之上，而生活奢侈，這是敗亡之所在。」他又上書皇帝，表示：霍家生活奢靡，陛下即使疼惜他們，也該適時加以抑制，不要使他們走上敗亡之路。他三次上書，都獲回報說皇上知曉此事。

後來霍家果然因謀反被除（西元前六六年）。董忠等人因爲發現霍家謀反的行爲，而被封了侯。可是有先見之明，屢次上書提醒皇帝的徐福卻沒有功勞，沒得獎賞。於是，有人替徐福上書皇帝說：

「臣下聽說，有一位客人去拜訪朋友，看見煙囪是筆直的，旁邊又有一堆木柴，就對主人說：『要把煙囪弄彎，把木柴搬開，否則會引起火災。』主人聽了不作聲，也不理這件事。沒多久，果然失火了。鄰里中好心的人都紛紛來幫忙救火，終於把火撲滅了。主人於是殺牛擺酒席，宴請幫忙救火的人；頭髮被燒、身上被火灼傷的人坐在最上位，其餘依各人的功勞入席。該請的人都請到了，卻偏偏沒請那位建議改煙囪、搬柴草的客人。要知道，若是主人聽了那位客人的話，根本不用殺牛擺酒，自然也不會有火災發生。」

「現在，茂陵的徐福幾次上書，提醒霍家可能會有叛變的行爲，應該防微杜漸，消除隱患。若是早點兒按徐福的話去做，那麼就不會有割地封爵的耗費了，並且國家一樣安全平靜。如今這件事已經結束，而徐福卻得不到封賞。我希望陛下能明察那位客人搬開木柴、弄彎煙囪的建議，而讓他居於那些頭髮燒焦、身上灼傷的人之上。」

這折仗義執言的奏疏形象生動，比喻貼切，很有說服力。漢宣帝讀了此疏，就派人賜給徐福帛十匹，並任命他爲郎官。

宣帝起初處理不當，現在知錯能改，仍不失爲明智之舉。只有賞得其所，才能鼓勵人們獻計獻策，盡心盡力。獎賞的物件是針對眼下的功臣，而其指向卻是未來，是更多的臣屬部衆。而作爲皇帝，本來有點過失本不足怪，見錯即糾，不僅不會降低威信，反而會提高威信。哪個大臣不願爲明智的君主效力呢！

聰明的人不是不犯錯誤，而是知錯能改，從錯誤中吸取教訓，自我反省，不斷進步。這是普通的人生道理，也是君王的成功之道。春秋戰國時期楚文王受笞的故事就頗富教益，對君王和普通百姓不無啓示。這一點，我們在以後的章節再詳細講述。

知恥而後勇，知錯而後改。人，總是從愚蠢走向聰明，從幼稚走向成熟的。

見機行事，權變制人

封建時代的諸侯、帝王，也並非處處料事如神、時時辦事得體。聰明的諸侯和帝王的成

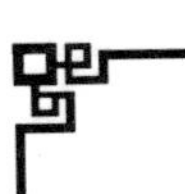

功在於反應敏捷，一點即通。他們的責己、反思，有時並非是誠心誠意的懺悔，而往往暗含著機變權謀。

要論君主的靈活機動、善於應變，齊襄王就是一個。齊襄王即位（西元前二八三年），田單輔佐他。有一次經過淄水，看見一老人涉水，受不住寒凍，出水後無法行走，田單見後就脫下皮衣，給他穿上。

襄王知道這件事後，很不高興地說：「田單這樣施人以恩惠，不就是想籠絡人心，藉此謀取我的國家嗎？不如及早防著他。」

這時，襄王看看左右沒有人，只見岩下有一個名叫貫殊的人，襄王叫他來問道：「你聽到我說的話了嗎？」

貫殊回答道：「聽見了。」

襄王又問道：「你認為我該怎麼辦呢？」

貫殊說：「大王不如順勢當作自己的善處。大王好好地嘉勉田單的善事，下令說：『寡人憂慮百姓饑餓無食，田單收容他們，並且供養他們；寡人憂慮百姓寒冷無衣，田單脫下皮衣，給他們穿；寡人憂慮百姓勞苦，而田單也憂念百姓，合於寡人的心意。』田單有這些善處，而大王嘉勉他；嘉勉田單的善處，也就是大王的善處。」

襄王是個明白人，聽罷貫殊的一番話，連聲說好。他賞賜給田單牛和酒，嘉勉讚賞他的

行爲。幾天後，襄王派人到鄉里察訪，聽見鄉里的人議論說：「田單愛人民，原來是大王教的啊！」

要說這貫殊還眞不簡單，一個主意，就使襄王化被動爲主動，既籠絡了大臣，又贏得了民心。結果是臣子施惠，君王得利。若按襄王最初的想法行事，就不僅會得罪田單，還要喪失民心。

古代帝王中善於隨機應變、權變制人者，劉邦要算一個。劉邦雖然起自草莽，不懂帝王之術，但在張良、陳平的指導下，他時常玩弄點權術，以便控制臣下。

劉邦與項羽大戰滎陽時，中箭受傷，情勢危急；而此時韓信在山東卻兵力雄厚，請求代理齊王。韓信這樣做，有點兒要挾的味道。劉邦大罵道：「吾困於此，旦暮望若來佐我，乃欲自立爲王！」意思是，我現在被困在這裡，早晚都盼他來幫助我，誰知他卻想自立爲王！張良和陳平連忙暗示他，以防韓信有變。於是，劉邦馬上改口道：「大丈夫定諸侯，即爲眞王耳，何以假爲！」這完全是個一百八十度的大轉彎，劉邦馬上派人封韓信爲王，暫時穩住他，以後又伺機奪了他的權。

試想，如果劉邦當時不讓韓信稱王，一旦韓信背叛他，那劉邦便是雪上加霜、四面楚歌了。將來天下是誰的，就很難說了。善於謀人，靈活機動，應勢而用，可說是劉邦最終能奪得天下的一個重要因素。

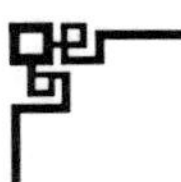

古代君主的罪己術

在我國古代，帝王下的詔書中有一種特別的詔書，稱爲「罪己詔」。這種詔書是皇帝用以公開檢討自己過失的，它是皇帝面臨重大政治危機或處於某種特殊形勢下所採取的應急對策。因此下這類詔書，我們可以看作是帝王爲延續其統治而不得不使用的一種特殊策略——「罪己術」。

「罪己詔」的主要對象是核心領導層以外的廣大中下層官吏和民衆。在他們眼中，皇上總是聖明的，政務上即使有什麼差錯，那也是一班奸臣在胡作非爲，瞞上欺下，一旦「聖上」察明，一定會將那些奸佞小人懲處。因此，當他們看到皇上頒布這樣「誠懇」的「自我批評」文字時，就會更加堅定他們「聖上聖明」的信念，並爲此效忠，這就是「罪己詔」特有的政治效果。晉代人習鑿齒對此論析得十分精到：

過消而業隆，可謂智矣。若乃諱敗推過，歸咎萬物，常執其功而隱其喪，上下離心，賢愚解體，謬之甚矣。（《漢晉陽秋》）

這意思是說，承認過失而使事業興盛，這是聰明不過的做法。如果推諉過失，只宣揚自己的成功，不提及自己的失誤，以致上下離心，人才流失，那才是最蠢的做法。

古人認爲君王的權位是上天授給的，如果身爲君王而不好好行使職權，「天命」隨時都可能轉移。而水旱災害、種種有害無益的怪異現象，正是上天對人間「天子」發出的一次次警告。所以君王每當遇上這種情況，總要對自己進行一番「自我批評」，表示已領會了上帝的警告，今後一定「改過自新」。

「天命」的奧秘，在於既可恃又不可恃之過甚。所謂「天命」可能轉移之說，就是給恃之過甚者的一帖清涼劑。而對那些不信「天命」的「冥頑」之主來說，天不報自有人報。東周列國時期不乏這類事例。

生當戰國之世的宋國末代國君康王，聽說國內出現了一起麻雀生雁的怪事，命令占卜者卜了一卦，說是「以小生大，主我國必稱霸天下」。於是康王認爲「天命在茲」，連年窮兵黷武，甚至還用皮袋裝滿了血，用箭射，用鞭子來抽打土地，名之爲「射天笞地」，結果終於招致齊、魏、楚三國聯軍的討伐，宋國最後就在康王手中滅亡了。

春秋魯哀公時，政治壞到了極點（孔子就是死在他的統治時期），老天爺對此竟然沒有一點警告。據說這是因爲老天爺見他無可救藥，所以也就不屑於加以警告。而有的君王見老天爺長時間沒有來「示警」，心裡也會不安，春秋時期的楚莊王就是其中一個。所以每逢天災，

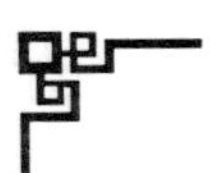

君王總要推行一些所謂「德政」，或者下詔「罪己」。西漢文帝後元年間，因為連續幾年歉收和水旱之災，加上傳染病流行，文帝就下了一道「罪己詔」，仿照商湯「自問罪己」的方式，向老天爺「請罪」。

帝王之「罪己」，不像大臣承擔責任那樣有貶官的處分，如蜀相諸葛亮失街亭後上表後主劉禪，引咎自責，自貶三等之類。皇帝還是皇帝，不損一根毫毛。再說，帝王「罪己」列舉的種種過失，事後是否得以補救，是否真的作為實事來辦，是無人敢查問的。既然如此，又何妨多作廉價的自我批評，以換取人心呢！明末崇禎皇帝要算歷史上最愛下「罪己詔」的皇帝。他遇到的內政外交「麻煩」確實不少，下起「罪己詔」來也特別勤快，而且一次比一次「深刻」。然而那些「洞見積弊」的檢討大多有名無實，沒有下文。明代終於斷送在他手中，他九泉之下實在該好好反省一番。

封建帝王中也有君主是誠心誠意「罪己」，希望自我反省，糾正過失，有所作為，使國家大治。然而，大多數帝王的「罪己詔」，實在只是一種「障眼法」。既然這種自我批評於己無損，那麼，它就往往被作為一種宮廷遊戲、御下權謀和鬥爭策略來運用了。

在上層爭權奪利的鬥爭中，「罪己詔」常常是一種有效的工具——「罪己詔」的矛頭不是指向皇帝，而是指向他人。明英宗在將軍石亨和宦官曹吉祥的幫助下，以奪門之變重登帝位。但英宗很快就疑忌起權勢過大的石亨和曹吉祥來。那時正遇上宮內承天門火災，於是英

宗就讓人起草了一份「罪己詔」，名義上是自責，實際上卻是「奸邪蒙蔽狀」，把矛頭直指石、曹二人。

有的繼位皇帝巧借剛去世的「大行皇帝」的「罪己遺詔」，以實現自己的政治意圖。這種遺詔多出自新皇帝及輔政大臣之手，他們本來對「大行皇帝」執政的事務有諸多不滿之處，但儒家有「三年不改父之道」的遺訓，所以兒子一上臺就推翻老子的事功，無論如何總有點「名不正言不順」；老子屍骨未寒就另拉一套似乎也有不孝的惡名。於是，就假借老子自己的嘴巴來「罪己」，再由新皇帝來加以糾正，這樣就「順」得多了。皇宮九重，高高在上，一般官吏和民衆哪知遺詔是眞是假；先皇已故，不得復生，即使九泉有知，也只好緘默不語了。這類假先皇之罪己遺詔而行改革之政者，歷史上不少見。例如，清順治帝在遺詔中曾列舉自己當政的十四件大事以自責。當然，罪己遺詔也有確實是出自「大行皇帝」生前手筆的，目的是通過臨死前的懺悔，爲自己博個好名聲。

商家的「家醜外揚」

封建帝王的罪己之術，目的並不在眞心懺悔，自我貶損，恰恰相反，它的目的是維護自

己的形象，賺取人心，打擊對手。

在當今激烈的商場角逐中，商家的「家醜外揚」與皇帝的「罪己術」有某些相似之處。俗話說，家醜不可外揚。這是一種傳統的文化觀念。商家往往更是只報喜不報憂，「王婆賣瓜，自賣自誇」，「賣瓜的不說瓜苦」，一般都是宣揚自家產品「品質優良，性能最佳，國優部優，譽滿全球」。如此大肆宣揚，「國際金獎」滿天飛，眞眞假假，讓人莫辨，久而久之，這種吹牛皮似的廣告人們並不太相信了。

人們常說，質量是企業的生命，信譽是商家制勝的根本。商家的「家醜外揚」與那種「王婆賣瓜」恰恰相反，它直接站在消費者的立場上，設身處地爲客戶著想，主動披露產品存在的問題，以誠爲本，以心換心，在人們心目中樹立誠實可信的企業形象，以此招來顧客的青睞，使產品更有效地占領市場。「家醜外揚」是一種「反彈琵琶」的經營謀略，在維護自身形象、籠絡人心方面與帝王的罪己術有相似之處，但其眞誠、坦率，又是帝王們所不具備的。

家醜外揚是有風險的，因此需要自信和勇氣。如果處置得法，「醜」能變美，收益無窮。下面幾個商界實例充分說明了這一點。

美國亨利食品加工工業公司總經理亨利．霍金士先生偶然從一份化驗鑒定報告單上發現，他們生產的食品配方中起保鮮作用的添加劑有毒，雖然毒性不大，但長期食用對身體有

害。如果悄悄從配方中去掉添加劑，會影響食品鮮度；如果公布於衆，又必然會引起同行的強烈反對。經過權衡利弊，最後他毅然向社會宣布：防腐劑有毒，對身體有害。他的這一舉動在食品工業界引起了公憤，所有從事食品加工業的老闆都聯合起來，用一切手段打擊亨利．霍金士，指責他別有用心，打擊別人，抬高自己，聯合起來抵制亨利公司的產品。陷入重圍的亨利公司到了瀕臨倒閉的邊緣。這場爭鬥一直持續了四年。亨利公司在面臨破產之際，卻名聲鵲起，家喻戶曉，同時又得到了政府的支援，其產品成了人們信得過的放心食品。該公司在很短的時間內就恢復了元氣，規模比原先擴大了兩倍。霍金士「家醜外揚」，從逆境到坦途，不久又登上了美國食品加工業的第一把交椅。

「家醜外揚」從表面上看是「揚醜」、自我揭短，而實質是「揚美」，揚自己眞誠之美德。相比之下，商家自揚之「醜」（絕不會是致命的），比起誠實這個優點來，就是「瑕不掩玉」、「白璧微瑕」了。這中間有一個正反相成、美醜轉化的辯證法，正像掩蓋自己的一個缺點，往往又暴露出自己的另一個更大缺點——不誠實；自我揭短，卻悄悄地向人們展示了自己一個大優點——誠實，這恰恰是商家最可貴的品德。

我們也注意到，商家的「家醜外揚」中的「醜」多爲「微瑕」，而決不是致命傷，否則自揭瘡疤，無疑於自我毀滅。這裡面也是有奧妙的。

瑞士一家鐘錶店門庭冷落，不甚景氣。一天，店主貼出一張廣告說，本店有一批手錶，

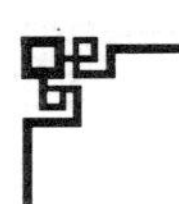

走時不太精確，二十四小時慢二十四秒，望君看準擇錶。廣告貼出以後，錶店門庭若市，生意興隆，很快銷完了庫存積壓的手錶。

誠招天下客，這話確實一點不假。而有的企業自揚其「醜」，實際上是借題發揮，以攻為守，化不利因素為有利因素。美國波音公司「宣傳事故贏得信譽」的做法就是這樣的。

一九八八年四月二十七日，美國的一架波音七三七客機起飛後不久，劇烈的爆炸把前艙頂蓋掀開一個面積為六平方米的大洞。一名空中小姐頓時被猛烈的氣浪拋出窗外，殉職藍天。經過一番努力，飛機安全降落在附近的機場，旅客和機組人員均平安生還。

飛機事故，往往釀成災難，使旅客們談之色變。對這次飛機事故，波音公司不是避而不談，而是主動地廣為宣傳。他們說明這次事故的原因是飛機太陳舊，金屬疲勞所致；這架飛機已飛行了二十年之久，起落達九萬次之多，大大超過了保險係數；飛機能在出現嚴重事故後仍安全著陸，正說明飛機的性能可靠。公司宣傳說，新型波音飛機已解決了金屬疲勞的技術難題，因而購買波音公司的新產品就更加安全。這樣，通過及時而誠實的宣傳，波音公司變被動為主動，不僅公司聲譽沒有受到損害，反而更受用戶信賴。此後，公司飛機的訂貨進一步上升，僅一九八八年五月，訂貨就達第一季的近一倍。這眞可謂是化險為夷，因禍得福，不過這福不是從天而降，而是公司用恰當的策略爭來的。

由上可知，對自己的產品採取「家醜外揚」的策略，體現了經營者的坦誠和力量，體現

了顧客是上帝的經營思想，因而能贏得顧客信任，易於被人接受，可以打消顧客對商品和企業的擔心和不信任感，超越企業與顧客之間單純的買賣關係，加深顧客對企業及其產品的信賴。其實質是維護消費者的利益，而維護消費者的利益，才能最終贏得企業自身的利益。揭產品之「家醜」，揚經營者之眞誠，一時可能降低效益，出現困難，但從長遠看，利大於弊，獲得了信任，就獲得了市場，前景將十分廣闊。而這些，與帝王的罪己之術恐怕已無什麼內在聯繫了。我們的眞正用心，也不在宣揚什麼帝王權謀，而在由此及彼，妙悟人生事理，如此說來，上述關於「家醜外揚」的發揮又是題中應有之義了。

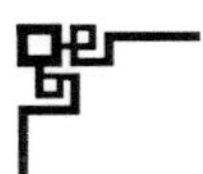

六、清廉公正

公私分明，不許私求

戰國時期，韓國韓昭侯是一位比較英明的君主。他不但善於用人，而且對大臣嚴格要求，做到公私分明，不循私情。因此，韓國在他的治理下國泰民安，實力不斷增強，成為了戰國時代的七雄之一。

韓昭侯任用出身微賤，主張法治而又很有學問的申不害為國相。申子執政以後，對內實行法治，制定法律，改革政教；發展生產，強國富民；訓練士兵，壯大軍隊。對外，和各國進行邦交，使各國不敢侵犯韓國。在韓昭侯的支援下，申子主政十五年，把韓國治理得國富民強，兵強馬壯。申不害也成為我國最早的法家之一，並著書兩篇，名為《申子》。

由於申不害才學深厚，功勞卓著，韓昭侯對他十分尊敬，並拜他為師，經常向他求教。

可是有一次，申子的一個叔伯哥哥，認爲申子是韓國的宰相，就想透過申子給自己謀個一官半職。當時，申子認爲：自己爲韓國做了那麼大的貢獻，昭侯又非常信任自己，提出此事昭侯肯定會答應的。沒想到，當申子向昭侯提起爲他的叔伯哥哥求官後，昭侯不僅沒有答應，而且對申子提出了嚴肅的批評。昭侯說：「我拜您爲相，尊您爲師，向您學習的目的，是想利用您的思想和主張來治理國家的。您不負衆望，秉公爲國，制定法律，依法辦事，才使得韓國國富民強。可是，現在您提出了爲親戚謀官的要求，實在使我不好答應您，現在是答應聽從您的私人請求而廢棄您過去堅持的學說、主張呢？還是實行您的學說和主張而廢棄您的私人請求呢？您曾經教導我，要我修改制定用人的制度，必須按功勞大小的次第來選用。而今天，您在幫助我制定制度的同時，另外又私下爲您的親屬謀取官位，那麼我聽您哪個話呢？」韓昭侯的話，既表達了過去對申子的信任和尊重，又面對申子私求堅持原則，耐心說服教育。

申不害起初不太高興，可是聽了昭侯的一番話後，羞愧難言。他開始只是想憑自己對國家的貢獻，向昭侯提出一點私求，但沒想到昭侯批評得這樣嚴厲，而又入情入理。事後，申子向昭侯認錯，請求處罰，並誠懇地說：「您眞是理想的國君啊！」昭侯連忙扶起申子，高興地說：「無私而志遠，今後讓我們君臣更加團結一心，攜手治理好我們的國家吧。」此後，申子更加勤勉地去處理政務。

韓昭侯公私分明，不許私求，確實是一位明智的諸侯。倘若不講原則，人情重於公法，那麼就會亂開口，濫封濫賞，那就會讓德才兼備、有功有績者受到壓制，而那些有關係、有後台的無能或無德之人平步青雲，占據要津。這種情況氾濫成災，國家必定衰微，社稷必難長久。昭侯統治下的韓國之所以能興旺發達，無疑是與韓昭侯善於用人、秉公執法有關係的。

外舉不避仇，內舉不避親

東漢著名的史學家、文學家班固曾大力倡導「國爾忘家，公爾忘私」。上一節講的兩個古今人物事跡，正是一種以國爲重、公私分明的典範。

要做到「國爾忘家，公爾忘私」，關鍵是要做到無私。無私則明，無私則正。春秋時期祁黃羊無私薦賢的故事可爲佐證。

祁黃羊是春秋時期晉國的大夫，官任中軍尉。由於祁黃羊足智多謀，英勇善戰，又愛兵如子，賞罰嚴明，曾爲晉國屢立戰功，不僅國君欣賞他，官兵擁戴他，連敵國的軍政要員也都敬畏他。他一度成爲春秋列國的著名人物。

年近古稀之時，祁黃羊向晉悼公提出了告老還鄉的請求。悼公當然捨不得這位德高望重的老臣，無奈祁黃羊年事太高，退意堅決。但中軍尉職高權大，關係到國家的興衰安危，由誰來接替他呢？晉悼公經過反覆思考，向祁黃羊徵求關於接班人的意見。

「解狐接替我的職務最合適。他一定比我強，能把軍隊治理好。」祁黃羊胸有成竹，毫不猶豫地向晉悼公說了自己的意見。這個回答大大出乎悼公的意料，因爲他知道，解狐對自己忠心耿耿，的確也有才幹，但他是祁黃羊的死對頭，兩人不合已不是什麼秘密。悼公對祁黃羊的舉薦覺得不可思議，便問道：「解狐不是你的仇人嗎？」祁黃羊先是一笑，繼而鄭重回答說：「大王是問我誰有能力接替我的職務，並沒有問誰是我的仇人啊！再說，私仇哪能影響公事。」晉悼公聽後，感到有些慚愧，但內心十分高興，對祁黃羊的公正無私深爲歎服。於是，他當即決定，讓解狐接替祁黃羊的職務。不巧，解狐還沒來得及走馬上任，就因急病去世了。

待處理完解狐後事，晉悼公又問祁黃羊：「解狐死了，您看誰還可以勝任中軍尉之職？」「祁午！」祁黃羊又是胸有成竹，毫不猶豫地作了回答。這次又讓晉悼公吃了一驚，他連忙問：「祁午？他不是您的兒子麼？」祁黃羊依舊笑了笑，隨即鄭重答道：「大王問我誰還可以接替中軍尉，並沒有問誰是我兒子啊！」悼公若有所思地怔了一下，頓時分外高興。他不久即召見祁午，任命他爲中軍尉，接替他父親的位置。

祁午上任以後，學習其父的榜樣，軍紀嚴肅，賞罰分明，愛兵如子，又身先士卒，很快贏得了上下左右的讚揚。而祁黃羊薦賢的事跡，也由此而廣爲流傳，成爲千古佳話。

祁黃羊其人其事人們都很熟悉了，而戰國末期與韓非子類似的用人思想以及所舉實例，大家還不太熟悉。在用人方面，韓非子也是主張「內舉不避親，外舉不避仇」的。他認爲，只要符合「法」、「術」要求，有才能，又爲君主所用，不管他社會地位怎樣低下，不管是親人仇人都可以而且應該舉薦。他還舉了兩個類似祁黃羊薦賢的例子：

中牟縣沒有縣令，晉平公問趙武說：「中牟是三國之股肱，邯鄲之肩髀，我想要一個得力的縣令，誰最合適呢？」趙武說：「邢伯子可以。」晉平公說：「他不是你的仇人嗎？」趙武說：「私仇不入公門。」晉平公又問：「中府之令誰去最合適呢？」趙又說：「臣的兒子可以。」（《韓非子．外儲說左下》）此言此行，與祁黃羊如出一轍。

韓非子又舉一例說，解狐舉薦仇人爲相，仇人因此而去拜謝他，而解狐並不在私人關係上與他和好，而是引弓送而射之，說：「推薦你，是因爲你能當此任。我和你有私，是私仇，不能因爲有私仇就不推薦你。」因此說，私怨不入公門。

陳毅元帥詩云：「心底無私天地寬。」祁黃羊、趙武等人之所以「外舉不避仇」而「內舉不避親」，關鍵在於他們「心底無私」，光明磊落，襟懷坦蕩。他們既無意借機壓制自己的仇敵，也不有意抬高自己的親人。其舉薦賢能，完全是從實際出發，從侯國的利益出發。這

與那種假公濟私，或公報私仇者有天壤之別，其人生境界不可同日而語。

由春秋戰國時期的「私怨不入公門」，我們不禁聯想到北宋著名的政治家、文學家歐陽修。他晚年官拜樞密副使，一年後升任參知政事。當他即將告老還鄉時，就未來的宰相人選向神宗皇帝推薦了三個人：司馬光、王安石、呂公著。消息傳出，頓時在文武百官中引起了震動。人們都知道，這三人與歐陽修的矛盾一直是很深的。司馬光與他有唇槍舌劍的「議濮」之爭，呂公著奏本使他在外漂泊十年之久，而王安石曾作詩戲弄過自負而資格又老的文壇領袖歐陽修。歐公之所以不計前嫌，把個人好惡恩怨置之一邊，完全是因爲他心底無私，一心想的是大宋王朝的基業。歐陽修一直受到後人推崇，正是因爲他的道德、文章都堪稱楷模。

法律面前，人人平等

國與家、公與私的矛盾，有時又表現爲情與法的衝突。是秉公執法，還是循情枉法，是檢驗一個人是否客觀公正的試金石。同時，能否法令如山，也對君王成就事業功名影響甚大。

春秋時期的秦孝公，把一個較中原各國發展晚且地處西陲的國家，建設成了兵強地廣、

國家富足、無敵於天下的諸侯大國。這與他善於用人，及所施行的內外政策直接相關，而其中很重要的一點，即以法治國，法不阿貴。

秦孝公任用改革家商鞅，推行變法主張。新法即布，他支援商鞅，以「徙木賞金」之法取信於民。但當時抵制新法的勢力不小，秦孝公的兒子也帶頭犯法。商鞅說：「法之不行，自於貴戚。」並勸孝公說：「國君如果眞想實行新法，就要先從太子開始。」秦孝公在處置太子的問題上沒有猶豫，支援商鞅執法。按照當時秦國的規矩，作爲王位繼承人的太子是不能用刑的，商鞅就處罰了支援太子的太傅和太師。國人見太子犯法亦不得免，對新法的威嚴開始敬服。推行新法十年，秦國逐漸富強起來。

歷史上有作爲的君主，大多重視執法的嚴肅與公正。唐太宗就是這樣的君主。貞觀元年，太宗的親信、大舅子、開國功臣吏部尙書長孫無忌，在接受召見時帶劍入宮。待他出宮門時，守門的武官才發覺他沒取下佩劍。這在當時是違法的。武官趕緊將此事報告了上司。

尙書右僕射封德彝和有關官員討論後，準備對違法人員進行處理。他們認爲，看門的武官沒有發現長孫無忌不解佩劍入宮，是爲失職，罪該處死；長孫無忌身爲重臣，應爲人表率，卻粗心大意，忘記法度，應判刑兩年，罰銅二十斤。

唐太宗同意這一處罰意見。而專門負責執法的大理寺官員戴冑卻有不同意見。他說：「看門武官沒有發現問題，長孫無忌帶劍入宮，同樣是過失。臣子對皇帝，實際上是不能稱過

失的。按照刑法規定，供奉御用湯藥、飲食、車船，發生差錯，不合制度的，都處死。陛下如果考慮長孫無忌的功勞，那就不是司法機關所能議定的。如果應該依據法律，那麼罰銅不恰當。」

太宗說：「法律不是我一個人的法律，是國家的法律。怎麼能因爲長孫無忌是皇親國戚，就要曲解法律呢？」於是命人再擬處理意見。

封德彝堅持最初的意見，太宗準備聽從他的處理。戴冑又上奏反對。他認爲：「看門武官由於長孫無忌而造成犯罪，按照法律應當罪行較輕。如果論他們的過失，則犯罪情節相同（意爲都是疏忽）。但是一生一死，量刑的差別太大。」他請求太宗再考慮他的建議。

太宗同意免去武官的死刑，同時對長孫無忌的處罰也有所加重。這裡，太宗對長孫無忌以法治罪，並同意將一個普通的低級武官同自己的親信、親戚同等看待，不能不說是公正的。而戴冑不畏權勢，犯顏護法執法，維護法律的公正，更是令人敬佩。

說到法律面前人人平等，西漢末朝王莽逼子償命的事是更爲典型的。當時，王莽爲朝廷重臣，位居要津，但他對下屬和家人都管束得很嚴，不許他們驕橫稱霸。一次，王莽的二兒子王獲打死了一個奴僕。王莽知道後，怒髮衝冠，因爲他歷來反對主人虐待奴僕；他平時對奴僕也很寬容，這次兒子打死了人，他要嚴懲兒子，就逼著自己的兒子自殺。雖然當時殺害奴僕要受處罰，但並沒有死罪，可王莽卻認爲殺害奴僕也要償命，所以逼著兒子爲奴僕償了

命。王莽公正廉潔，正直無私，深得老百姓的擁戴。

親友私情，個人性情，誰人沒有！能像秦孝公、唐太宗、王莽那樣，實屬不易。治國者如果忘記法律，忘記法律是爲國爲民的，一味憑性情施政，或循情枉法，那只能使人民陷入劫難。平民倘若只知私情忘記法律，也終有誤入法網的危險。呼喚和強調法治是十分必要的。法律面前人人平等，應不僅僅是理想，是願望。

古鏡今鑒，化育百官

唐太宗不愧爲一代明君。他在繼承皇位以後，汲取了隋王朝滅亡的教訓，「以古爲鏡，以人爲鏡」，教育官吏要體貼民情，反對貪污受賄、奢侈腐化，收到了很好的效果。

唐太宗曾認爲：「人民之所以爲盜，是因爲賦役繁重，官吏貪得無厭。只要去奢省費，輕徭薄賦，選用清廉官吏，使人民衣食豐足，自然就不當盜賊了。」由於憎惡貪官污吏，唐太宗曾秘密派手下親信試探過一些官吏。尚書裴鉅知道後，就對唐太宗說：「官吏的貪污受賄是可恨，但不能用這樣的方法對待他們，要用道德教導他們，用禮義節制他們。」唐太宗認爲正面誘導的方法可取，便高興地採納了裴鉅的意見。

有一次，唐太宗借題對大臣們說：「我聽說西域有個外國商人得了顆珍珠，剖開身上的肉來藏它。有沒有這回事？」一個侍臣回答說：「有這麼回事。」唐太宗接著說：「人們都知道譏笑他愛珍珠而不愛惜自己的身體。可是你們要知道，官吏接受賄賂受到法律的懲罰，和帝王不顧一切地放縱奢欲而亡與那個外國人的愚蠢可笑，又有什麼不同呢？」諫議大夫魏徵思維十分敏捷，他爲了進一步說明事理，接著說道：「從前魯哀公跟孔子說：『有個愛忘事的人，搬家的時候把老婆給忘了。』孔子接著譏笑他說：『還有更嚴重的，夏桀、商紂竟然忘記了自身。』也像這類情況。」

魏徵所說的魯哀公是春秋時代魯國國君，因荒淫無度被魯國大夫趕到國外，不久後回國死於有山氏；而夏桀是夏朝末代國君，剝削殘酷，暴虐荒淫，被商湯所敗，出奔南方而死，夏亡；商紂是商朝末代君主，嗜酒好色，殘暴無道，周武王伐之，兵敗自焚而死，商亡。這些荒淫之主、亡國之君下場都很可悲。唐太宗聽了魏徵所說的這番話後，又告誡大臣們說：「是的，我和你們應同心合力地互相幫助，力戒貪污賄賂、奢侈享樂，能夠少出點差錯，免得被人譏笑。」唐太宗的借題發揮恰到好處，言簡義深，文武百官聽了無不佩服。

唐太宗還「以古爲鏡」借鑒歷史，研究當今朝政的利弊得失。他對各代亡國的歷史進行了總結，得出一條結論：「末代亡國之主，爲惡多相類似。其共同點是，深好奢侈，橫征暴斂，治安則驕侈易生，驕侈則危亡立至。」唐太宗認爲，不僅當代人要以史爲鑒，而且要認

識到本人的一言一行也就是歷史。歷史是一條流不盡的長河，每個人都只不過是一個歷史舞臺上的匆匆過客，他的言行就是歷史長河中留下的足跡，對後人不是留下成功的經驗，就是留下慘痛的教訓。因而，唐太宗在《晉書》中進一步借題發揮，教導群臣說：「古人有云：『積善三年，知之者少；爲惡一日，聞於天下。』此話很有道理。雖然自己可以隱瞞當年所做的錯事，但終究會讓人知道，使後代嗤笑。猶如掩耳盜鈴，不要以爲衆人聽不見；做賊盜金，不要認爲沒有人看見。所以說只貪圖近的則失去遠的，爲了當時的利益則敗壞了名聲。因此，每個人要下決心謹言善行，寫好自己的歷史，以爲後人之鏡。」唐太宗這些富有哲理的精闢見解，不但當時群臣受到教益，也成爲後世人引以爲鑒的警言。

清廉自律，以不貪為寶

爲君者，貴在以德服人，公正嚴明；爲臣者，貴在廉潔自律，克己奉公。春秋時期的子罕就是一個深通爲臣之道的國相。

子罕是春秋末期宋國的宰相。當時，在宋國貴族、士大夫中，貪財好貨、巧取豪奪的風氣十分盛行。而子罕卻爲人正直，以不貪爲寶，拒收饋贈寶玉。他的故事流傳到了後世。

子罕自任宋國宰相以來，有些富豪權勢之家爭相送禮攀結，但他從不收禮受賄，凡送禮者都被拒之門外。他為人正直，不貪不占，不接受饋贈，美名在外。

但有一天，衙役來報，門外來了個平民，慕名求見宰相。子罕一聽說是個平民，就吩咐衙役讓他進來。來人見子罕以後，從懷中掏出了一塊玉，雙手捧著獻給子罕。子罕見來人是來獻玉，對他獻的玉連看都不看一眼，便婉言拒絕了。送玉的人見子罕不收連忙說：「我把這塊玉給治玉的工匠看過，他認為這是一塊非常珍貴的寶物，所以我才敢冒昧來獻給您。」

子罕原來認為來人可能有為難之事相求，所以趕緊接見他，沒想到此人是來獻玉的。尤其是聽了他說的話以後，厭惡地說：「我和你對寶物的看法不一樣，我一生以不貪作為寶物，你把玉當作寶物；如果你把玉給我，你我都喪失了各自的寶物；倒不如你留著美玉，我保持著廉潔，那麼我們兩人就可以各不失其寶了！」

獻玉的人聽了子罕的話後，連忙跪拜在地上哭訴著說：「我是個地位低賤的人，我得了這寶玉，開始很高興，認為我們這個貧窮之家從此有了出頭之日。可是，我得寶玉的消息早已傳出，有些有權有勢之人垂涎三尺，都想把寶玉弄到手。但是，我又不甘心寶玉被那些德行下賤的人奪去。可是我早已想過，現在雖身藏寶玉，隨時都有可能被有權有勢的人加上罪名，奪去寶玉。自從得了這塊玉後，有些人眼睛盯著我，要想走出鄉里一步都很困難。這叫『小人無罪，懷玉有罪』呀！我聽說您的威名和大仁大義，所以願意把玉奉獻給您。把玉獻給

您，是因爲您是一個品德高尚的人，也是爲了求得保全我全家性命！萬望相爺不要誤解。」

子罕聽了獻玉人的話，完全明白了獻玉的因由。他深知社會風氣的邪惡，也非常同情獻玉人的處境。於是，子罕想出了一個兩全其美的辦法，成全了獻玉人。他先把獻玉人安置在自己府內，找了個玉工匠把那塊玉進行了修理整治，賣了一大筆錢交給獻玉人，打發他回家謀業求生。獻玉之人，親眼看到了子罕不愛寶、不貪財和成平民之美的大仁大義，千謝萬謝而去。子罕使獻玉人得到了滿足，而自己也坦然自得，保持了廉潔，仍不失自己的寶物。

美玉爲寶，那是身外之物；廉潔爲寶，其價無限。由子罕的「寶物」，我們不禁聯想到古人清白二字遺子孫的佳話。

三國時代的高愼，曾歷任魏國的縣令、太守多年。當他告老還鄉時，家裡仍是幾間草屋，沒有儲糧。妻子對他說：「你做了這麼多年的官，爲什麼不積蓄一些錢財給子孫呢？」高愼回答說：「我一向把勤勉清白作爲做人的根本。我把二千石（即好名聲）留給他們，不也可以嗎？」

這種遺清白給子孫的明智長輩，隋唐時還有一位。他便是唐初名臣房玄齡的父親房彥謙。房彥謙居家時，每逢子侄們來向他問安，他總要給子侄們講做人的道理，耐心教誨，孜孜不倦。他家道殷實，加上自己爲官所得的俸祿，常常全都用來周濟親友，最後弄得家無餘財。車輛、服飾、用具都務求樸素節儉。他家雖然生活較清貧，仍自得其樂。他曾對兒子房

玄齡說：「別人都因爲做官而致富，唯獨我卻因爲做官而貧窮了。我遺留給你們的，是『清白』二字。」

高熲、房彥謙與子罕一樣，都是明智之人。古往今來多少事都一再證明：聚斂資財遺子孫，以爲可以使子孫世代富有，其結果往往事與願違，徒然養成子孫驕奢淫逸的惡習，甚至危及自身。

明朝著名的民族英雄于謙有首《石灰吟》詩，寫得很好，錄於此與讀者諸君共勉：

千錘萬鑿出深山，烈火焚燒若等閒。
粉身碎骨渾不怕，要留清白在人間。

人們認爲，這正是于謙一身正氣、兩袖清風、清白廉潔最生動形象的寫照。

明朝另有一位清官況鍾，人稱況青天。他在蘇州當知府赴京述職時，蘇州一些官員和百姓紛紛送禮以示感激之情，他一律拒受，並寫了一首詩，令人肅然起敬，詩云：

清風兩袖朝天去，不帶江南一寸棉。
慚愧士民相餞送，馬前淚灑注如泉。

封建時代的好官清官，人們至今都不能忘懷。在當今，我們仍然呼喚清廉，呼喚正直，

呼喚良心與道義。

成由節儉敗由奢

反對貪污奢侈，提倡儉樸廉潔，對於封建帝王來說，不僅是一種個人修養，更是一種統御謀略。所謂上行下效是有道理的。皇帝喜好什麼，討厭什麼；提倡什麼，反對什麼，對臣子和百姓是有很大影響的。君主自己身體力行，更有如一種無聲的命令。這裡我們以漢文帝和朱元璋爲例，來談談帝王這方面的韜略。

漢文帝是我國歷史上有名的注重節儉的皇帝。他聽從大臣的諫議，提倡生產，厲行節約。爲了給天下人做個勤勞的榜樣，漢文帝制定了一套男耕女織的模式。他在春耕的時候，親自率領臣下耕種一塊土地，生產供祭祀用的糧食，皇后親自率領宮女採桑、養蠶，生產蠶絲，作爲祭祀時的衣料。爲了讓天下的人都節儉、樸素，他總穿用厚帛製成的黑色衣服，而不著絲料。他最寵愛的夫人所穿的衣服也挺樸素，衣服下擺不拖到地上。宮女們穿著更節儉，宮裡所用的帷帳簾幕不允許刺繡，更不允許有花邊。皇后竇氏更是節儉、樸素的榜樣，她凡事喜歡自己親手操作，穿著十分儉樸。

由於勤勞和節儉，國家漸漸有了積蓄，再加上沒有戰爭，國家很快就富足了。漢文帝和他兒子漢景帝開創的「文景之治」，一直受到後人稱讚。由文帝提倡節儉、反對奢侈，想到今日如瘟疫的吃喝之風、奢靡之風。一個封建帝王能很好解決的問題，難道今天就束手無策嗎？看來，還是要有眞決心，要下眞功夫，從上至下，以節儉爲榮，以奢侈爲恥。上下一心，艱苦奮鬥，才有眞正的太平盛世。

明代的開國皇帝朱元璋在位期間，也堅持反對貪污奢侈，提倡儉樸廉潔。明太祖朱元璋從乞丐到皇帝，進入我國歷史上又一個興盛時期。他即位以後，有些地方官吏爭獻貢品，而他從鞏固封建統治出發，拒收貢品。他對奢侈腐化、收貢聚寶，很有一番見識。

有一次在營建宮殿時，他看了圖紙後，感到有些地方過分豪華，就把雕琢考究的部分都去掉了。於是，他借此對中書省官員們說：「宮殿只要堅固就行了，何必過分華麗。當初，堯住的是十分簡陋的茅屋、土階，卻是歷史上最有名的好皇帝。後世競相奢侈，宮殿裡有無窮無盡的享樂，欲心一縱，就不可遏止，於是禍亂就產生了。假使做皇帝的能節儉，下面的臣子就不會奢侈。要知道金銀珠玉不是眞正的寶，眞正的寶是節儉。今後一切建築都要樸素，不准浪費。」他還命令太監在皇宮牆邊種菜，不要建造亭臺樓閣。

朱元璋從農民起義到即位，親眼看到元帝和貴族貪聚天下奇珍異寶的下場，並從他們身上汲取了教訓，禁止那些奢侈奇寶運入宮內。有一天，司天監把元順帝親手製作的水晶自動

宮漏（計時器）獻給朱元璋，結果被他嚴厲訓斥了一頓。後來，江西又送來陳友諒曾用過的鏤金床給朱元璋，也遭到了他的訓斥。朱元璋借此事中發開去，向大臣們講了一番道理。他說：「元朝皇帝聚天下奇珍異寶爲己有，不是被我們推翻了嗎？陳友諒也聚積了無數奇珍異寶，雖當時擁有幾十萬兵馬，也還是被我們消滅了。貪財聚寶，必然就奢侈腐化，過分奢侈就會有人揭竿造反。那麼，最後的財寶，終究屬於別人。」

生於憂患，死於安樂，是最樸素的人生哲理。朱元璋深知貪污奢侈之禍，力倡儉僕廉潔。爲了表示不收奇珍異寶，命令侍從把這兩件奢侈品打碎了。

朱元璋爲教育他的子孫，維護封建統治，還特意讓畫匠把他艱苦創業的經歷畫在宮內。他說：「富貴易驕，艱難易忽，久遠易忘。後世子孫生長在深宮，只看到富貴，習慣於奢侈，不知道祖宗起家之難，現在讓他們朝夕看到我的這些經歷，使他們有所警惕。」

朱元璋在位期間，不忘創業艱辛，不忘前朝教訓，居安思危，力戒奢靡，歷史學家作了肯定的評價。作爲封建時代的一位皇帝，在奪取政權之後，爲了鞏固封建王朝的統治，艱苦守業，警鐘長鳴的故事的確有值得後人借鑒的地方。今天，我們一而再、再而三地講反腐倡廉。歷史的經驗告訴我們，要眞正清除腐敗，制度建設、法制建設是關鍵，同時，領導階層居安思危，眞正率先垂範也是十分重要的。

歷史是一面鏡子。忘記了過去，就意味著失敗。

七、公法與私情

執法不循私情

公法與私情，歷來都是一對矛盾。情與法的衝突，可以說貫穿於整個封建時代。在今天，民主和法制日益健全，但法與情的矛盾依然存在。因此，從春秋戰國以及後世的歷史中吸取經驗和教訓，對我們建立社會主義法治國家不無裨益。

關於這個話題，我們還是從春秋時期的一樁案例談起。

當初，楚國令尹（宰相）斗子文，執法公正無私，不循私情。關於斗子文執法公正，還有一段佳話哩。

斗子文有一個堂弟，見同族哥哥做了大官，便在外面仗勢欺人，胡作非為。有一次，他在街上買東西，不但不給錢，還把人打了。管執法的廷理派人把鬧事者抓了起來。本來打算

依法審理的，一聽說此人是令尹的堂弟，便趕緊命令手下人鬆綁，還連連道歉說：「誤會，誤會！」廷理親自把他送到門外，暗自慶幸自己沒有魯莽行事，不然會闖大禍。

廷理放了犯人，覺得在令尹面前立了大功，連忙整理衣冠，去拜見令尹斗子文。他以爲這回令尹一定會感謝他，說不定還能在楚成王面前進言保舉，讓自己得到重用。誰知，當令尹斗子文聽完了彙報，卻憤怒地拍案而起，厲聲命令道：「請你馬上把人給我抓回來！」

廷理被令尹突如其來的憤怒驚呆了，不明白令尹爲什麼竟會發這麼大的火。

斗子文的一番話讓廷理有所醒悟。他說：「我們國家之所以設立廷理這個官，就是用來維護國家法令的。正直的官員執行法令，靈活而不違背原則，堅決而不損害法律。現在，你拋開了國家的法律，擅自釋放犯法的人，這就是沒有從國家利益出發去秉公辦事。難道我當令尹只是爲了自己的家族享受特權，撈到好處嗎？你身爲廷理，爲什麼連這點道理也不懂？」

斗子文接著又說：「我身居要職，協助君王治理國家，本來有些人對我嚴格依法行事就有意見，但我並不因此而放棄法律。現在我本家堂弟犯了法，你卻爲了照顧我的面子把他放了，這不是在全國百姓面前昭示我斗子文私心重嗎？像這樣下去，法令在全國就很難實行下去了。」於是，斗子文命令手下武士把他的堂弟抓回來，當面交給了廷理。儘管犯人的母親也一路跟來了，跪在斗子文的面前求情，斗子文卻像沒有看見一樣，叫廷理把犯人押走，要求依法處置。

這件事很快傳到楚成王那裡，斗子文執法無私的精神使他十分欽佩，連鞋也顧不得穿，光著腳立即去找令尹斗子文。成王翹起大拇指連連稱讚，並從這件事上檢查了自己的責任。他說：「楚國有您這樣秉公執法的人，是一大幸！我年輕，辦事沒經驗，對廷理的人事安排很不得當，用了這種循私枉法的人，惹你生氣。」

回朝以後，楚成王立即下令罷免了廷理，並請斗子文兼管司法。全國的百姓們知道了這件事，讚揚說：「有斗子文這樣公正無私的令尹，我們還愁什麼呢？」

上述故事雖是一段歷史陳跡，但在今天仍有借鑒作用。在現實社會中，像令尹的堂弟那樣的狗仗人勢、爲非作歹者，像廷理那樣的循情枉法、奉迎上司者還不少見。如何依法治國，在法律面前人人平等，如何有法必依，執法必嚴，仍是一個現實的重要課題。而斗子文執法無私的精神，楚成王見賢而喜、知人善任的態度和舉措，無不值得後人學習。

《尚書》云：「不偏不黨，王道蕩蕩。」縱觀中國王朝興衰歷史，那些「王道蕩蕩」的太平盛世（如貞觀之治）無不是以執法嚴明公正而著稱的。接著，我們將談談楚文王受笞和漢文帝秉公執法的事。如果說上舉事例中楚成王還只是知人善任的話，漢文帝則是更爲直接地依法而行。他秉公執法、嚴懲國舅的事跡，實在是令人敬佩的。法不阿私，必將吏治清明，世道太平，歷史已經且將繼續證明這樸素的真理。

國君受笞，改過自新

上一節談了楚成王和他的令尹斗子文有關執法的一段佳話，接下來我們說說一則「楚文王受笞」的軼事。

據《呂氏春秋．直諫》載，楚文王得到了一條茹地的黃狗和用宛地美竹做的短箭，到雲夢澤去打獵，三月不回；又得丹山美女，淫樂無度，一整年不處理政事。

文王的老師葆申說：「先王命我做太保時進行卜筮，吉。現在王得了茹地的黃狗、宛地美竹做的短箭，打獵三月不回；得丹山美女，淫樂無度，一整年不處理政事。王的罪過應當受到鞭笞。」

楚文王說：「我自脫離繈褓之後就入於諸侯之列，希望能變更而不受鞭笞的懲罰。」

葆申答道：「我受先王之命，不敢廢棄它。王不接受鞭笞，這是廢先王之命。我寧可在王面前承當罪過，也不能在先王那裡承當罪過。」文王只好遵命。

葆申把席子拉到王面前，文王伏到席子上。葆申把五十根細荊條捆在一起，跪著把它放在文王背上，這樣做了兩次，便說：「王起來吧！」文王說：「原來真鞭笞和假鞭笞一樣都

有鞭笞之名。」

這種假鞭笞有點兒像曹操的削髮代罰，並沒有動眞格的，因此，楚文王也就沒有把這次「鞭笞」放在心上，依舊遊樂如初，不理國政。

葆申見文王依然故我，非常痛心地進諫道：「我聽說君子對鞭笞感到恥辱，小人只感到疼痛。感到恥辱還不知改變，那就和只知皮肉之痛的小人沒有什麼區別了。像小人那樣僅僅感到疼痛，又有什麼用呢？」

說罷，葆申快步走出去，自己浮於水上，請求死罪。

文王見狀，忙說：「這都是我的過錯，葆申有什麼罪呢？」

文王經過自我反省，認識到了自己的過錯，並予以改正。他召回葆申，殺掉了茹地的黃狗，折斷了宛地美竹做的短箭，趕走了丹山美女，努力治理楚國，兼併國家三十九個。

這個故事，作者著力突出的是葆申的忠誠直諫，他不忘先王之命，秉公辦事，令人佩服。我覺得，作爲一個諸侯，楚文王能接受處罰，哪怕是假鞭笞，並沒有最後因人廢法，還是值得肯定的。後來，他又知錯即改，勵精圖治，有所作爲，也屬賢明。

法律法令，乃治國之本。先秦時期，尊祖敬宗，特別講求先王之命、祖宗成法。但無論是先王之命，還是現行律法，都要人執行。君王之態度如何，實在是至爲重要的。

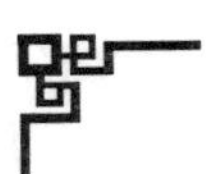

皇親犯法與民同罪

漢文帝劉恒，在漢初周勃、陳平等平定諸呂之亂以後，以代王入爲皇帝。鑒於當時社會離亂、經濟凋敝和秦之敗亡的教訓，他與其子景帝推行清靜無爲的黃老思想。數十年後，便出現了「畜積歲增，戶口寖息，風流篤厚，禁網疏闊」的盛世，後人譽之爲「文景之治」。

史書、筆記上關於文帝清靜無爲、提倡節儉、以德化民的故事甚多。實際上，漢文帝執政是剛柔並用、德威並施、寬猛相濟的。他依法嚴懲國舅就是其施用威猛之術的典型一例。其間有法律之威嚴，又有謀術之柔婉。

事情的經過是這樣的——

漢文帝劉恒有個親舅父名叫薄昭。劉恒被他父親漢高祖劉邦封爲「代王」之後，薄昭就在他身邊，替他出謀劃策。漢文帝即位後，薄昭也作爲有功之臣，被封爲軹侯。

漢文帝對他舅父薄昭很尊重。薄昭進出宮內比較隨便。他經常來找漢文帝下棋、喝酒、聊天。有一天，薄昭又來到宮中，找文帝消愁解悶。他出了一個主意，兩個人對擲骰子，輸了就罰酒。這天薄昭的手氣不好，連擲了幾次都輸了，連續被罰了酒。過了一會，他又輸

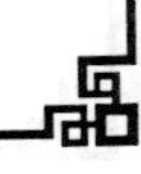

了，侍奉他們玩的宮廷侍郎怕他喝多了，斟酒時只在他杯子裡倒了一點兒，作作樣子。這情景被另一個對薄昭居功自傲十分反感的侍郎看到了，走過去對斟酒的侍郎說：「你倒挺會拍馬屁，玩輸了，就得罰酒，這是規矩。」說著奪過酒壺倒了一滿杯，很不客氣地對薄昭說：「軹侯請吧，我知道您老人家是海量，是喝不醉的！」薄昭哪里受過這種窩囊氣，於是向隨從狠狠地遞了個眼色。不一會兒，後面傳來一聲慘叫，接著就有人來報告漢文帝，說剛才斟滿酒的那個侍郎，被薄昭的家奴殺死了。

聽到報告後漢文帝十分生氣。他沒想到自己的舅父竟爲一點兒小事而不顧國法草菅人命。文帝一怒之下摔碎了骰子碗，一甩袖回後宮去了。漢文帝思慮再三，雖然舅父對自己帝業有過貢獻，但不殺人償命國法難容。他決心依法行事，皇親國戚犯法與庶民同罪，只是要讓軹侯死得體面一點罷了。

第二天，早朝後漢文帝對文武百官說：「軹侯犯了過失，自覺慚愧，要與大家訣別了，你們都去軹侯家喝訣別酒吧。」百官已知道前一天發生的事情，許多人都站出來爲軹侯求情。但漢文帝不爲所動，揮揮袖子，讓大家退朝。於是，文武百官紛紛到軹侯家，與軹侯道別。薄昭哭訴著懇請大家再到朝廷那裡替他求情，看在他和薄太后千辛萬苦把文帝拉扯大的份上，能饒他一命，他一定感恩圖報。

於是，大臣們回到了朝廷，轉述了薄昭的意思，再次爲軹侯求情。漢文帝沈思了一會

兒，更加果斷地下了第二道令，叫所有的大臣都換上喪服，一齊到軹侯家裡去哭靈，爲他送葬。當送葬的隊伍來到軹侯家裡，哭聲大作時，薄昭知道漢文帝的決心已無法改變，只好自殺了。

漢文帝依法嚴懲國舅的事，轟動了朝野內外，使文武百官、皇親國戚對違法犯罪都有所收斂，國家上下執法非常嚴謹。

中國古代向來有「禮不下庶人，刑不上大夫」的說法。「竊鉤者誅，竊國者諸侯」的事也不少見。但在封建時代，一些賢明的有志向的帝王還是比較注重維護法律的權威的。漢文帝依法懲國舅是這樣，唐太宗依法治功臣也是這樣。唐太宗曾說：法律如果對一部分人失去了作用，就勢必法將不法，國將不國。治理國家，必須公平持法，不然法律就失信於民，國家就難以治理了。

情法衝突與盡孝全忠

私情與公法的矛盾總是存在的。明智之君都是以國家社稷利益爲重、法重於情的。以上講的幾個故事都是這方面的典型例證。這裡我們再說一個不那麼有名的帝王的軼事。

據明人李清《三垣筆記》記載，明神宗時有個內侍犯了法，跑到皇宮裡躲了起來，巡城御史寫了朱票入宮去捉他。一些太監們都跑到神宗面前哭訴，說是沒有跑到宮中抓人的規矩，神宗譏笑道：「既是犯了國法，我也不能救。」急忙命人將那犯法的太監押出宮去。

親信犯法，皇帝弗救，這自然是以法為重，不循私情。但有時候，情與法、孝與忠發生矛盾衝突時，著實讓人為難。《史記．循吏》所載石奢的事就是這方面的一個悲劇。石奢是楚昭王的宰相，為人廉潔正直，無私無畏。有一次，石奢到下面視察，在路上遇到一個逃亡的殺人犯。追上一看，竟是他的父親。石奢放走了父親，回來把自己拘繫起來，又派人對楚王說：「殺人犯是我父親，我法辦他是我不孝，不依法處理，放跑了他，我又不忠，我有死罪。」楚王有意為他開脫，說：「你沒有追上他，不是你的罪，你還是照常工作吧！」石奢卻說：「不保護父親不是孝子，不執行法律不算忠臣。你赦免了我的罪，是你的恩惠；我伏法而死，是我的職責。」石奢沒有接受楚王的命令，自殺了。

今天看來，石奢的「孝」只能說是「愚孝」，不值得肯定、效仿和提倡。但我們也要注意到，無論是在歷史上還是現實中，的的確確存在著情與法、私與公的矛盾衝突。處在矛盾漩渦中的人往往像石奢那樣，陷入一種進退兩難的處境。尤其是在我們這樣一個重人情、講孝道的國度，更容易因情忘法，循情枉法。要做到法不阿私，從道理上容易講通，但遇到實際問題就不那麼簡單了。如父子、夫婦、兄弟、朋友，一方犯了法，另一方怎麼辦，就容易出問題。儘管這種矛盾難以處理，我們還是主張秉公執法，大義滅親。這樣，既可挽救失足或犯法的親朋好友，也可使自己免於庇護之罪。

比起石奢的盡孝全忠，我覺得墨家人物腹䵍的大義滅親更值得今人學習。先秦時期，墨家有個大學者名叫腹䵍。此人住在秦國，他的兒子殺了人。秦惠王很尊重腹䵍，有意幫助他，便說：「先生的年壽高了，又沒有其他兒子，我已叫主管官不懲辦了，先生這件事就聽我的吧！」腹䵍回答說：「墨家的法規說：『殺人的人處死，傷人的人服刑。』這就是爲了禁止殺人、傷人而制定的。禁止殺人、傷人這件事，是天下的大義。大王即使對他施恩，叫主管官不予懲辦，腹䵍不能不執行墨家的法規。」腹䵍最終沒有同意惠王的意見，於是殺了自己的兒子。這正是所謂法規爲上，深明大義。相形之下，秦惠王似乎多一點人情，卻缺乏法律的公正意識，仁心可嘉，作法不宜提倡。

公法與私情的衝突，不僅體現在國家內部的管理、執法方面，也還體現在國家相互之間的交往中。在國與國的交往中，這種衝突又具體表現爲國家利益與個人恩怨的不一致。當出現這種矛盾時，要以國家利益爲重。《史記．晉世家》中一則故事，很有教益。

晉景公八年（西元前五九二年），派遣郤克出使齊國。齊頃公的母親在樓上見了使臣直發笑。因爲郤克駝背，魯國使臣瘸腿，衛國使臣瞎了一隻眼，所以齊國也派同樣的人分別陪同他們。郤克很生氣，回國時走到黃河邊發誓說：「如果不報復齊國，河伯看著！」回到晉

國，要求晉景公討伐齊國。景公問明瞭緣故，說：「你個人的私怨，怎能煩勞國家呢？」沒有答應他。

看來，晉侯在這件事上還是以大局爲重、處理得當的。個人私怨不能煩勞國家，也就是說不能公報私仇。這個基本原則，無論在什麼時候、什麼地方都是應予堅持的。

忍小忿而存大信

我們講執法公正，不循私情，包含有兩個方面的含義。一是不因違法者是自己的親人或親信，而減輕甚至免除懲罰；二是不因違法者是自己的仇人或不喜歡的人，而隨意加重處罰乃至枉殺人命。尤其是帝王，在封建時代權勢至高無上，倘若喜怒無常，隨意懲處，就會使君權臨駕於國法之上，造成冤案、錯案。作爲封建君主，應以國家大局爲重，尊重法律，忍小忿而存大信。

爲了避免執法的隨意性，一方面要求君主客觀公正，處事冷靜，另一方面要求大臣剛直敢言，維護法律的威權。唐太宗和戴胄在處理一件案件上的爭執頗令人回味。事情的經過是這樣的：

當時候選的人雲集，有偽造資歷冒領文書取得調用的。唐太宗下令允許這樣的人自首；不自首的，判處死罪。

不久，有個偽造資歷得到文書的，判罪定案時，戴胄依照法律只判處流放。太宗說：「我下令不自首判死罪，您現在只判流放，這是向天下人顯示我不講信用，您接受了罪犯的賄賂吧？」戴胄回答說：「如果陛下當時就下令殺了他，不是臣所能管得了的。既然交給臣處理，臣怎麼敢違背法律呢？」太宗說：「您自己守了法，卻使我失了信，怎麼辦？」戴胄說：「法律，是向天下人公布的大信；言語，是一時的喜怒所發。陛下因一時的憤怒準備殺他，臣已經知道不能這樣做而量刑處置，這是忍小忿，存大信。如果迎合小信而違背大信，臣替陛下惋惜。」

聽了這番話，唐太宗大受感動而醒悟。最終，他還是尊重了戴胄的處理意見。

戴胄論「小信」與「大信」的關係，入情入理，辯證深刻。的確，真正的信譽、權威是靠法度建立的，保持法律的嚴肅性、權威性，有法可依，執法有準，違法則糾，這樣的皇帝，這樣的朝廷，才會贏得百姓的信賴和擁戴。倘若隨心所欲，權大於法，朝令夕改，有了「小信」，終失「大信」；失「大信」則失人心，失人心必失江山。可見，尊重法律，依法行事，任何人都不得凌駕於法律之上，於國於民實在是很重要的。

實際上，早在漢代，就有賢明的大臣提出：「法者，天子所與天下公共也。」

《史記・張釋之馮唐列傳》上說，有一次，漢文帝乘車外出，行至中渭橋時，突然有一個人從橋下跑出，使皇帝車駕的轅馬受了驚。於是，文帝命令警衛騎兵把那人抓來，交給廷尉查辦。

廷尉張釋之審問了那個人。那人自稱他是長安縣人，進城後聽說皇帝要來，禁止通行，就躲在橋下。過了好久，以爲皇帝已經過去了；可是一出來，剛好遇到車駕經過，就只好跑開。

張釋之根據案情，向文帝陳述判決意見：「根據律令規定，一個人犯了行人迴避車駕的禁令，判處罰金四兩。」文帝對這一處置頗不滿，生氣地說：「這個人驚了我的馬，幸虧我的馬性子馴順，假如是別的劣性馬，說不定就要翻車跌傷我了。可是廷尉居然只判處他罰金！」張釋之回答說：「法律是皇帝和天下人共同遵守的，現在法律條文就是這麼規定的，如果隨便更動，加重刑罰，那法律就不能取信於民了。要是皇帝當場派人把他抓住殺掉也就算了，現在既然交送廷尉處理，而廷尉的責任就是公正執法。如果身爲廷尉執法不公，偏向一邊，各地執法的人都會任意增減刑罰，人民就會無所適從。請陛下慎重考慮。」

漢文帝沈思很久後說：「廷尉的判決是對的！」

關於張釋之犯顏量刑執法的事，《史記》上還記載了一件：文帝時，有人偷盜漢高祖廟神座前的玉環，被捕獲。漢文帝大怒，將那個盜賊交給廷尉審理。張釋之按照偷盜宗廟器物

的法律給盜賊定罪，寫好奏章，奏明應當判處死刑。文帝大怒道：「百姓不守王道，才偷盜先帝高祖廟裡的器物。我囑託你辦案，是想讓你判他滅族之罪，可是你只是按一般的常法判決上奏，這不符合我恭敬承奉祖宗神廟的意願。」張釋之取下冠來叩頭謝罪，說：「依照法律判處死刑，已經到了極限。就是犯同樣的死罪，也要根據犯罪的輕重量刑定罪。現在偷盜宗廟器物就判他滅族之罪，只及罪名的萬分之一。假使愚頑的百姓盜掘高祖長陵的一把土，陛下又將怎樣對他用刑呢？」過了許久，文帝與太后經過商議，終於肯定張釋之的判決是恰當的。

漢文帝和唐太宗都是我國古代有名的賢君，君賢臣才直。中國古代雖也講法，但人治的色彩極濃，封建官吏中那些犯顏直諫、秉公執法者，並非都有張釋之、戴胄那樣的好結果。

賢君要有良臣輔佐，賢君也需賢后提醒。唐太宗就從長孫皇后那兒得益不少。明太祖是一個喜怒無常的人，他的皇后對他也有不少幫助，例如勸他不以喜怒加刑賞即為一例。

《明史．后妃列傳》上記載，明太祖有一次生氣的時候，要責罰宮人。皇后也假裝生氣，命令僕人把宮人捆起來交給宮正司論罪。太祖驚異地問：「你這是什麼意思？」皇后解釋說：「君主不應當憑自己的喜怒好惡獎賞或處罰臣民。因為您生氣的時候，容易產生偏差。如果交宮正官處理，那就可以處理得公平合理了。即使陛下要論處臣民的罪，也應當讓司法的官吏去辦。」太祖後來接受了皇后的建議。

個人的喜怒是變化的，法律都是固定的。執法需要冷靜、客觀、一貫。

重用公正執法之人

法乃天下之大信，帝王不可為小信而失大信。一些封建官吏為了維護封建統治，維護帝王及朝廷權威，總是力主秉公執法，做到法不阿私。前舉張釋之、戴冑就是這樣的正直官吏。《新唐書》上所載柳渾也是一個敢於頂撞皇帝、依法辦事的正直官吏。

據《新唐書．柳渾傳》載，玉工替唐德宗製作一根腰帶，不小心弄壞了帶上的一個飾物銙。玉工害怕，不敢上報，暗地買了一塊別的玉石補上。等到獻上玉帶時，唐德宗發現這塊玉和帶子上的其他的玉不一樣，提出究問，玉工立即承認自己有罪。唐德宗大怒，認為玉工犯了欺君之罪，命令京都府判處玉工死刑。宰相柳渾對德宗說：「陛下如果倉猝之中殺了玉工也就罷了，但是要把他交給主持刑獄的官吏審理，就必須詳細審理才行。依照法律規定，凡是因過失損壞了皇帝用的車馬用具和服裝之類，只應當處以杖刑，請求按法律論處。」這樣，玉工才免於一死。

帝王乃萬民之主，因權大無比，不免有心血來潮、以言代法的時候；大臣進諫，必然只

能曉之以理，動之以情，引經據典。聰明正直的官吏往往都是用「律者天下之大信」的道理來說服皇上。隋朝的趙綽勸阻皇帝濫施刑罰正是這樣。

趙綽，山西太原人。他爲人直爽剛毅。皇上因爲禁止不了盜賊，想用重法嚴刑。趙綽向皇上進諫道：「陛下施行堯舜之道，對人民應抱寬容饒恕的態度。況且法律是取信於天下人的，怎麼可以失信於人民呢！」皇帝欣然採納了他的意見。他對趙綽說：「要是再有什麼意見要說的，應當經常向我提出。」於是提升趙綽爲大理少卿。

這是開明的皇帝。皇帝的賞罰有如指揮棒，重用什麼人，提拔什麼人，就是一種無聲的命令。如果信任小人，重用貪官污吏，必然政治黑暗，法紀頹敗，人民遭殃；如果任用賢能，提拔秉公執法之臣，必將吏治清明，綱紀整肅，社會穩定。

春秋時期的楚莊王胸有大志，腹有良謀，成就了一代霸業。他執政時期就十分注意廣集人才，提拔任用執法之臣。

《韓非子．外儲說右上》載，楚莊王緊急召見太子。根據楚國的法令規定，乘車不能進入茆門。這一天下雨，宮院裡有積水，太子於是徑直趨車進入茆門。廷理說：「乘車不許進茆門，現在這樣是非法的。」太子說：「父王召見很急，不能等到積水退盡。」仍驅車直入。廷理舉起兵器打擊太子的車馬，毀壞了太子的車子。太子進宮向楚莊王哭訴道：「宮院裡滿地積水，我只好驅車進入茆門。廷理硬說這是非法的，用兵器來打我的車馬，擊壞了我的車

子，您一定要懲罰他。」楚莊王說：「前有年老的君主，他不肯越規辦事；後有繼位的太子，他也不去依附，令人尊敬啊！這才眞是我的守法之臣！」於是給廷理加爵二級。莊王讓太子從後門出宮，並且告誡他「不得再犯此法」。

我們可以設想，楚莊王如應了兒子的請求，懲處廷理，執法之臣反受打擊，違法之人得到庇護，那犯法者膽子會愈來愈大，而執法者心有餘悸，不敢秉公行事，其後果不堪設想。而重用直諫之臣、忠正之士，那麼朝廷內外就會形成一股正氣，執法者依法辦事，官吏百姓遵紀守法。歷史一再證明，一旦壞人當道，就會綱紀鬆弛，黑白顚倒，好人遭殃；一旦賢能之士得到重用，便會國泰民安，而那些奸佞小人也翻不起大浪。中國古代人治色彩極濃，即便是執法方面，皇帝個人的好惡、賞罰也是有重要導向作用的。

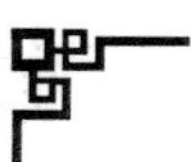

八、考察忠奸

佯作不知以試探對方

在古代社會，統治者和部屬之間、統治集團內部人與人之間是一種互相利用、互相猜忌、互相傾軋的關係。統御者為了自身的利益，創造了許多洞悉人心、考察忠奸的方法。《韓非子．內儲說左上》對君主如何看透臣下的心作了細緻分析。他總結出了好幾種察奸之術，佯作不知以試驗對方就是其中的一種。這種方法名之曰「挾智法」。

我們還是從具體形象的事例，來看看君主是如何「挾智」以「察奸」的。

有一天，韓昭侯故意把一片剪下的指甲握在自己的手心裡，假裝弄丟了。為了考驗臣下的忠誠老實，他下令說：「剪下的指甲如果丟失是不吉利的，無論如何你們今天也要找到指甲。」一言既出，身邊的侍臣們趕緊四下裡尋找，結果自然是一無所獲。韓昭侯再次下令：

「絕對不可能丟得太遠，肯定就在這附近，你們給我好好找！」有位侍臣為了邀功求寵，悄悄剪下自己的指甲交了出來，還煞有介事地說：「在這兒，我在這兒找到了！」韓昭侯心明肚知，他根本就沒有丟失什麼指甲；誰說了實話誰說了謊話、誰忠實誰奸滑，昭侯就這樣考驗出來了。

《韓非子》對這種稱為「挾智法」的察奸之術作了如下說明：

> 挾智而問，則不智者至；深智一物，眾隱皆變。

「挾智」就是雖然知道卻佯裝不知，實則是故意設個圈套讓人鑽。也就是「佯作不知而詢問，則得以明白不知之事；熟知一事，則得以明白其他隱晦之事」。如果使人覺察到君主的眞實意圖，臣下就會採取相應的對策。只有在對方毫無戒備、摸不著底細的情況下，才會顯露出本來面目。那個剪自個兒指甲交給昭侯的人，自以為聰明，實則誤入圈套還自認為得計，這正是「聰明反被聰明誤」。那種有小心眼兒、耍小聰明的人，實在是極愚蠢的。

「兵不厭詐」，看來這話不僅適用於軍事，把它用於君王的統御之術中也是頗為有效的。這種巧設圈套的「挾智法」在古代也常被用於斷獄破案，且屢有奇效。記得曾看過一則古代筆記，講的就是挾智斷疑的故事。一家財主丟了幾根金釵，懷疑是女僕偷了。斷案的人把幾個女僕召集到一起，發給每人一根竹簽，並說是誰偷了金釵，這竹簽就會自然變長。斷案人

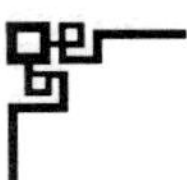

要女僕第二天交回竹簽。那個偷了金釵的女僕擔心自己的竹簽變長，便偷偷把它削短了。這樣等於不打自招，案件輕而易舉就破了。

宋人沈括《夢溪筆談》有則「陳述古祠鐘」的軼事，也是異曲而同工：

陳襄任建州浦城縣的時候，有人被盜了，抓到了嫌疑犯數人。陳襄便騙這些人說：「某廟有一口鐘，能辨別誰是盜賊，非常靈驗。」他派人將鐘運來放在閣樓後，予以祭祀。陳襄把眾嫌疑犯領到鐘前站著，讓他們自己表明心跡說：如果我不曾偷盜，手摸在鐘上就沒有聲音；如果我偷盜了，手摸在鐘上就有聲音。陳襄自己率領同僚屬下很嚴肅、虔誠地向大鐘祈禱。等祭祀完後，他讓人用帷幕把鐘圍住，又暗地裡讓人把墨塗在鐘上。過了好久，帶著嫌疑犯來，逐一讓他們把手伸到帷幕裡去摸鐘，手拿出來後加以檢驗，上面都有墨。只有一個人手上無墨，審問他，他就承認了自己是盜賊。原來，他是害怕鐘發出聲音沒敢去摸。

眞正聰明的人知道，沒有什麼「神鐘」。但作賊者心虛，眞正的盜賊便露出馬腳。看來，這陳襄還懂點犯罪心理學呢。

倒言反事以觀察動態

在封建專制時代，帝王手中掌握著生殺予奪的大權和全國的財富。上至皇親國戚，下至黎民百姓，哪個不想得到皇帝的庇護與照顧？因此，眞正肯「冒顏直諫」，觸動帝王「逆鱗」的人實在是不多的。戰國時期齊國的國相鄒忌很早就發現了這個問題，並現身說法，告誡齊王要虛懷納諫。鄒忌認爲，宮廷的后妃，無不偏愛大王；滿朝的文武，無不畏懼大王；四方的百姓，無不有求於大王。因此，大王是很容易受蒙蔽的。

正因爲如此，古代的政治家常有「知人知面不知心」之類的感歎。宋代史學家、政治家司馬光說：「知人之道，聖賢所難」；清朝康熙帝也說過：「知人難，用人不易，政治之道，全關在此。」爲了有效地瞭解臣下對自己的忠誠程度，帝王常常使用種種手段來測試他們的忠心。上一節講的「挾智法」便是一種忠誠考察術。此節再說一種忠誠考察術——「倒言反事」。

「倒言反事」也是韓非子總結出來的君主權術之一。所謂「倒言反事」，簡單說就是帝王故意講一些不對的話，做一些不對的動作，以此來觀察臣下的動態，辨別忠佞。據《韓非

子‧內儲說》載，燕國曾經有一位官至相國的人物，名叫子之。有一次，他正與部下交談，突然說：「剛才從門口跑出來的是匹白馬嗎？」顯然，這是謊言。「沒有，沒有什麼馬跑出來呀！」「沒有看見呀！」大家異口同聲地加以否認。但是，其中一位卻走到門外，又回來報告說：「確實有一匹白馬跑了出來。」子之由此知道左右誰是不誠信的人。

明朝俞林編寫的《經世奇謀》上，也有一則「用相反意見測忠誠」的故事：曹魏的侍中劉曄，說話處處迎合魏王曹睿，深受曹睿重用。有人對曹睿說：「劉曄講話不盡忠誠，只是善於窺探陛下的心意，故意迎合罷了。陛下可以用以心意相反的意見問他，他的回答如果和陛下的說法相反，那劉曄的心意就與陛下相合。如果每次問話結果都一樣，劉曄的本意自然看得出來。」曹睿依計而試，果然測出了眞相。

大家熟悉的武則天，也曾用此法考驗朝臣。某年秋天，當政的武則天拿出一枝梨花來給宰相們看，——梨樹一般是七到十月結果，按常理秋天不該有花的——絕大多數人都說這是上天爲武後治國清明而降下的祥瑞，只有一個名叫杜景儉的宰相說：「這花開得不是時候，是我們做臣子的有過錯所致，不是什麼好兆頭。」武則天誇獎他說：「你才是眞正的宰相啊！」

武則天不愧爲女中英主，她並不爲諂媚所惑，反而對誠實直言者給予鼓勵。這種「倒言反事」之術，既可用於皇帝對臣子的檢測，有時也被野心家的陰謀利用，「指鹿爲馬」便是

一個典型例證。

秦二世三年（西元前二〇七年），秦軍的主力被項羽殲滅，秦軍大將章邯等向諸侯聯軍投降。執掌秦王朝大權的趙高眼看秦朝即將滅亡，便陰謀殺死秦二世胡亥。爲了測試大臣們是否聽命於己，趙高弄來一頭鹿獻給二世，說是一匹好馬。二世見了，笑道：「丞相弄錯了，這是一頭鹿，怎麼說是馬呢？」並問朝中大臣自己說得對不對。大臣有的裝聾作啞；有的說是馬，以討趙高歡心；只有少數大臣說是鹿。事後，趙高找種種藉口，將那些說是鹿的大臣一一作了處置。從此，滿朝大臣都不敢與趙高作對了。不久，趙高就下手殺了秦二世。

如此奸詐，如此跋扈，史所少見。不過，歷史上像趙高這樣「倒言反事」以考驗下屬者，也並非絕無僅有。史載，西漢初年，匈奴頭曼單于的太子冒頓企圖殺死自己的父親，取而代之。他常常和自己的部下一道練習騎射，並立下一條軍令：「凡是我射的目標，你們一定要跟著我射，不從命者斬首。」接著，冒頓先後以射殺自己喜愛的戰馬和愛妾來測試他的部下是否服從他的命令。他如願以償，把自己的部下訓練得唯己是從，終於在一次打獵中，他向自己的父親頭曼射了一箭，他的部下隨之萬箭齊發。冒頓就這樣殺死了頭曼，自己當上了匈奴王。

古人這種「倒言反事」，實際上是一種「圈套測驗」，一種「忠誠考察」。這種手段，實際上有點不擇手段的味道。因此，對於這種詭詐性的測驗法，有些較爲正直的君主不大喜歡運

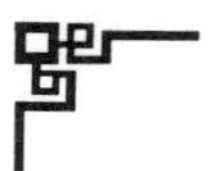

用。因爲老是這樣眞眞假假，將會弄得大臣人人自危，帝王反而會失去人心，不好駕御。一次，有人提議唐太宗斥免朝中佞臣。唐太宗問那人究竟誰是佞臣，那人說我也不知道，請陛下在和大臣議政時，假裝發脾氣測試一下，凡固執不屈的，就是直臣；反之，就是佞臣。太宗不以爲然，說：

> 君，源也；臣，流也；濁其源而求其流之清，不可得矣。君自為詐，何以責臣下之直乎！朕方以至誠治天下，凡前世帝王好以權譎小數接其臣下者，常竊恥之。卿策雖善，朕不取也。

唐太宗的話，道出了明主賢臣關係的眞諦：相互信任，以誠相見。說到這兒，我們不覺想到了一些戀愛中男女的悲喜劇。從報刊中常看到，一方爲了考驗另一方的「忠誠」，想方設法施出種種計謀，不惜「倒言反事」，設置圈套，一旦眞相大白，好好的鴛鴦卻成了怨家。唐太宗的話實在是値得玩味咀嚼的。

誠實無欺者提拔重用

其實，唐太宗也曾有過以「權譎小數接其臣下」的打算，也就是想設個圈套考驗一下大臣。事情是這樣的：唐太宗擔心手下的官吏受賄枉法，就秘密派自己的左右心腹去賄賂官員，如果有哪個收下了，就處罰他，——這種手段，隋文帝也使用過——打算以此來肅清吏治。戶部尚書裴矩反對此法，他說：「做官的受賄枉法，當然有罪；但陛下故意派人去賄賂官員，這是陷人於法，恐非導人爲善之法。」太宗這才打消了這個念頭。裴矩還因此得到了嘉獎。

帝王用人，首先是看其對自己是否忠誠，才幹還在其次。古之《周書》有「六徵」之說，即鑒別人才的六種方法，而列於首位的是「觀誠」。所謂「觀誠」，就是鑒別人才的道德、品質、情操。縱觀歷代帝王用人，無不把臣子的「誠實」放在重要地位。誠篤無欺、忠心耿耿者，往往得到提拔和重用。正史野史上這類記載實在不少。

北宋時有一個名叫晏殊的人，未成年時，被一個官員推薦到朝廷。正巧趕上皇帝親自主持的殿試，他獲得了參加考試的機會。晏殊一見試題，就說：「我十天前已做過這個賦，賦

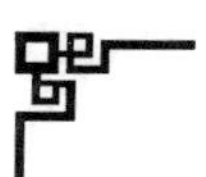

作的草稿都還在，請皇上另外出題。」皇帝非常喜歡他的誠實坦率。

等到晏殊在史館任職的時候，天下太平無事，皇帝允許臣僚挑選遊覽勝地進行宴飲。當時侍從文館士丈夫各自舉辦宴飲集會，以至於市樓酒店，往往都供帳作爲遊玩娛樂的住處。晏殊當時還比較貧困，不能出門，便留在家中，與兄弟一起讀書。

有一天，朝廷挑選輔佐太子的官員，忽然從宮中傳出眞宗皇帝的御批，授官晏殊。宰相和吏部等執政官員不明白皇帝這一決定的依據。第二天，執政官晉見眞宗回稟。眞宗皇帝告訴他們說：「近來聽說館閣臣僚，無不嬉戲遊樂，宴飲無度，常常夜以繼日。只有晏殊閉門不出，與兄弟讀書。這樣謹厚的人，正適合擔當輔佐太子的職責。」

晏殊受命後去見皇帝，眞宗皇帝對他說明了授官的緣由。晏殊卻回答得非常質樸、老實。他說：「我不是不喜歡燕遊，只是因爲貧困沒法參加。如果有錢我也會去的。」皇帝聽罷，不僅沒有責怪，反而更加讚賞他的誠實，愈發愛惜重視他。後來，晏殊官至宰相。

誠實無欺，是最讓人信賴的。宋眞宗看中的，正是晏殊的忠誠、樸實。像晏殊這樣誠實無欺者歷代都不乏其人。南宋時就有這麼一件事：

南宋孝宗皇帝曾經禁止各司官吏在非規定的時間內聚在一起，因爲衆人在一起聚談閒聊，往往影響該辦的公務。一天，有人引進一位方士到部中，同僚們因而聚在一起談論命運。第二天，皇帝責問大臣爲何違背禁令，官員們十分難堪，都千方百計尋找託辭爲自己辯

白。只有李安國回答說：「據實以告，過失小；欺君，罪反而更大。」因而他援引北宋大臣魯宗道上街市飲酒不隱瞞皇帝的故事，據實稟報，引咎自責。同僚們也都跟著這麼做。過不多久，這件事算是平息了下來。而三天後，李安國由郎中破格晉升為吏部侍郎。

可見，真誠實在，不欺不詐，此種處世方法可說是大智若愚，大巧若拙。誠實中蘊藏著人生的智謀；誠實對他人來說，往往具有一種不可抗拒的魅力。而從帝王的角度說，考驗下屬是否誠實，獎賞重用忠誠之人，又是一種很重要的統御之術。

逐一而聽以辨別智愚

如何識別賢愚與忠奸，戰國時期的韓非子總結出了所謂「一聽法」，用以識破隱蔽在群體之中的「濫竽充數」者。他認為「不一聽則智愚不分」，這就是說，若不一一聽取每個人的意見，則都混於眾人之中，不能察知每個人的能力。《韓非子．內儲說》講述了一則寓言以為例證：

齊宣王使人吹竽，而喜愛合奏，並得到豐厚俸祿。宣王死，湣王繼位。新王不喜聽合奏，命樂人們獨奏。南郭處士迅即逃亡。

這種方法，不一定僅僅限於「分別聽取各個人的意見」，而往往伸發為個別利用，互相牽制。後世帝王廣設特務奸細，監視朝廷內外大臣；又讓大臣之間相互監視，而皇帝居高臨下，洞若神明，玩群臣於股掌之間。這實在是戰國時期「一聽法」的「發揚光大」了，可謂青出於藍遠勝於藍。

早在三國時期的曹魏、孫吳，南北朝時期的北魏，就已在政府機構中設有專事偵察、刺探大臣的官員。而明朝用以監察衆人的錦衣衛、東西廠更是羅網遍天下，無處不在，無孔不入。

明代曾流傳過這樣一個故事：朱元璋時，有個叫錢宰的被調去爲皇帝編書。某日罷朝回家，錢宰吟了一首詩，其中兩句是「四鼓鼕鼕起著衣，午門朝見尙嫌遲。」次日上朝，朱元璋對他說：「你的詩作得不錯，但我並沒有『嫌』你遲，何不改用『憂』字？」此人嚇得連忙磕頭謝罪。

皇帝的耳目無處不在，對臣子的言行瞭如指掌，到這份上，大臣敢不俯首聽命？另一故事說，一位巡撫、總督之類的大臣，身邊有個服事多年的老僕人，供事極聰明、勤快，主人對他也極其信任。某日，僕人突來辭任，主人極力挽留，並堅問辭去的原因。原來，老僕乃皇上密派的坐探，凡主人一切行止、私事均要向上司報告，因主人廉潔，善待下人，所以他的報告也很切實公道。現在上司認為不必再繼續監察了，便將「老僕」（密探）召回，另委重

任。主人聽了，驚奇不已，不料多年來參與自己公私生活的竟是一個坐探，不覺嚇出一身冷汗，極爲害怕。

清代，也有類似的傳聞：某大臣下朝後，邀了幾個朋友一起玩葉子戲——即後來的麻將牌——忽然少了一張牌，只得罷休。次日上朝，雍正皇帝問他，晚上常常以什麼爲娛樂，昨天晚上玩了什麼。那人以實相對。雍正笑笑說，你是個老實人。說罷，拿出一件東西給他——正是昨天晚上少掉的那張牌。

有這樣的皇上，臣子敢不老老實實嗎！不過，君臣關係到這份上，也不是什麼好事。互相猜忌，互不信任，君臣彼此提防，又何談同心同德！

雍正皇帝曾這樣說過：「不敢輕信人一句，乃用人第一妙訣。朕從來不知疑人，亦不知信人。可信者乃伊自取信，可疑者乃伊自取疑。」這個雍正皇帝還有更厲害的一手，就是讓大臣們互相監視，這樣，人人都自以爲是皇帝的親信，人人又都始終處在皇帝的監視之下。

例如，雍正命署理廣東巡撫傅泰暗中訪察廣東布政使王士俊，傅泰報告說：王士俊「才具練達，辦事勤敏，於藩司之職，頗稱勝任。但觀其舉動言論間，似有自得自矜之意。」同時，雍正又讓王士俊秘密監視傅泰，某次，他在王士俊的報告上批道：「傅泰識見甚不妥協，汝意以爲何如？其操守若何？居心立志若何？辦事之才若何？統率屬員公私明暗若何？秉公抒誠據實奏聞。」王士俊覆奏道：「傅泰胸無定見，毫無可否。偶有議論，亦屬平平。

……訪聞粵海關新充書辦陳炳文、范九錫、潘棟、高維新、柳大本五名，傅泰每名各得銀三百兩，方准入冊。──傅泰之操守臣未敢信其廉潔也。」到了這一步，大臣們的一舉一動全在帝王的「洞燭」之中，是奸是忠，是賢是愚，也眞可「驗之」了。

說罷「一聽法」，這裡再順便說說韓非子總結出的另一種「忠誠考察術」──「反察法」。

《韓非子》中載：「事起而有所利，其尸主之，有所害則反察之。」意思是，如果發生某種事件，起主要作用的是因此受益之人。在有人被害的情況下，也可以據此推測是因此而受益者所爲。《韓非子》中記載了這樣的事例：

韓喜侯入浴，浴場中發現小石子。韓喜侯喚來近侍詢問：「負責浴室的官員一旦免職，其繼任者確定了嗎？」「是的，確定了。」下屬回答道。喜侯說：「召他到這兒來。」待被召之人來到，韓喜侯嚴厲地責問他：「爲什麼往我的浴盆裡投放石子呢？」那人無法隱瞞，招認說：「負責浴室的官員被免職，我就可以取而代之。所以，才……。」

這個韓喜侯確實有兩把刷子。他察奸，不限於主觀的分析，而是站在對手的立場上尋找其動機。這的確是識破、駕馭對手的一種有效方法。

對主子不忠者不能信用

如何看待和使用敵方的忠臣、叛逆，是個饒有趣味的問題。有眼力、有氣魄的君主都十分注意爭取敵方忠臣，使其爲我所用，進而成爲自己的忠臣。爲了爭取這些過去是自己對手的敵方忠臣，帝王常常要拋開一些個人的私怨。這樣的例子確有不少。

齊桓公信用的管仲在爲桓公的政敵公子糾盡心時，曾差點射死當時還是公子的桓公；後涼呂纂發動政變上臺，善待在政變中差點斫下自己頭顱的齊從；前涼宋混執政，把過去爲政敵賣命差點刺死自己的玄臚用爲心腹。

而這些幡然易節的忠臣也大多不隱瞞自己過去爲故主盡心，呂纂曾問齊從：「你斫我這一刀，怎麼這麼厲害？」齊從答道：「陛下雖然應天順人，但我當時並不知道，只是唯恐陛下不死，還說不上厲害呢！」宋混問玄臚：「你當時刺了我一槍，現在我有權了，你不怕我報復嗎？」玄臚說：「我過去受張瓘——即宋混的政敵——的重恩，唯恨刺你不中，現在也沒有什麼可怕的。」唯其如此，才更見得他們的忠心。

一個人對主子忠心耿耿，死心塌地，這樣的敵方忠臣不易征服；一旦他歸順了，同樣地會成爲一介忠臣。相反，那種「身在曹營心在漢」、唯利是圖、有奶便是娘的不忠之臣，極易爲我所用；一旦收入帳下成爲自己人，以後也很容易「反水」，這種不忠之臣、無行之人最終是靠不住的。

忠臣佞臣質不同。戰國時期，有位大臣對秦惠王講了一個故事，很有意思，耐人尋味。故事是這樣的：

楚國有一個人娶了兩個太太。有個人去挑逗那個年紀大的，年紀大的就罵他，怒目相向，他根本就靠不攏去；他又去挑逗那個年少的，沒幾次他就和年少的勾搭成姦了。過了沒多久，那兩個女人的丈夫死了，有個客人就問那個獵豔者：「如果讓你二者選一做老婆，你是娶年長的，還是娶年少的？」那人沒加思索便回答說：「娶年紀大的。」客人說：「年紀大的罵過你，年紀小的和你相好過，爲什麼反而要娶年紀大的呢？」那人的回答實在是妙：「在別人那裡，當然希望她順從我；如果成了我的老婆，自然希望她爲了我而罵別人啊！」

這夫妻關係頗有點像君臣關係。君王最看重的，往往是臣子的忠誠與操行。叛徒大都沒有好下場，一個重要原因是他們不能讓人信任，不能讓人放心使用。他既然可以背叛從前的主子，也完全可能背叛現在的主子。就像那個小妾，終究是靠不住的。

越王勾踐臥薪嘗膽、報仇滅吳的事是人們都熟悉的，而他在滅吳之後誅殺吳相伯嚭的事

卻知者不多。按理說，勾踐滅吳後應獎賞伯嚭的，因爲勾踐首先買通了貪財的伯嚭，使其爲己所用；他的計謀實施成功，可說多虧了伯嚭的幫助和配合。可是伯嚭並沒有什麼好下場。

吳國兵敗，吳王夫差被困於陽山，最後自殺身亡。越王勾踐進了姑蘇城，坐在吳王夫差的朝堂上。謀臣范蠡、文種和別的文武大臣都來朝見他。吳國的相國伯嚭也挺得意地站在那兒，自以爲是有功之臣，等著受封。勾踐對他說：「你是吳國的太宰，我哪兒敢收你做臣下呀！如今你的國君在陽山，你怎麼不去呀？」伯嚭聽了這話，低著腦袋，垂頭喪氣地退了出去。勾踐派人追上去，把他殺了。

伯嚭的遭遇類似前面說的那個小妾。歷史事實往往是這樣：帝王在取天下時，要充分利誘、利用對方的不忠之臣，暗中給予金銀財寶，還有美女等，許以高官厚祿；但在治天下時，帝王們卻看不起那些「背主求榮」的人，反倒要獎勵過去敵方的忠臣。

就說清朝吧，統治者在江山穩固之後，就專門編纂了《勝朝殉節諸臣錄》，用以表彰明末忠臣；另外又下令國史館把原先投降自己的明代降臣統統列入《貳臣傳》，其中既投清朝，能一心歸順的，入「甲編」，降清後又「首鼠兩端」、態度不堅定的，則入「乙編」。

有看透帝王此道的人，也就用很圓滑的態度來對付他們：燕王朱棣在靖難戰爭中，曾圍攻某城，朱棣要守將投降，守降對他說：「我現在是建文帝的臣子，不能背叛主子；將來如果您當了皇帝，只要來一張白條子，我馬上就聽您的，決不食言！」朱棣竟因此解圍而去。

明辨忠奸而扶正去邪

才幹和忠誠，是封建帝王用人的兩個主要標準。就才幹和忠實的「透明度」來比較，才幹易知而忠誠難測。有無才幹，用實際工作一試便知，而是否忠誠，則一下子很難看出。古人有「大奸似忠，大佞若誠」一說，正是說明忠奸難辨。而對許多帝王來說，忠心比才幹更重要。正因此故，皇帝們挖空心思想盡種種辦法，測試臣屬之忠奸。前舉一些方法，有的可取，有的則不足效法。

其實，早在春秋戰國時期，除韓非以外，還有不少政治家、思想家都對忠奸問題作過深入探究，有不少很有價值的見地。

管仲認爲，是明辨忠奸，還是以奸害忠，是用人中的一個大問題。他說：「吝於財者，失所視；信小人者，失士。」可見，忠與奸、士與小人是不可並存互容的。而如何才能認清奸人，防止他們冒賢以至害賢呢？管仲提出了以下幾條措施：一是對那些誹謗賢能、稱譽壞人的人，切不可讓他們擔當大事，否則就會招致禍患。二是絕對不能聽信四種語言，即「佞言」（花言巧語）、「諂言」（阿諛奉承）、「囚言」（威赫恐嚇）、「讒言」（說人壞話）。說這

四種話的自然是奸邪小人。三是「釣名之人無賢士」。管子說：「釣名之人無賢士焉……賢人之行其身也，忘其有名也。」（《法法》）因爲賢能之士是不會沽名釣譽的，所以沽名釣譽者一定不是賢能之士。這樣就有了區分忠奸的基本標準。

著名思想家孔子對「君子」和「小人」的區別也有所研究。在孔子的人的概念中，有「聖人」、「賢人」、「仁人」、「惠人」、「惡人」、「佞人」、「君子」、「小人」之分，而關於「君子」與「小人」的區別論之尤詳。比如他說：「君子和而不同，小人同而不和」，即「君子」可以和諧相處，但不苟同別人的意見，而小人可以屈從別人的意見，但和人很難相處。「君子不可小知而可大受也，小人不可大受而可小知也。」即「君子」不可以用小事考驗但可擔當重任，而小人不可擔當大事但可用小事考驗。孔子還認爲，君子容易共事而難於取悅，而小人容易取悅卻難於共事。這些看法都是閱世之見、經驗之談，充滿睿智和啓迪。

到了晏嬰，更是明確提出了「扶正去邪」的主張。據史書記載，齊國君臣多次和晏子討論「君子」、「正士」的行爲特徵。一次，叔向問道：「正士之義，邪人之行，何如？」晏子答道：「正士處勢臨衆不阿私，行於國足養而不忘故；通則事上，使恤其下，窮則教下，使順其上；事君敬禮行忠，不正爵祿，不用則去而不議。其交友也，論身議行，不爲苟戚，不同則疏而不誹；不毀進於君，不以刻名尊於國。」（《晏子春秋》）這意思是說，所謂正士，在得勢有地位時，不循私情，不忘故友。在高位則勸君王體恤下情，處困境則教人民服從君

王。侍奉君王應盡禮節，奉忠心，不爭待遇，不用自己則自行離開而不發牢騷。交朋友時應考慮對方的爲人言行，不能馬馬虎虎，如果不合心就早點分手而不要說人家壞話。不靠誹謗別人求得升官，不用刻薄人民獲取高位。這就是「正士」的主要表現，而「邪人」恰恰與此相反。

正因爲晏子的用人思想中「正」「邪」分明，所以，他多次向齊景公提出斥逐「邪人」。比如，齊景公問晏子自己爲何不能稱霸時，晏子說：「今君左爲倡，右爲優，讒人在前，諛人在後」（《晏子春秋》），怎麼可能稱霸呢？這裡的讒諛之人就是指奸邪小人。又如，他批評景公說：「爲君，厚藉斂而託之爲民，進讒諛而託之用賢，遠公正而託之不順，君行此三者則危。」（《晏子春秋》）其中就批評了景公聽信奸臣的讒言而聲稱爲用賢，也是指責景公信用「邪人」。

說到晏子的忠邪之辨，我們又爲這位傑出政治家、外交家的生不逢時、明珠暗投而惋惜。宋人蘇轍在《晏子傳論》中就曾慨歎：「晏子事靈、莊、景公，皆庸君，功業不足道，使晏子而得君如管仲之於桓公，其所成就，當與鄭子產比耳。」

看來，能否明辨忠奸，扶正去邪，還不只是帝王個人的願望問題，關鍵還在於帝王要有胸懷，有氣魄，有識見。明君愛賢臣，英雄識英雄。愛什麼人、用什麼人，實則是事關國家興衰的大問題。

任賢用智要善始善終

馬基雅維里曾經說過：「人們關於一個君王及其見識的第一個印象，就是由看他周圍是些什麼人物而來的；如果這班大臣是能幹而忠實的，那麼這位君王便被認作明君，因爲他知道怎樣去認識能者，懂得怎樣去使他們效忠。如果這班人是既不能幹又不忠實的，那人們對這位君王便不能有好的印象，因爲在選用人材方面他已犯了第一個錯誤了。」

可見，才幹與忠誠也同樣是西方帝王所關注的。事實上，君王任用小人，遠不限於影響君王的形象，它更直接危及君國的安危。對此，我國唐代著名賢臣魏徵有很深刻的認識。魏徵借管仲答桓公問說明小人的危害：

桓公曰：「如何而害霸乎？」管仲曰：「不能知人，害霸也；知而不能任，害霸也；任而不能信，害霸也；既信又使小人參之，害霸也。」（《貞觀政要・誠信》）

意即小人的危害，不僅僅是生活瑣事的搗亂，而且會導致霸業的傾覆。魏徵認爲，即使沒有能力的好人也比有能力的小人強，即「若知其善，然後用之，設令此人不能濟事，只是

才力不及，不爲大害。誤用惡人，假令強幹，爲害極多。」（《貞觀政要·擇官》）魏徵這種德重於才的觀點，對我們今天「德才兼備」更偏於德的用人觀仍有影響。

至於如何區別君子與小人，魏徵提出了有別於管子、孔子、晏子的辨別方法。他認爲，君子和小人表面上一樣，心理上不同，表現在行爲特徵上就是：君子掩蓋別人的短處，宣揚別人的長處，遇到艱險不馬馬虎虎地躲避，即使死了也要維護正義；小人不以不仁爲恥，不以不義爲懼，甚至危害別人而保全自己，不顧一切地追求私利。

爲此，魏徵提出了如何處理君子和小人關係的原則，即「若欲令君子小人是非不雜，必懷之以德，待之以信，厲之以義，節之以禮，然後善善而惡惡，審罰而明賞。」（同上）

分辨君子小人是第一步，第二步應是扶善抑惡，信任、重用賢智之士，既要知人，又要知而能任，任而能信，並且「不使小人參之」。唐玄宗初年，就是放手用賢的。他任用德才兼具的姚崇爲宰相。姚崇精明能幹，提出抑制權貴、虛心納諫等許多治國良策。唐玄宗對他也非常信賴，幾乎每件大事都要和他商量。有一次，姚崇就一些低級官員的任免事項向唐玄宗請示，連問了三天，玄宗都不理睬。姚崇以爲自己辦錯了事情，慌忙退了出去。在一旁的高力士勸玄宗道：「陛下即位不久，天下大事都要由陛下決定。大臣奏事，妥與不妥，都應表明態度，怎麼連理也不理呢？」唐玄宗說：「我任崇以政，大事吾當以決，至用郎吏，崇顧不能而重煩我邪？」（《新唐書·姚崇傳》）這番話，雖然是批評姚崇用小事麻煩他，實則是放權於姚崇讓他敢於任事。後來姚崇聽了高力士的傳話，就更加放手處理政事了。史載姚崇「由是進賢退不肖而天下治」（同上），「開元之治」的繁榮景象便逐漸形成了。

可惜，唐玄宗後期，卻任用奸臣李林甫、楊國忠之流，奢侈荒淫，沈湎酒色，終於導致了安史之亂，使強盛的唐王朝從此一蹶不振。所以，《新唐書・玄宗本紀》說他：「方其勵精政事，開元之際，幾致太平，何其盛也！及其侈心一動，窮天下之欲不足為其樂，……至於竄身失國而不悔。」這一選賢用能善始未能善終的歷史教訓，實在是很深刻的。

善其始未能善其終者，春秋時期的齊桓公也是一個典型。我們曾說過，他因信任、重用賢明而有才幹的管仲為相，成就了輝煌的霸業；可是他在管仲死後，不聽管仲遺訓，任用豎刁、易牙、開方這三個小人，結果自己死得很淒慘，國家自然也混亂衰敗了。

豎刁、易牙這兩個小人前面已講過，此處再說說開方。這個開方也是個善於逢迎獻媚、偽裝忠誠的人。開方知道桓公好色，就向桓公推薦衛懿公的女兒如何貌美，說得桓公想立即娶來享受其歡。桓公先後娶懿公的兩個女兒為妾，開方也因此而得到了桓公的寵愛。

齊桓公被豎刁、易牙迷住心竅，昏昏然，最終換來的是可悲的結局。他直到臨死前才醒悟，可是為時已晚。朱元璋曾說：「賢才，國之寶也。」許多歷史事實都證明：識別忠與奸、賢與不肖實則是君王之道第一要務；而識人是為了用人，用賢又貴在持久。持久用賢，必將國富民強。而有始無終，必將前功盡棄。

【軍事謀略篇】

攻守韜略
敗戰計謀
用間與離間
道義與謀略
選擇與取捨

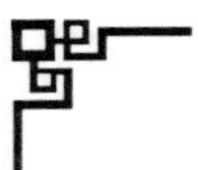

一、攻守韜略

利而誘之，引敵上鉤

——「利而誘之」作爲一種計謀，見於《孫子兵法》。孫子認爲，在作戰之前或作戰時，要針對敵方的貪利心理，施以小利，故意顯示出某種弱點或破綻，讓其嘗點甜頭，使敵人誤認爲有利而陷入不利的境地，從而使自己掌握主動，順利戰勝敵人。

通過利誘，引敵上鉤，春秋戰國時期這方面的例子還眞不少哩！大家所熟悉的假道伐虢，就是有名的戰例。而鄭國的世子忽和齊僖公，也曾運用利誘法，大敗過北戎。這裡，我們說說楚隨之戰中的用計。

西元前七〇六年，即魯桓公六年，楚武王侵隨，隨國派大夫少師來與楚結盟。這個少師是個誇大侈狂之徒。楚王採納了楚大夫斗伯比的計謀，將精兵強將隱藏起來，而將老弱之兵

列隊，讓少師檢閱。少師狂妄自大又頭腦簡單，果然認爲楚軍弱不堪擊，回國請隨侯與楚王開戰。

桓公八年（西元前七〇四年），楚隨兩軍戰於速杞。依楚國習慣，楚王在左，左軍必強。隨大夫季良請隨侯令隨軍攻楚右軍，右軍乃楚弱點所在，如楚右軍敗，左軍也會隨之而敗。但少師說：「如不攻楚王所在的左軍，就是不敢與楚爲敵。」隨侯聽從少師之言，攻楚左軍，結果隨軍大敗。

這場爭戰中，楚國巧施「示弱法」，讓對方覺得有利可圖，因而輕易上鉤。如從「利誘」的角度說，楚王只是給了對方獲利的希望，是假想之利，而沒有給什麼實際好處。在多數情況下，利誘法是要實實在在給對方一點好處的。常言說，捨不得孩子打不了狼。要想獲大利，就得捨小利，先投資一點。當然，這種「給予」與最終的「獲取」相比，實在只是微不足道的。

《韓非子．說林下》記載了一則「愚人誤國」的寓言故事，說的是晉國的執政官知伯要去攻打接鄰的仇由國，因道路艱難阻塞無法行軍。若派兵劈山開路，又會暴露軍事企圖。於是，知伯心生一計，他先鑄造一口貴重的大鐘，贈送給仇由國君。仇由國君非常高興，準備開闢道路，迎取這口大鐘。這時，他的大臣赤章曼枝諫議說，這種事不同尋常，贈送貴重的禮物，一般都是小國服侍大國的作法，現在一反常態，大國給小國送重禮，其中必然有詐，

我們萬萬不可接受。可是仇由國君不聽忠言，執意接受晉國贈送的大鍾。赤章曼枝見形勢不妙，悄悄跑到齊國去了。七個月後，仇由國君果眞嘗到了苦果——晉國發兵滅了仇由。

《百戰奇法．利戰》云：

凡與敵戰，其將愚而不知變，可誘之以利。彼貪利而不知害，可設伏兵以擊之，其軍可敗。

可見，「利而誘之」也是有條件的，要看對象。對那些目光短淺，愚蠢狂妄的貪利之人，抛點誘餌，便可使其上鉤，而對於胸有城府、不貪不愚之敵，就不可輕用此謀。但是，從心理學的角度講，任何人都是趨利避害的；而任何戰爭，莫不是爲了各自利益。因此，聰明的軍事家總能誘敵以利，只是要更高明，更有藝術性，誘敵時因人而異，因時而異，靈活變通。

戰國初期的吳起，就是一個擅長利誘的軍事謀略家。他執掌魯軍帥印以後，認眞分析了當時魯國與其主要敵人齊國的形勢和力量。面對齊強魯弱的實際情況，吳起認識到不能與來勢凶猛的齊軍正面接觸，死拚硬打，而應採取迂迴的、以虛避實的戰略戰術。爲了麻痹齊軍，他首先擺出了一付軟弱怯戰的樣子，派使者去齊國表示求和談判；與此同時，又抓緊時間部署自己的兵力。他用兵神奇，出敵不意地把老弱殘兵放在中軍，卻把精銳的部隊隱藏在

兩翼，乘齊軍未摸清情況、鬆懈不備之時，突然從兩翼發起猛攻。齊軍始料不及，倉促應戰，一觸即潰。魯軍大獲全勝。

戰場上，是力與謀的較量，也是利與害的權衡。有其利必有其害，反之亦然。但利有大小，害有輕重，必須全面考慮，詳加權衡。利大害小方可行，利小害大則不爲。孫子說，「智者之慮，必雜以利害。」強調在軍事行動之前，愼重分析利害，考慮得失，不做賠本買賣。當然，利與害、得與失有時也是互相轉化的。這是軍事辯證法，而運用辯證法，其要義在於具體問題具體分析，一切從戰爭實際出發。

創造條件，把握時機

敵我雙方的爭鬥較量中，是攻是守，是進是退，都需要根據雙方的實際情況而定。要克敵制勝，必須創造有利條件，把握有利時機，條件不具備而盲目進攻，時機不成熟而冒險行動，都必然導致失敗。

春秋時期，吳王闔閭計破強楚，成就霸業，成功的一個重要原因就是條件和時機把握得很好。

吳國原來是楚國的屬國，後來逐漸強盛，與楚國不斷發生戰事。闔閭做吳王後，很想打敗當時還十分強大的楚國，成爲諸侯霸主。爲此，闔閭重用楚國逃到吳國的謀臣伍子胥、伯嚭及伍子胥推薦的孫武等，盡力利用他們瞭解楚國各方面尤其是軍事方面的情況。

吳王闔閭三年（西元前五一二年），闔閭與伍子胥、伯嚭等率兵攻打楚國，占領了舒（今安徽廬江西南）。闔閭想繼續進攻，占領楚都郢（今湖北江陵西北）。他就此計畫和謀臣們進行商議。孫武獻計說：「現在吳國的民衆太疲勞，不能對楚發動大規模進攻，還需要等待有利的時機。」伍子胥很熟悉楚國情況，他提出一個方案：先疲敝楚國，給楚國製造錯覺，然後再打。

衆人拾柴火焰高，人多計謀多，考慮問題周全。闔閭廣泛聽取謀臣意見，採納其合理建議。他沒有急於求成，發動總攻，而是派兵襲擊楚國的夷、潛、六、弦等地，忽南忽北，時東時西，「游擊」騷擾了五、六年，鬧得楚國疲憊不堪，又弄不清吳國的眞實意圖。這就爲吳起軍大舉攻楚創造了十分有利的條件。

就當時的綜合國力來說，仍是楚強吳弱，因此聯合他國，把握時機顯得十分重要。闔閭九年秋季，楚國圍攻蔡國，蔡國求救於吳；唐國成公也因被楚國令尹索賄並被扣留了三年才放回，想聯合吳、蔡進攻楚國以報怨仇。這實在是個好機會，吳王豈肯放過。

當時的蔡、唐兩國在楚的北面，這兩個小國原是楚的附庸國，因而楚國北部防禦較弱。

而吳國已占領了州來、居巢、鍾離（今安徽境內）一些地方，可達於蔡、唐。因此，吳國出兵繞過大別山，沿淮水進入蔡國，由蔡國突進到楚國的北、東部發動進攻，比正面突擊楚國防禦較強的南部要有利得多。

吳國君臣統一了意見後，便於冬天遠征楚國。闔閭任統帥，以伍子胥、孫武為將，率軍沿淮河西進攻楚。吳軍在蔡、唐兩國的嚮導、協助之下，迅速通過楚國北部的大隧、直轅、冥阨三個重要關口，直趨漢水。楚軍匆忙應戰，在漢水右岸組織防禦，內部意見不一。柏舉（今湖北麻城東北）一戰，吳軍大敗楚國。吳軍又乘勝追擊，五戰五捷，直搗楚國都城郢，大獲全勝。

闔閭率軍突襲楚國，一方面表現了他作為軍事家的超人的膽魄，另一方面又表現了他作為謀略家的遠見卓識。吳軍迂迴三關，「千里躍進大別山」，奇襲強楚，連戰皆捷，創造了春秋軍事史的奇蹟。吳王之舉看似冒險，恰恰最安全；看似偶然，其實內含必然因素。知己知彼，避實擊虛，團結友邦，選準時機，這樣取勝的可能性自然很大了。

條件與機會對戰爭來說都至關重要。條件要靠人創造；機會要耐心等待，一旦出現，便好好把握它。人們常說，機會是對有準備的人而言的。吳王伐楚的成功也證明了這一點。

製造矛盾，借刀殺人

如果說狐假虎威、拉大旗作虎皮，是自身力量不夠，假借他人之力的話，那麼，借刀殺人雖說也是「借」，但情形又有所不同，更爲複雜。

「借刀殺人」在《三十六計》中，被列爲「勝戰計」的第三計，在鬥智鬥勇的春秋戰國時代，這一謀略屢屢被諸侯們採用。

借刀殺人，是爲了保存自己的實力而巧妙地利用矛盾的謀略。當敵方動向已明，就千方百計誘導態度暖昧的友方迅速出兵攻擊敵方，使自己的主力盡可能地避免損失。我們還是從生動的戰例來看此計的妙處吧。

春秋末期，齊簡公派國書爲大將，舉兵伐魯。魯國實力不敵齊國，形勢危急。孔子的弟子子貢分析形勢，認爲只有吳國可以與齊國抗衡，可借吳國兵力挫敗齊國。於是，子貢前去遊說齊相田常。田常當時蓄謀篡位，急欲剷除異己。子貢以「憂在外者攻其弱，憂在內者攻其強」的道理，勸他莫讓異己在攻弱魯中輕易占居主動，擴充勢力，而應該攻打吳國，借強國之手剷除異己。田常有些動心，但因齊國已作好攻魯的部署，轉而攻吳，怕師出無名。子

貢說：「這事好辦，我馬上去勸說吳國救魯伐齊，這不就有了攻打齊國的理由嗎？」田常高興地同意了子貢的要求。

子貢趕到吳國，對吳王夫差說：「如果齊國攻下魯國，勢力強大，必將伐吳。大王不如先下手爲強，聯魯攻齊，吳國不就可以抗衡強晉、成就霸業了嗎？」子貢馬不停蹄，又說服趙國，派兵隨吳伐齊，解決了吳王的後顧之憂。

子貢遊說三國，達到了預期目標。他又想到吳國戰勝齊國之後，定會要挾魯國，魯國不能眞正解危，於是他又悄悄跑到晉國，向晉定公陳述利害關係：吳國如果伐魯成功，必定轉而攻晉，爭霸中原。他勸晉國加緊戰備，以防吳國進犯。

經過子貢的一番穿梭外交，戰爭終於按子貢的意思開始了。西元前四八四年，吳王夫差親自掛帥，率十萬精兵及三千越兵攻打齊國，魯國立即派兵助戰。齊國中了吳軍誘敵之計，陷於重圍，齊師大敗，主帥國書及幾員大將死於亂軍之中。齊國只得請罪求和。夫差大獲全勝之後，驕狂自傲，不可一世，立即移師攻打晉國。晉國因早有準備，擊退了吳軍。

子貢充分利用齊、吳、越、晉諸國的矛盾，憑三寸不爛之舌，巧妙周旋，借吳國之「刀」擊敗齊國，又借晉國之「刀」，滅了吳國的威風，最終達到了保全自我的目的。

眞是一計勝千軍。這種借刀殺人後世不乏其例，令世人拍案叫絕的要數周瑜智殺蔡瑁、張允。這個故事人們都十分熟悉，就不再複述。借刀殺人的韜略，古代理論家、謀略家們曾

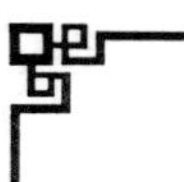

發表過不少精闢的見解，茲錄一則，以見一斑。《兵經百字．借字》云：

艱於力則借敵之力，難於誅則借敵之刃，乏於財則借敵之財，缺於物則借敵之物，鮮軍將則借敵之軍將，不可智謀則借敵之謀。何以言之？吾欲為者誘敵役，則敵力借矣；吾欲斃者詭敵殲，則敵刃借矣；撫其所有，則為借敵財，劫其所儲，則為借敵物；令彼自鬥，則為借敵之軍將；翻彼著為我著，因彼計成吾計，則為借敵之智謀。己所難措，假手於人，不必親行，坐享其利；甚且以敵借敵，借敵之借，使敵不知而終為借，使敵既知而不得不為我借，則借法巧也。

由此可見，「借刀殺人」只是一個形象的比喻，「借」的學問還深著呢，其內容十分豐富。當然最主要的還是借別人的手除掉自己的對手。這裡再說一個巧借對方之手，殺死對方將領的東周故事：

《韓非子．內儲說下》載，鄭桓公準備攻打鄶國。他先派人探查鄶國的英雄豪傑、忠臣良將和智謀高超、驍勇善戰的人，列出名單。申明一旦打下鄶國，將把鄶國的良田分送給他們，並分封官爵。然後，鄭桓公又在鄶國城外設立祭壇，把寫下的名單埋在土裡，以雞豬之血祭之，對天盟誓，永不負約。鄶國國君得知，以爲自己國內有人要叛國，一怒之下，把鄭桓公所列名單上的人全部殺掉了。鄭桓公乘機興兵攻打鄶國，不費吹灰之力便奪取了鄶國。

《三十六計》中的「古人按語」引述了這個故事，並說「敵象已露，而另一勢力更張，將有所為，便應借此力以毀敵人」。鄭桓公之勝，確實勝在善借外力，借刀殺人；而鄶國之敗，恰恰是敗在上當受騙、自毀長城上。可見，在軍事上如何利用第三方的力量，或者利用、製造敵人內部的矛盾，以達到自己的目的，需要韜略智謀。而學會識別這種計謀，可以防止上當吃虧。

智激敵方，迅速出擊

儘管說「春秋無義戰」，但是具體而言，每一次戰爭都還是有個緣起。尤其是要進攻、討伐別國，總得想出個什麼理由。當然這個理由並不反映問題的實質，而常常只是某種藉口。楚莊王設計伐宋，即其一例。

為了討伐背楚附晉的宋國，又苦於沒有藉口，楚莊王冥思苦想，終成一計：他派申舟出聘齊國，但令申舟經宋地時不得向宋國請求借道，以此故意怠慢和激怒宋國，以尋找藉口，引發事端。

宋國果然中計。他們為楚國傲慢無禮所激怒，派人抓住申舟把他殺了。

消息傳到楚國，楚莊王大喜過望。他迫不及待地從床上一躍而起，來不及穿鞋就跑出屋子，以致送鞋人追到院子裡才追上他，送劍人在大門外才趕上他，趕車人到街市上才追上他。莊王喜悅、急迫的心情簡直溢於言表。

出兵有了藉口，立即調兵遣將，討伐宋國，不久便將宋國滅亡，楚王終於如願以償了。欲加之罪，何患無詞。老狼要吃掉小山羊，總可以找出種種理由。近現代戰爭史上，日本入侵中國，法西斯德國挑釁歐洲各國，無不是先尋找藉口，趁機入侵。

楚莊王設計伐宋，劍及履及，其實用的就是古之所謂「激將法」。它是廣泛用於軍事征戰、政治鬥爭、經濟競爭中的一種計謀。「樹怕剝皮，人怕激氣」，不管是言語的挑撥，還是事情的刺激，心有所感而表露於外者，謂之激動。人一激動，往往容易失卻冷靜，行爲不顧後果，這對弱小者來說，往往易釀成禍患。

無論是關涉國家存亡的大的戰爭，還是一次小的戰鬥，一個戰役，激將法都被軍事家們屢屢使用，且多有奇效，東周之前之後都不乏這類戰例。

西周年間，隗后與甘公私通。醜事敗露以後，太叔帶逃往翟國，大將頹叔、桃子隨行，謊稱周襄王忘親背德。翟侯派大將赤丁率五千步騎伐周。周襄王拜原伯貫爲將，出城禦敵。原伯貫堅守，赤丁不能取勝；於是赤丁用激將法誘敵，他叫兒子赤風子引騎兵五百，直逼其營辱罵，「以激其怒」；士兵們也下馬坐地，口中大罵：「周王無道之君，用這般無能之將

……」原伯貫忍耐不住，喝令開營迎戰。赤風子將原伯貫誘入翠雲山。原伯貫中了埋伏，束手就擒。

東晉時期著名的淝水之戰中，謝玄等人也是以激將之計乘虛取勝的。先秦符堅本來準備堅守陣地，暫不出擊，等待後援大部隊來了再進攻；後經不住謝玄等人「一決雌雄」的挑釁，中計後退一箭之地，不料頓時大亂，因此而敗。

激將之法，也是變化多端。古今中外，善用激將法的人還有不少。戰國時期張儀的「挑撥離間」；德國希特勒的「煽動群衆」，都屬於這個計謀的範疇。《三國演義》中的諸葛亮，更是屢用激將計，他曾用此計氣死了周瑜，罵死了王朗。

不過，激將法也非包醫百病的靈丹妙藥，對於那些性情急躁、不夠老練者，一激便靈；而對於那些老奸巨滑、深沈理智的人來說，激將法便沒有實效。諸葛亮與司馬懿戰於祁山，此戰中諸葛亮用「地雷陣」燒得對方焦頭爛額。司馬懿逃到渭北下寨，堅守不出。諸葛亮又用激將計，激他出戰，遣人致書與他「以決雌雄」，說他「甘窟守土巢，謹避刀槍，與婦人又何異」，還同時送去一套女人服裝。誰知，司馬懿看了反而佯裝歡喜，受了女服，重賞了來使。這樣的激將他都能淡然處之，反而把諸葛亮給氣壞了。

古人作文作詩有「法無定法」之說，用兵設謀也是這樣。春秋時，北方的遊牧民族北戎趁諸侯爭霸之機，屢次南下進犯，西元前六六四年，曾設伏兵打擊齊桓公的軍隊。吃一塹長

一智，後來兩軍相持，齊桓公便實行「堅壁」戰，把戰車連接爲城，士卒居於車城之中；北戎屢攻都不奏效，無法突破。北戎見攻堅不行，便又使出老招數，故伎重演。他們在車城附近留下少許部隊，個個都下馬臥地，口中謾罵，進行挑戰，企圖用激將法引出齊軍，伏而擊之。齊桓公和管仲識破了敵人的用心，採取相應的對策，最後大獲全勝。

事實證明，任何謀略在實行過程中成功與否，不僅取決於己，而且取決於敵。你用「以怒致敵」之謀，我則可能考慮到「激怒思變」之策，不被感情左右，冷靜對待，沈著應戰。

示以欲伐，不戰而勝

《孫子兵法．謀攻篇》：「上兵伐謀，其次伐交，其次伐兵，其下攻城；攻城之法爲不得已。」

所謂「伐謀」，是指以己方之略謀挫敗敵方，不戰而屈人之兵。孫武認爲：「伐謀」最爲有利，是最好的戰爭手段。伐謀的實質，是對敵人正在計劃或剛剛開始實行其謀劃時，便能窺破其謀，揭穿其謀，破壞其謀，藉以實現己方的政治軍事目的。如果是自己主動進攻，伐謀爲上，即不是強攻硬拚，而是巧用智謀，智取敵人。

曹操根據自己的經驗，對「上兵伐謀」作過解釋。他說：「興師深入長驅，據其城郭，絕其內外，敵舉國來服爲上。」這意思是說，「伐謀」就是以強大的軍事力量作後盾，並和「伐兵」、「攻城」相互配合，力爭以最小的代價，取得最大的勝利，達到使敵人全部降服的目的。

「示以欲伐，不戰而勝」，就是伐謀的一種具體表現形式。西元前六六四年，齊桓公曾經採取這種辦法，使鄣國乖乖投降。

鄣國（約在今江蘇省的贛榆縣一帶）原來是紀國的附庸。早在西元前六九三年，齊國便將紀國吞併了，然而由於種種原因，鄣國卻依然獨立存在。一晃過了二十多年，齊桓公打算結束這種局面，兼呑鄣國。

齊桓公就併鄣一事徵詢管仲的意見說：「鄣爲紀附庸，至今未服。寡人欲併滅之，何如？」

管仲考慮到當時齊桓公新得諸侯，霸權初建，爲了鞏固霸主地位，進一步贏得人心，不宜「以兵威得志」，而應積「存亡興滅之德」。於是，便回答說：「鄣雖國小，其先乃太公之支孫，爲齊同姓。滅同姓，非義也。」

管仲這些話，似乎在爲鄣國說情，其實並非如此。管仲的眞實意思，並不是說鄣爲同姓就不滅了，而是要滅得巧妙。他說：「君可命王子成父率大軍巡視紀城，示以欲伐之狀。鄣

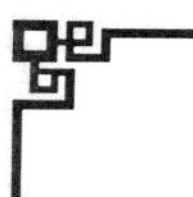

必畏而來降。」這樣做有什麼好處呢？好處是可以「無滅親之名，而有得地之實矣」。眞是刀不刃血，冠冕堂皇，一舉兩得。

齊桓公想想，覺得有理。齊國國富民強，兵強馬壯，要滅掉彈丸之地的鄣國何須大動干戈。於是，他便依計派大軍壓向紀城，頗有一口吞掉鄣國之勢。鄣國君主果然畏懼投降，使齊不戰而達到了預期的目的。齊桓公對此十分滿意，稱讚「仲父之謀，萬無一失」。

從齊桓公伐鄣可以看出，所謂「示以欲伐」，不是眞伐，但不是不想去伐，而是以顯示實力爲手段，達到如同去眞伐一樣的實際效果。韓信也曾用過此種「伐謀」之術。西元前二〇四年，韓信滅趙之後，採納趙國廣武君的建議，按甲休兵，鎭撫趙民，遣辯士奉咫尺之書赴燕，示以欲伐，炫耀軍威，燕於是屈從於漢。

由此也可見，示以欲伐而不眞伐，是一種實力強大者的智謀。欲伐者先要有強大的實力，足以震撼、摧毀對方心理上的防線，使其感受到不投降會造成更爲嚴重的後果。這種示以欲伐的謀略，一般是在雙方實力懸殊的情況下使用的。

強而示弱，能而示不能

《百戰奇法．強戰》：「凡與敵戰，若我衆強，可僞示怯弱而誘之，敵必輕來與我戰，吾以銳卒擊之，其軍必敗。法曰：『能而示之不能。』」這是我強敵弱下的謀略。其方法是，故意表現出弱小，引誘敵人前來決戰，以精銳部隊出其不意地給予打擊。這是「能而示之不能」的具體運用。

歷史上較早運用這一謀略的是春秋初年的楚武王熊通。熊通是一位有遠大抱負、雄心勃勃的國君。在他的苦心經營下，楚國實力大增，羽翼漸豐。楚武王先後滅掉了蓼、權等小國。他又選擇隨國作爲下一個最重要的進攻目標。這是由於在周圍的小國中，隨國比較強大，當時就有「漢東之國，隨爲大」的說法，若降服了隨，就可以威懾其他各國；況且隨國爲姬姓，是周王朝的同姓國，戰勝隨國後，可以透過隨侯向周王室請求晉封，因而楚武王在世時曾多次伐隨。

西元前七〇六年，楚武王親自率領大軍，浩浩蕩蕩地殺奔隨國。他把軍隊駐紮在瑕（隨國的屬地），準備先談後打。隨侯派少師來與楚人談判。爲了麻痹少師，楚武王故意把楚軍弄

成亂七八糟的樣子，似乎楚國之師不堪一擊。隨國少師果然上當，回去後請求隨侯去追擊楚軍。隨侯正要聽從，幸虧另一大臣季梁及時制止了。他認為「天方授楚，楚之羸，其誘我也」，勸隨侯固守，並把精力放在處理好內政上，否則就會上楚人的當。隨侯聽從季梁的建議，楚國只好撤軍。這一次的討伐雖沒有什麼戰果，卻使隨少師產生了輕楚思想，不把楚軍放在心上，為以後楚伐隨創造了條件。在以後的一次交戰中，楚軍大敗隨師，連隨侯乘坐的戰車都被楚軍繳獲，隨少師也被楚人俘虜。

春秋戰國時期，不少軍事家曾運用這種「強而示弱」的計謀，取得了成功。例如，西元前三四二年，魏、趙聯合攻韓。韓求救於齊。齊國派田忌為大將，孫臏為軍師，出兵救韓。孫臏向田忌建議說，魏軍一向強悍，輕視齊軍，以為齊軍膽小，不敢與魏軍正面交鋒。我們可以利用魏軍這一弱點，示之以弱，誘敵中計。在與魏軍接觸之後，佯敗退卻。退卻中第一天挖十萬人用飯的爐灶，第二天減少為五萬人用飯的爐灶，第三天減少為三萬人用飯的爐灶，讓魏軍誤認為齊軍每天有大量士兵逃亡，戰鬥力銳減，而不顧一切地追趕。龐涓果然中計，率精銳輕騎兼程追趕。孫臏在道路狹窄、地勢險要的馬陵道設伏，大敗魏軍。

田忌、孫臏握有重兵，本可力敵，卻示敵以虛，正是利用了魏軍的驕傲輕敵，造成敵人判斷錯誤，最後戰而勝之。這是運用「強而示弱」謀略取勝的一個典型戰例。

攻其無備，出其不意

「攻其無備，出其不意」是孫武提出來的，目的是強調攻擊的突然性，採取巧妙的戰法，在敵人意想不到的時間和地點，發起突然攻擊。

《管子》也認爲，如果把進攻目標選在敵人堅實之處，不僅堅實之敵打不掉，連敵之薄弱之處也變得堅實了。反之，則不然。《吳子兵法．料敵》也主張「用兵必須審敵虛實而趨其危」，並列舉了十三種攻虛擊瑕的戰機。《孫臏兵法》把進攻敵人要害且又防禦薄弱的地方，作爲戰爭指導上的第一要著。

在戰爭中，人數之多少，實力之強弱，陣地之堅實與脆弱，都是相對的，也是相互轉化或變化的。《孫臏兵法》上指出，善戰者，要會分人之兵，會按人之兵。這一謀略是用以牽制、分散敵人兵力，以改變敵我態勢，造成自己的優勢。孫臏十分注重利用和創造有利於己、不利於敵的作戰態勢。《孫臏兵法》許多地方講到勢，並有一篇《勢備》，主要論述「勢」的問題。他認爲戰爭中的勢是可以轉化的，也是可以創造的。「按人之兵」就是創造有利於己方態勢的手段之一。能用此謀，則「錙銖有餘」，即兵力很少，也顯得很多；否則，即使數

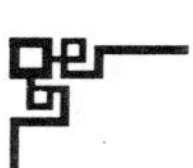

倍於敵也顯得不足。

攻伐征戰中，千方百計地抑制敵人的力量，分散敵人的力量，造成自己優勢，可以說是歷來兵家所重視的一條通則。西元前四七八年，吳越兩軍在笠澤（今江蘇吳淞江）夾水對陣，越王勾踐為了打破這種膠著狀態，繼續發展進攻，就乘夜採取「左右句卒」之法，即各以一部兵力從左右兩翼偽裝強渡，誘使吳軍主力分向兩翼，然後以己之主力，從兵力已顯薄弱的吳軍陣地中央突入。勾踐這樣分散敵人，聲東擊西，以強攻弱，可說是出其不意，攻其無備，結果是大敗吳軍。

三國時期，魏將鄧艾滅蜀之戰，也是採取「按人之兵」的作戰方法，鍾會正面牽制蜀將姜維的兵力，而鄧艾涉險奔襲，從後面進攻，出奇制勝。

戰爭中，有時候最堅固的地方往往最脆弱，最安全的地方卻又最危險。對於用兵如神的人來說，條件、環境及其他各種因素都是不斷變化的。

用兵貴奇，用謀貴隱。既隱且奇，往往可以克敵制勝。關於兵家的「攻其無備，出其不意」，最常用的一種謀略便是「聲東擊西」。

「聲東擊西」一語始見於《韓非子・說林上》：「今荊人起兵將攻齊，臣恐其攻齊為聲，而以襲秦為實也。不如備之，戍東邊。荊人輟行。」後世兵書對「聲東擊西」多有闡發。

西漢時期的劉安《淮南子・兵略訓》云：「用兵之道，示之以柔，迎之以剛，示之以弱

而乘之以強，爲之以歙而應之以張，將欲西而示之以東。」

《六韜・武韜》說：「欲其西，襲其東。」

《百戰奇法・聲戰》說：「聲東而擊西，聲彼而擊此，使敵人不知其所備。」

《歷代名將事略下・誤敵》說：「欲東而形以西，欲西而形以東，欲進而形以退，欲退而形以進。」

唐代杜佑《通典・兵典》中說：「聲言擊東，其實擊西。」

《三十六計》把「聲東擊西」作爲勝戰計第六計。後世兵家常施用此計，智取敵人。鄭成功收復臺灣就成功地運用了這一計謀。

一六六一年四月，鄭成功率二萬五千將士進攻被荷蘭殖民者占領的赤嵌城。他首先派出部分戰艦，浩浩蕩蕩，裝作從南航道進攻。守敵急忙調集大批軍隊防守航道。爲了迷惑敵人，鄭成功的部隊聲威浩大，喊聲震天，炮火不斷。這一下，鄭成功非常成功地把殖民軍的注意力全部吸引到了南航道。北航道上一片沈寂，殖民軍以爲平安無事。趁南航道激戰正酣，在一個月明星稀之夜，鄭成功率領主力艦隊，人不知，鬼不覺，在海水漲潮時迅速登上鹿耳門，守軍從夢中驚醒，發現已被包圍。鄭成功乘勝進兵，從背後攻下了赤嵌城。

攻其無備，出其不意；忽東忽西，即打即離；製造假象，誤導敵人；似可爲而不爲，似不可爲而爲之……戰爭就是在這眞眞假假、虛虛實實的變幻中呈現出無窮奧妙。

二、敗戰計謀

美人計探源說流

《三十六計》將各種兵家計謀分成六套，每套六種。這六套分別是勝戰計、敵戰計、攻戰計、混戰計、並戰計、敗戰計。這裡我們來談談東周列國的敗戰之計，及其在後世的演變。

敗戰之計，列於首位的是美人計。美人計，語出《六韜．文伐》：「養其亂臣以迷之，進美女淫聲以惑之。」這意思是，對於用軍事行動難以征服的敵方，要使用「糖衣炮彈」，先從思想意志上打敗敵方的將帥，使其內部喪失戰鬥力，然後再行攻取。《三十六計》對美人計的解語是這樣的：

兵強者，攻其將；兵智者，伐其情。將弱兵頹，其勢自萎。利用禦寇，順相保也。

這幾句可這樣今譯：對兵力強大的敵人，要去制服它的將帥；對足智多謀的將帥，設法腐蝕他的戰鬥意志。將帥的鬥志衰退，兵卒的士氣消沈，部隊就失去了戰鬥力。利用敵人的弱點進行控制和分化瓦解工作，我方就可以順利保存實力。又云：「兵強將智，不可以敵，勢必事之……唯事之以美人，以佚其志，以弱其體，以增其下之怨，如勾踐之事夫差，乃可轉敗爲勝。」

據清人朱逢甲《間書》所說，我國早在夏朝少康時代，就曾有「使女艾間澆」的美人之計，算來此計至今已有四千年歷史了。

要說春秋戰國時期美人計的妙用，當首推上面所說的「勾踐之事夫差」。

我們曾講到春秋時吳越之戰，勾踐先敗於夫差。吳王夫差罰越王勾踐夫婦在吳王宮裡服勞役，藉以羞辱他。勾踐在夫差面前卑躬屈膝，百般逢迎，騙取了夫差的信任，終於放他回到越國。

勾踐被釋回越國之後，臥薪嘗膽，念念不忘報仇雪恥。但當時吳國十分強大，靠武力，越國一時難以取勝。勾踐的謀臣文種獻上一計，他說：

高飛之鳥，死於美食，深泉之龜，死於芳餌。要想復圖雪恥，應投其所好，衰其鬥志，這樣可置夫差於死地。

勾踐覺得這番話有道理，便採納了文種的建議，精心挑選了兩名絕代佳人：西施、鄭旦，送給夫差，並年年向吳王進獻珍奇珠寶。吳王不知是計，還以為勾踐服服貼貼完全臣服了呢。吳王整日與美人飲酒作樂，連大臣伍子胥的勸諫也全然聽不進去。後來，吳國進攻齊國，勾踐以出兵幫助吳王伐齊，藉以表示忠心，麻痹夫差。吳國打勝之後，勾踐還親自到吳國祝賀。

夫差貪戀女色，日甚一日，根本不理國政了。伍子胥苦諫無效，反而被逼自盡。勾踐看時機成熟，便於西元前四八二年趁夫差北上會盟之時，突出奇兵伐吳。西元前四七三年，吳國終於被越所滅，夫差也只有死路一條了。

清人何士顒詩詠《越王》，這樣寫道：

臥薪嘗膽廿年中，報怨全憑越女功。
謀縱有成輸一著，事人以色豈英雄？

這裡，詩人批評越王勾踐雖然取得了勝利，但用的是美人計，道義上已經輸了一著，這自是宋襄公「不重傷，不擒二毛」式的迂闊之論。

清初詩人龐鳴憑悼吳宮，幽默成詠，婉而多諷，謔而不虐，頗有意味。詩云：

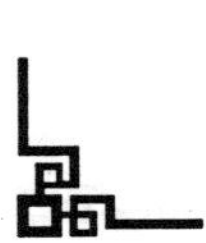

屧廊移得苧蘿春，沈醉君王夜宴頻。
臺畔臥薪臺上舞，可知同是不眠人？

春秋戰國時期，妙用美人計的諸侯不只是一個勾踐。秦穆公計間戎王、稱霸西戎用的也是美人計。當時，戎王派大臣由余出使秦國觀察虛實。由余原來是晉國人。秦穆公與由余談起治國之道，發現由余是個人才。事後他對內史王廖說：「鄰國有聖人，是己國之憂患。賢人由余在戎，是我們稱霸西戎的一大障礙，該怎麼辦呢？」王廖建議送給戎王歌舞美女，再設法離間西戎君臣關係。戎王沈湎於女色歌舞，一定不理政事。君臣不一致，就可以爭取由余。於是，穆公專門設宴盛情款待由余，席間把戎族的兵力瞭解得一清二楚。又令王廖把十六個歌舞使女送給戎王。戎王果然非常高興，整日沈湎於聲色。秦國留由余很長時間才送他回國。由余多次進諫，戎王不聽。穆公看到火候已到，暗中派人請由余到秦國。由余見戎王不可救藥，轉而輔秦。穆公用由余之計謀，於西元前六二三年突然出兵攻打戎族，徹底打敗了西戎，「開地千里，遂霸西戎」。

古代兵家將美人計列入敗戰計中，秦穆公之舉恐怕不能算敗戰之計。事實上，美人計也是各色各樣的，用於各種不同的甚至是相反的情形。

俗話說：英雄難過美人關。對於意志薄弱者，「美人」的確可以見到一個撂倒一個。正

因此故，古代政治家、軍事家才一而再、再而三地運用美人計，且常用常新，出奇制勝。《三國演義》中王允智獻貂蟬，使呂布殺死董卓的故事幾乎家喻戶曉。這個故事在《三國演義》中被稱作「連環計」，實際上是典型的美人計。

只要有男人和女人，只要有好色的男人和美麗的女人，美人計就不會絕跡。

空城計的雛形

在《三十六計》的敗戰計中，緊隨美人計之後的便是空城計。

空城計是一種心理戰術，它不是透過實力來戰勝敵人，而是透過研究敵人主帥的心理活動，以謀勝敵。《三十六計》上的解語這樣說：「虛者虛之，疑中生疑，剛柔之際，奇而復奇。」意思是，兵力空虛時再故意顯示出不加防守的樣子，使敵人難以揣摩；在敵衆我寡的情況下，這種用兵之法更顯奇妙。

說到空城計，人們會自然而然地想起《三國演義》，想起諸葛亮的神機妙算。《三國演義》中諸葛亮巧施空城計，故事梗概如下：

蜀國的丞相兼軍師諸葛亮屯兵陽平時，有一次，派魏延等帶兵去進攻魏軍，只留下少數

老弱殘兵守城。這時，忽報魏軍大都督司馬懿率領大隊人馬，浩浩蕩蕩殺來。守城軍士聞報，無不大驚失色，不知如何是好。知道敵人大軍壓境，即將兵臨城下，諸葛亮沈著冷靜，不僅不關閉城門，嚴陣以待，反而傳令大開城門，還派人到城門口掃灑道路，像是要迎接司馬懿軍隊進城。諸葛亮本人則從容不迫地登上城樓，端坐彈琴，鎮定自若，琴聲悠揚，一點兒也不雜亂，毫無緊張之感。司馬懿來到城前，見此情景，心中好生疑惑，心想：「諸葛亮向來辦事謹愼，從不魯莽冒險，今天為何這樣？恐怕城內早已佈置了伏兵，故意誘騙我入城。對，我決不能上他的當！」於是下令退兵。

諸葛亮的這個計策，後來人們叫它「空城計」。但史學界公認，諸葛亮當時根本未與司馬懿在平陽地區交過兵。《三國志》中的記載裴松之注釋中曾有過說明，證明諸葛亮並未在平陽設過空城計。

不過，歷史上用空城計的實例又確實不少。依據掌握的史料，春秋時期叔詹的「縣門不發」，可能是我國最早的空城計。《左傳．莊公二十年》對此有比較詳細的記述。有人這樣注釋「縣門不發」：「此是鄭之空城計。」這個空城計之雛形，是一段曲折有趣的歷史故事。

春秋時期，楚國的令尹（宰相）公子元，在他哥哥楚文王死了之後，非常想占有漂亮的嫂子文夫人。他用各種方法去討好，文夫人都不為所動。於是他透通過建功立業，顯顯自己的能耐，以此來討得文夫人的歡心和青睞。

西元前六六六年，公子元親率兵車六百乘，浩浩蕩蕩，去進攻鄭國。楚國大軍出師順利，連下幾城，直逼鄭國都城。鄭國國力較弱，都城內更是兵力空虛，無法抵禦強大的楚軍。

鄭國危在旦夕。鄭文公召集百官商討應急之策。有人主張「請成」（請求和談解決）；有人提出「堅壁」以待齊國求援（西元前六六七年鄭與齊結盟）；有人主張「背城一戰」；還有的認爲最好「奔桐丘（今河南扶溝縣西）以避之」。衆說紛紜，莫衷一是。這些對策顯現都是根據楚軍氣勢洶洶這一點提出來的，並未眞正完全做到知己知彼。

正在鄭文公左右爲難之時，上卿叔詹站出來說：「臣自有計退之！」接著，他分析道：「請和與決戰都非上策，固守待援，倒是可取的方案。鄭國和齊國訂有盟約，而今有難，齊國會出兵相助。只是空談固守，恐怕也難守住。公子元伐鄭，實際上是想邀功圖名，討好文夫人。他一定急於求成，又特別害怕失敗。我有一計，可退楚軍。」

鄭文公依計而行，在城內作了安排。命令士兵全部埋伏起來，不讓敵人看見一兵一卒；令店鋪照常開門，百姓往來如常，不准露一絲慌亂之色。大開城門，放下吊橋，擺出完全不設防的樣子。

楚軍先鋒到達鄭國都城城下，見此情景，心裡起了懷疑：莫非城中有伏兵，誘我中計？他們不敢輕舉妄動，等待公子元到來。公子元趕到城下，也覺得好生奇怪。他率衆將到城外

高地眺望，見城中確實空虛，但又隱隱約約看到了鄭國的旌旗甲士。公子元認為其中有詐，不可貿然進攻，就先進城探探虛實，於是按兵不動。

這時，齊國接到鄭國的求援信，已聯合魯、宋兩國發兵救鄭。公子元聞報，知道三國兵到，楚軍定不能勝。好在也打了幾個勝仗，還是趕快撤退為妙。他害怕撤退時鄭國軍隊出城追擊，於是下令全軍連夜撤走，人銜枚，馬裹蹄，不出一點聲響。所有營寨都不拆走，旌旗照舊飄揚。

第二天清早，叔詹登城一望，說道：「楚軍已經撤走。」眾人見敵營旌旗招展，不信已經撤軍。叔詹說：「如果營中有人，怎會有那樣多的飛鳥盤旋上下呢？公子元也用空城計欺騙我們，急忙撤兵了。」

看來，這空城計確實是一種心理戰、鬥智戰。在己方無力守城的情況下，故意向敵方暴露我城內空虛，這是「虛者虛之」。敵方產生懷疑，便會猶豫不前，這是「疑中生疑」。敵人怕城內有埋伏，不敢陷進埋伏圈。但這是懸而又懸的「險策」。使用空城計，只是在特殊情況下為解燃眉之急所用的緩兵之計，因此《三十六計》將其放在「敗戰計」之中。最終戰勝敵人，還必須靠實力。

中外空城計種種

諸葛亮並未真正用過空城計，但在三國時代巧用此計者還不乏其人。與諸葛亮同時的蜀將王平，在馬謖拒諫失街亭之後，曾以空城計退魏將張郃，「率將士而還」，並以此「加拜參軍，封亭侯」（《三國志．蜀書．王平傳》）。

蜀漢軍中以勇武聞名的大將趙雲，也用過空城計。西元二一九年，曹操大軍攻至漢中，黃忠所部與趙雲所部被隔斷。趙雲數戰不利，部將張著受了重傷，情況十分危急。趙雲乃退回營壘之中，「大開門，偃旗息鼓」；曹軍「疑雲有伏兵，引去」。第二天早上，劉備「來至雲營圍視昨戰處，曰：『子龍一身都是膽也』」（《三國志．蜀書．趙雲傳》注引《趙雲別傳》）。

曹操部將文聘在西元二二六年駐守石陽（今湖北黃陂西），孫權親率五萬人來攻。可是「時大雨，城柵崩壞」，無法守城。文聘乃決定以空城計疑之，「乃敕城中人使不得見，自臥舍中不起」。孫權「果疑之」，認爲「我至而不動，此不有密圖，必當有外救。遂不敢攻而去。」（《三國志．魏書．文聘傳》注引《魏略》）文聘取得了成功。

《三十六計》古人按語說：

虛虛實實，兵無常勢。虛而示虛，諸葛而後，不乏其人。如土蕃陷瓜州，王君煥死，河西恟懼。以張守珪為瓜州刺史，領餘眾，方復築州城。版幹裁立，敵又暴至。略無守禦之具。城中相顧失色，莫有鬥志，守珪曰：「彼眾多寡，又瘡痍之後，不可以矢石相持，須以權道制之。」乃於城上，置酒作樂，以會將士。敵疑城中有備，不敢攻而退。又如齊祖珽為北徐州刺史，至州，會有陣寇百姓多反。珽不關城門，守陴者，皆令下城，靜坐街巷，禁斷行人雞犬。賊無所聞見，不測所以，或疑人走城空，不設警備。珽復令大叫，鼓噪聒天，賊大驚，頓時走散。

這則按語又講了兩則空城計戰例。虛虛實實，兵無常勢，變化無窮。在敵乘我虛之時，當以智勝之，展開心理戰。一定要充分掌握對方主帥的心理和性格特徵，切切不可輕易出此險招。況且，此計多數情況下，只能當作緩兵之計，還得防止敵人捲土重來。實力始終是軍事較量的基礎。

南宋紹興十年（西元一一四〇年），著名將領劉錡領導了有名的順昌（今安徽阜陽）保衛戰。戰役之初，「錡令開諸門，金人疑，不敢進。」（《宋史．劉錡傳》）。這一次，劉錡並非兵少勢弱而不敢戰，而是尚未準備好，爲了避免損失，使用了一次空城計。

外國戰史也有用空城計的。十六世紀日本江戶幕府時期，將軍德川家康與另一軍閥武田信玄發生衝突。一五七一年，武田信玄首先攻擊德川家康。兩軍戰於遠江，德川的部隊被打得落花流水，只得躲進濱松城。武田信玄乘勝追擊，準備一舉攻占濱松城。

武田兵臨濱松城下，只見城門大開，城裡火光熊熊，寂靜無聲。武田是當時著名的軍事理論家，傳說他熟悉《孫子兵法》，行軍途中也手不釋卷。他一看就知道德川在擺空城計，想立即揮師進城。但突然又想到，德川是知道我能識破空城計的，怎麼有膽量用這個計策，可見他確實別有安排。於是，武田不敢貿然進城，把大軍屯於城外。這時，德川的三千後備隊已接近濱松，武田以為是伏軍，就更不敢進城了。不久，因露宿郊野，得了肺病死去了。

德川家康擺的確實是空城計。當時他無可奈何，守城無力，出城必敗。但他深知，武田兵書讀得多，反而多謀寡斷，分外謹慎，不會輕易在濱松城丟掉已經取得的勝利。他知道武田有保全勝利名聲的包袱，因而才敢設空城計。

《孫子兵法．虛實篇》上說：「戰勝不復，而應形於無窮。」古今中外有不少軍事家都使用空城計來克敵制勝，擺脫危機，但都不是死板地照搬照套，而是根據實際情況，靈活運用，有所變化和創新。空城計畢竟是一種不得已情況下的應變謀略，本身就是一種冒險行為。在現代條件下，由於偵察手段和技術的現代化，由於遠射武器的迅速發展，傳統的空城計已沒有實際的功用了。但作為一種謀略，它所反映的用兵思想，它所體現的心理分析方

法，無論過去、現在，還是將來，都有其值得借鑒的地方。

漫話苦肉計

敗戰六計中，反間計另有專章涉及，這裡不再談了。接下來我們說說苦肉計。

《三十六計》中的「苦肉計」有這樣一段古人按語：

> 間者，使敵人相疑也；反間者，因敵人之疑，而實其疑也；苦肉計者，蓋假作自間以間人也。凡遣與己有隙者以誘敵人，約為回應，或約為共力者，皆苦肉計之類也。如：鄭武公伐胡而先以女妻胡君，並戮關其思；韓信下齊而驪生遭烹。

可見，苦肉計實質上是一種特殊作法的離間計。它是針對個人與集體一般不會自我傷害的本能，超常行事，用自我傷害、自我損失的手段，掩蓋眞實的意圖，麻痹對方，騙取對方的信任，以達到制敵之目的。這種自我傷害和損失，是以不妨礙達到既定目標爲界限的，其原則是以較小的、局部的犧牲爲代價，換取更大的、整體的利益。

《三國》中的周瑜打黃蓋，《說岳》中的王佐斷臂假降金的故事，都是婦孺皆知的苦肉

計。而春秋戰國時期，苦肉計便已屢屢被侯王將相巧妙運用，多有奇效。前引「按語」所說的「鄭武公伐胡」即其典型一例。鄭國國君武公準備攻打並滅掉胡國，竟先將自己的女兒嫁給胡君爲妻，並殺掉了主張伐胡的關其思，使胡不防鄭，最後鄭國舉兵攻胡，一舉殲滅了胡國。這裡，鄭武公正是運用看似違背常理的自我犧牲，才輕易達到了欺騙敵人並最終消滅敵人的目的。

東周列國時期，另一個比較典型的苦肉計，要算吳國的要離刺殺慶忌。慶忌正在吳國的闔閭殺了吳王僚，奪得王位。他十分害怕吳王僚的兒子慶忌爲父報仇。慶忌正在衛國擴充勢力，準備攻打吳國，奪取王位。

闔閭整日提心吊膽，要大臣伍子胥替他設法除掉慶忌。伍子胥向闔閭推薦了一個智勇雙全的勇士，名叫要離。要離爲圖勇名，成其詐謀，甘願讓吳王殺了他的妻子，砍掉他的右臂，然後投奔慶忌。慶忌聽了要離一把鼻涕一把淚的哭訴，將信將疑，可當見到要離果眞失去右臂，又派人探知其妻之屍被闔閭焚棄於市的眞情以後，便對要離之言行深信不疑，並將其視爲親信，從此主僕形影不離。

慶忌率兵乘船向吳國進發，要離趁慶忌沒有防備，從他背後用矛盡力刺去，刺穿了胸膛。慶忌的衛士要捉拿要離，慶忌說：「敢殺我的也是個勇士，放他去吧！」慶忌因失血過多而死。而要離完成了刺殺慶忌的任務，家毀身殘，也自刎而死。

由上述例證可知，苦肉計的運用不是一件輕鬆的事，需要付出極大的痛苦和犧牲。運用苦肉計，要求假戲眞演，而且要演得眞，裝得像，不爲敵方所識破。

在現代社會，苦肉計仍運用於政治、軍事、外交鬥爭中，有些間諜的活動也常用苦肉計的形式。不僅如此，苦肉計還被靈活地運用到工商業領域。這裡，我們談一個商戰間諜案例，窺一斑而見全豹。

大家知道，丹麥的啤酒舉世聞名，銷售量在國際市場上名列前茅。爲竊取丹麥的啤酒配方技術，某國一個啤酒商遠涉重洋，專程來到丹麥，費盡心思，使用了一個冒生命危險的苦肉計。一天下午，當丹麥一家名牌啤酒廠老闆的汽車駛過他身邊時，他裝作突然失足，把一條腿伸到飛轉的車輪下，隨著一聲慘叫，他失去了知覺。由於搶救及時，他僥倖保住了一條命。當啤酒廠老闆前來探望他時，他裝得十分可憐，提出了一個要求：自己不幸在異國他鄉成了殘廢，再也無法回國謀生，只求老闆允許他留下來，進廠當個看門人。老闆看他可憐，就答應了他的要求。一年之後，這個「看門人」利用看門之便，探明了丹麥啤酒配方秘密，悄悄溜回國內。不到半年功夫，這個「看門人」就推出了一種優質啤酒，打進了國際市場，和丹麥啤酒分庭抗禮。

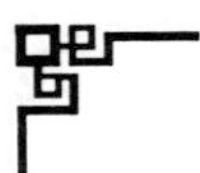

計計相連，環環相扣

「敗戰計謀」中的第五計是連環計。所謂連環計是指多計並用，計計相連，環環相扣，一計累敵，一計攻敵，任何強敵，攻無不破。此計「原書解語」云：

將多兵眾，不可以敵，使其自累，以殺其勢。在師中吉，承天寵也。

這幾句話意思是如果敵方力量強大，就不要硬拚，而要用計使其自己產生失誤，藉以削弱敵方的戰鬥力。巧妙地運用謀略，就有如天神相助。

連環計的關鍵是要使敵人「自累」，即自己害自己，使其行動盲目。這樣，就為圍殲敵人創造了良好的條件。

《三國演義》第四十七回，赤壁大戰中，周瑜巧用反間，讓曹操誤殺了熟悉水戰的蔡瑁、張允。而後，劉備的謀士龐統詐降曹營，慫恿曹操把戰船用鐵索連起來，表面上是幫助魏軍克服不習慣水上作戰的弱點，實際上是讓這些船隻無法逃脫，為周瑜「火攻」創造條件。最後又讓黃蓋詐降，以苦肉計矇騙敵方。三計相連，打得曹操大敗而逃。

古人說：「大凡用計者，非一計之可孤行，必有數計以襄（輔助）之也。故善用兵者，行計務實施，運巧必防損，立謀慮中變。」意思是，用計重在有效果，一計不成，又出多計助之，行計應重實施，運作巧妙必定能防止損失，設謀要考慮不斷變化。

說到東周列國時期的連環計，要數著名的長平大戰。

西元前二六二年，秦國攻占韓地野王（今河南沁陽縣）後，隔斷了上黨與韓內地的聯繫，韓上黨太守馮亭便圖謀把上黨讓給趙國，以借趙國軍隊抵禦強秦。趙國平原君接受了上黨。

西元前二六〇年，秦果然派左庶長王齕率軍攻趙，趙國以大將廉頗率軍迎戰。廉頗進駐長平後，築壘堅守。秦軍數次挑戰，廉頗持重不應。

趙王認為廉頗堅壁不戰是膽怯，因而數次責備廉頗。秦相應侯范雎瞭解到這個情況，便採用了反間計：派間諜送給趙王黃金萬兩，並假給趙王獻計說：「秦國最怕趙奢的兒子趙括做將軍。廉頗容易對付，而且快投降秦國了。」趙王原來就對廉頗數次失利不滿，又聽了秦國間諜挑撥離間的話，便令趙括代替廉頗為將與秦作戰。

秦王得知趙括臨陣指揮，便秘密換白起為主將，王齕為副將，下令部隊如有膽敢洩露白起為將者就地處死。

趙括一到前線，立即率兵出擊，秦軍佯敗撤退，趙軍迅速展開成左右兩路攻擊秦軍，取

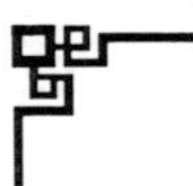

得了局部勝利。趙軍乘勝追擊，一直追到秦軍陣地前，秦軍憑堅據守，攻不可克。而秦軍以二萬五千人出其不意地切斷了趙軍的退路，又派出一支五千人的騎兵部隊插入趙軍之中，將趙軍分割爲兩部分。趙軍被切斷了糧食補給線，又不斷遭到秦軍小分隊的襲擊，便臨時築壘防守，等待援兵。

秦昭王聽得趙糧道已斷，便親到河內（今河南省黃河以北地區），徵發十五歲以上的青年，全部開往長平，斷絕了趙的援軍道路和糧食來源，完全形成了合圍和阻援的態勢。

趙兵斷糧四十六天，便自相殘殺而食。爲了突圍，趙括分兵四隊，輪流攻擊秦軍陣地，不能破。最後，趙括親自率領精兵猛攻，被秦軍射死，部下大亂，四十萬士兵投降了秦將白起。

從上面的敘述我們看出，趙國之敗不是因爲實力，而是因爲中計上當。起初，廉頗爲將，勇謀皆備，且十分持重，加四十萬大軍，可謂將良兵壯。可惜趙王中了對方的離間計，換上了不恰當的主將；而好大喜功、過於輕敵的趙括又中了白起的佯敗計，以致陷入重圍，全軍覆沒。而秦國以謀制敵，連用幾計，環環相扣，最終取得了輝煌戰績。

三十六計，走為上策

《南齊書．王敬則傳》：「檀公三十六策，走爲上計。」「走爲上計」是《三十六計》中的最後一計，意思是指在敵我力量懸殊的不利形勢下，採取有計劃的主動撤退，避開強敵，尋找戰機，以退爲進。這在謀略中應是上策。

東周列國時期，各路諸侯爭鬥激烈，有強弱，有進退，走爲上計也是常用謀略之一。

春秋初期，楚國日益強盛，楚將子玉率師攻晉。楚國還脅迫陳、蔡、鄭、許四小國出兵，配合楚軍作戰。這時，晉文公剛攻下依附楚國的曹國，深知晉楚之戰早晚要爆發。

子玉率師浩浩蕩蕩向曹國進發。晉文公知道後，分析了形勢。他認爲敵強我弱，對方氣勢正旺，如果迎頭硬拚，難以取勝，因此他決定「退避三舍」，連續後撤。這一方面從道義上贏得了主動，另一方面讓對方兵驕將躁，使己方在時機和地理上選擇有利的位置。待兩軍交鋒，楚軍損兵折將，大敗而歸。

這裡，晉文公的幾次撤退，都不是消極逃跑，而是主動退卻，尋找或製造戰機。把拳頭收回，暫時後撤，目的是爲了更有效地出擊，打倒對手。所以，這種「走」，自然是上策。

《太平天國新軍的運動戰．張宗禹語》中說：「敵能戰，應不與戰，專以走疲之，則可常活。」這意思是：與強敵作戰，不可硬拚；走，不是一走了之，而是以走的方法把敵人拖垮；拖垮敵人也就是增強和保存自己的力量，爭取主動，爲消滅敵人創造機會和條件。春秋霸主之一的楚莊王就是一個善用佯退誘敵、疲憊敵人的謀略軍事家。他在與斗越椒叛軍的作戰以及消滅庸國的戰爭中，都成功地運用過走爲上計。

楚莊王即位之初，表面上耽於酒色，不理國政，對當霸主不感興趣，衆臣稱之爲昏君。其實，莊王是對令尹（相當於宰相）斗越椒的權勢過大不滿。三年之後，他在一些賢臣的慫恿下，親主朝政。莊王一方面伸張王權，進行人事升降調動，分散和取締令尹手中的大權；另一方面招兵買馬，訓練軍隊，對外征戰，與晉國抗衡，重振先祖霸業。

自持智勇無雙、對莊王分權存有忌恨之心的斗越椒，看到莊王改革內政的成功和對外征戰的勝利，心急如焚，迫不及待地伺機謀反。西元前六〇六年，斗越椒乘莊王北伐之機，舉兵攻占了郢都，隨即去攔截楚莊王的歸路。這時，莊王正在回師途中，進至漳澨與叛軍相遇。莊王本不願與斗越椒兵戎相見，斗越椒執意要刀劍相向，見個高低。雙方初次交戰，莊王的部隊損失不小。硬拚看來不行，莊王心生一計：假退兵，暗地裡把大軍四下埋伏好，只留一隊兵馬引誘敵人，讓其拚命追擊，待敵方疲憊不堪時，聚而殲之。斗越椒果然中計，他還以爲莊王眞是敗陣而逃，便率部追擊。當斗越椒發覺中計時，已悔之晚矣。他在與養叔比

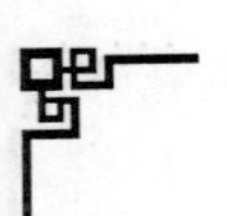

箭時中箭身亡，部屬也大部被殲。莊王凱旋郢都。

斗越椒吃虧不在實力不足，而在受騙中計。莊王之勝，勝在恰到好處運用了「走為上計」。兩軍對壘，特別是弱軍對強敵作戰，透過退卻來調動、疲憊敵人是常用之法。佯退，要恰到好處，時之過早，容易被敵人識破；時之過遲，又難以走脫。莊王是在敵方自持兵強士眾、求勝心切，又打了幾個回合得到一些便宜之後進行的，從而縱容了對方的驕氣，導致其縱兵追擊，疲於奔命的愚蠢行動。

「走為上計」，楚莊王在與庸國的交鋒中也巧妙地運用過。

為了進一步擴張勢力，楚莊王派兵攻打庸國。由於庸國奮力抵抗，楚軍一時難以推進。庸國在一次戰鬥中還俘虜了楚將楊窗。但由於庸國疏忽，三天後楊窗竟逃了回來。楊窗報告了庸國的情況，說道：「庸國人人奮戰，如果我們不調集主力大軍，恐怕難以取勝。」

楚將師叔建議用佯裝敗退之計，以驕庸軍。於是師叔帶兵進攻。開戰不久，楚軍佯裝招架不住，敗下陣來，向後撤退。像這樣一連幾次，楚軍節節敗退。庸軍七戰七捷，不由得驕傲起來，不把楚國放在眼裡，漸漸軍心麻痹，鬥志鬆懈，警惕放鬆了。

這時，楚莊王率領增援部隊趕來，師叔說：「我軍已七次佯裝敗退，庸人已十分驕傲，現在正是發動總攻的大好時機。」楚莊王下令兵分兩路進攻庸國。庸國將士還陶醉在勝利之中，怎麼也沒想到楚軍會突然殺回；他們倉促應戰，自然抵擋不住。楚軍一舉滅掉了庸國。

三、用間與離間

遠交近攻，逐個殲滅

在複雜的政治、軍事角逐中，利用他方矛盾來達到自己既定的目標，是一項頗爲高超的鬥爭藝術。那麼，春秋戰國時期的諸侯們又是怎樣在這方面施展謀略的呢？

這個問題，我們就從秦昭王的「遠交近攻」談起吧。

「遠交近攻」是戰國末期的范睢向秦昭王提出的著名戰略。見《戰國策・秦策》和司馬遷《史記・范睢蔡澤列傳》。

當時，韓、趙、魏、楚、燕、齊等國以「合縱」的策略對抗強秦。儘管秦國經常用「連横」來拆散他們的縱約，不時戰勝他們的軍事進攻，但由於沒有一個通盤的進取戰略，所以在結盟和打擊對象上經常隨意變動，以致在打擊六國、拓展疆土上長期沒有取得實質性進

展。其結果有點兒像猴子掰包穀，掰了不少，所得卻不多。

范睢原是魏國人，因受須賈誣陷，魏相魏齊將其打得半死，後化名張祿入秦，遊說秦昭王。他首先在秦昭王面前，直言不諱地批評當時掌握秦國大權的魏冉的近交遠攻政策，認爲這樣做即使攻占了敵國的土地，由於遠離秦國本土，不能固守，反而便宜了鄰近這些土地的國家。因此，他提出應該和秦國暫時不打算進攻的遠方國家結盟，使其保持中立；這樣，秦國便可以騰出手來，進攻與秦接壤的國家，結果令「得寸則王之寸也，得尺則王之尺也」。秦昭王採納了范睢的建議，並於昭王四十一年（西元前二六六年）拜他爲相。昭王以後的幾代秦國君主，也都堅持這一「遠交近攻」的策略，終於逐個殲滅六國，完成了統一大業。

「遠交近攻」是以地理條件決定外交政策的一種策略。《三十六計》中說：

形禁勢格，利從近取；害以遠隔，上火下澤。

這幾句話意思是說，受到地理條件的限制，巧取近處之敵比攻取遠處之敵有利，火苗是向上冒，澤水是向下淌的，對策有同有異。這節按語中說：「混戰之局，縱橫捭闔之中，各自取利。遠不可攻，而可以利相結；近者交之，反使變生肘腋。范睢之謀，爲按地理使用外交謀略之定則，其理甚明。」這裡強調的是，近處如以利害相互結交，容易生變，所以對近處應該採取進攻的策略。由近及遠，逐一殲滅，實則是一種蠶食政策。

「遠交近攻」的指導思想是在攻擊一個敵人時，應儘量孤立它，對於暫時不能與之對壘的對手，則應儘量爭取使之中立。

春秋初期，周天子的地位實際上已經架空，群雄並起，逐鹿中原。鄭莊公在此混亂的局勢下，巧妙地運用「遠交近攻」的策略，取得了當時稱霸的地位。當時，鄭國近鄰的宋國、衛國與鄭積怨很深，矛盾十分尖銳，鄭國時刻都有被夾擊的危險。爲了擺脫不利局面，鄭國在外交上採取主動，接連與邾、魯等國結盟，不久又與實力強大的齊國在石門簽訂盟約。

西元前七一九年，宋、衛聯合陳、蔡兩國，共同攻打鄭國，魯國也派兵助戰，將鄭國東門圍困了五天五夜。雖未攻下，鄭國已感到本國與魯國的關係還存在問題，便千方百計與魯國重新修好，同時進一步溝通與齊國的感情，以利對付宋、衛。經過實施「遠交近攻」戰略，鄭國終於擊敗了宋國，迫使衛國求和。

明代開國皇帝朱元璋在統一江南的過程中，也很出色地運用了「遠交近攻」的策略。當時，朱元璋所面臨的對手主要是東南的張士誠和西面的陳友諒。張士誠相對較弱，陳友諒相對較強。在決定戰略方向時，朱元璋認爲張士誠一心想守住現有地盤，不足爲慮；而陳友諒正在擴張勢力，又輕驕喜功，如先攻張士誠，陳友諒必然會全力相救，自己將陷於兩面作戰的不利地位；相反，如攻陳友諒，則張士誠不一定會來救，而且陳友諒地處上游，對自己威脅較大。因此，朱元璋採納了謀臣劉基的建議，確定了先陳後張的策略。在具體實施中，朱

元璋也儘量注意減少樹敵，在西攻陳友諒時，他拉攏東南的方國珍，麻痹北方的元將察罕，穩定和牽制東面的張士誠；轉而東擊張士誠時，儘管已有了相當兵力，朱元璋還是聯絡東南的方國珍，使西方的明玉珍保持中立，同時又向張士誠占領區宣布張的罪狀，指出用兵的目的只在於滅張，號召浙西人民不要畏懼逃亡。

由上可知，朱元璋政治、軍事謀略的特點是謹愼穩妥。在對手衆多時，他善於離間對手，孤立主要敵人，透過分化瓦解，最後各個擊破。「遠交」的目的，實際上是爲了避免樹敵過多而採取的外交手腕。一旦消滅了近敵，「遠交」的國家便又成了新的攻擊對象。

「遠交近攻」是在春秋戰國時期特殊的歷史條件下，適應爭霸形勢產生的策略，後人也有所繼承，並用於實際；但多數政治家、軍事家都認爲，「睦鄰」比「近攻」的政策，更有利於國家的安寧和繁榮。

此外，隨著科學技術的發展和新的時代特點的出現，確定「交」與「攻」的標準，有時也不再拘泥於「遠」和「近」了。

黃鶴樓上看翻船

《三十六計》的第九計是「隔岸觀火」，意思就是「黃鶴樓上看翻船」，或曰「坐山觀虎鬥」。此計是運用本卦順時以動的哲理，說坐觀敵人的內部惡變，我不急於採取攻逼手段而順其變，「坐山觀虎鬥」，最後讓敵人自相殘殺，時機一到我即坐收其利，一舉成功。

這一計謀，在春秋戰國時期就廣泛地運用在政治、軍事鬥爭之中。前面剛剛講過，秦王因用范睢「遠交近攻」之計而有所發展；這裡，我們再談談趙王是如何用「隔岸觀火」之計，來製造秦國內部矛盾以保全自我的。

戰國後期，秦將武安君白起在長平一戰，全殲趙軍四十萬，趙國國內一片恐慌。白起乘勝連下十七城，又直逼趙國國都邯鄲，趙國指日可破。

趙國形勢異常危急，平原君的門客蘇代向趙王獻計，願意冒險赴秦，以救燃眉。趙王與群臣商議後，決定依計而行。

蘇代帶著厚禮到咸陽拜見應侯范睢，對范睢說：「武安君這次長平一戰，威風凜凜，現在又直逼邯鄲，他可是秦國統一天下的頭號功臣。我可為您擔心呀！您現在的地位在他之

上，恐怕您將來不得不位居其下了。這個人不好相處啊！」蘇代巧舌如簧，說得范雎沈默不語。過了好一會兒，他才問蘇代有何對策。蘇代說：「趙國已很衰弱，不在話下，何不勸秦王暫時同意議和。這樣可以剝奪武安君的兵權，您的地位就穩如泰山了。」

范雎立即面奏秦王：「秦兵勞苦日久，需要修整，不如暫時宣諭息兵，允許趙國割地求和。」秦王果然同意。結果，趙國獻出六城，兩國罷兵。白起突然被召班師，心中不快，後來知道是應侯的建議，也無可奈何。

兩年以後，秦王又發兵攻趙，因白起正在生病，便改派王陵率十萬大軍前往。這時趙國已起用老將廉頗，設防甚嚴。秦軍久攻不下。秦王大怒，決定讓白起掛帥出征。白起說：「趙國統帥廉頗，精通戰略，不是當年的趙括可比；再說，兩國已經議和，現在進攻，會失信於諸侯。這次出兵，恐難取勝。」秦王又派范雎去勸說白起，因兩人矛盾很深，白起便以病相推辭。秦王只好又派王齕去攻邯鄲，結果五月不下。秦王再一次令白起掛帥，白起僞稱病重，拒不受命。秦王怒不可遏，削去白起官職，將他趕出咸陽。這時范雎又對秦王說：「白起心懷怨恨，如果讓他跑到別的國家去，將來必是秦國的禍害。」秦王一聽，連忙派人賜劍白起，令其自刎。一代名將，竟落得如此下場！

當白起圍邯鄲時，秦國國內本無「火」，可是蘇代點燃范雎的妒忌之火，製造秦國內訌、文武失和。趙國「黃鶴樓上看翻船」，使自己免遭亡國之災。

經書說：「兵不厭詐。」如衆暴寡、強凌弱，寡弱當然不敵衆強，就必須用間諜以疑惑大國強敵之心。這樣去做，就可以達到我人少但精誠一致，彼人多但相互猜疑爭鬥。我以精誠之師，破敵相疑之罟，這時戰也可以勝，攻也可以奪取敵人要地；最起碼可以透過製造矛盾，瓦解敵人，達到自我保全的目的。

隔岸觀火，用間欺敵，最有力者莫過於挑起或利用對方將相之間的矛盾。趙國的成功就在於此。而在春秋時晉楚交鋒之中，晉國也曾巧妙運用了這一策略。

楚國太子商臣與令尹子上攻擊陳國。晉國派兵去救陳國。晉楚兩軍隔水爲陣。晉國的陽處父知道太子怨恨令尹子上，於是派人告訴令尹子上說：「兩軍隔河不便交戰，請你的軍隊稍向後退，待我軍涉水而過之後，要怎樣都隨你了。」子上想趁對方渡河時「半濟而擊」，乃命楚軍稍微後退。誰知陽處父對晉軍說：「楚軍不戰而逃了。」他沒渡河，帶兵回去了，又派人密告商臣說：「令尹子上接受晉國的賄賂，所以才撤軍的。」商臣把這個話告訴了成王，成王就將令尹子上殺了。

這段春秋故事中，陽處父成功地運用了離間敵方的計謀，不戰而勝。古代謀略家們認爲，敵方內部分裂，出現矛盾，相互爭鬥，這時切切不可操之過急，免得促成他們暫時聯手對付你。正確的方法是靜以觀變，利用或強化對方內部矛盾，讓他們自相殘殺，力量削弱，甚至自行瓦解。看來，這「黃鶴樓上看翻船」還眞有點看頭哩！

鷸蚌相爭，漁翁得利

據《戰國策．燕策二》載，趙國準備進攻燕國，蘇代爲燕國去勸阻趙惠文王，說道：「我今天來，經過易水，河蚌正出來曬太陽，鷸鳥啄住了河蚌的肉，河蚌又夾住了鷸鳥的嘴。鷸鳥說：『今日不湧（吐），明日不湧，就有死蚌。』河蚌也對鷸鳥說：『今日不出，明日不出，就有死鷸。』鷸鳥和河蚌都不肯放開對方，漁翁毫不費力就把鷸鳥和河蚌都抓住了。現在趙國準備進攻燕國，燕、趙兩國長期對抗，致使百姓疲憊不堪，我擔心強秦就會成爲『漁翁』了，所以希望大王深思熟慮啊！」趙惠文王聽罷，覺得很有道理，便下令停止出兵攻打燕國。

這個鷸蚌相爭的故事具體生動，寓意深刻。蘇代善於遊說，趙惠文王也明白事理，終於避免了相互殘殺。而在東周列國時代，「鷸蚌相爭，漁翁得利」的事例還眞不少見。

在政治、軍事等領域，有時取得成功，並不需要自己大動干戈，親自出馬，只需利用矛盾，即可坐享其利。抓住對手之間的矛盾加以利用，或者挑起他們的衝突，自己從中漁利，這在春秋戰國時期是一種常用的智謀。

據《左傳．莊公十年、十四年》載，日漸強盛的楚國，總想擴大自己的地盤。息侯和蔡侯都是娶陳國女子。有一次，息侯夫人息嬀路過蔡國，蔡侯沒有把她當上賓款待，且有戲謔之語，使息侯懷恨在心。息侯就向楚王獻計，讓楚國佯攻息國，他向蔡求救。蔡侯勇而無謀，必然來救。楚息合兵，定能打敗蔡侯。楚文王依計攻息，蔡侯果然來救，被楚軍打了個措手不及。蔡軍向息城撤退，息侯早有預謀，根本就不開城門。蔡侯成了楚軍俘虜以後，才知中了息侯之計。爲此他十分憎恨息侯。息、蔡之間的矛盾更深了。

楚文王知道息、蔡已經反目，蔡侯再也不會來救息侯了，就把蔡侯放回了。蔡侯知道楚文王好色，臨走時對楚王說息嬀是絕世佳人，鼓動楚王進攻。楚王借機綁架了息侯，滅了息國，帶走了息嬀。唇亡而齒寒，不久，孤立的蔡國也沒能逃脫被楚吞併的命運。

息、蔡這一「鷸」一「蚌」互相傾軋，其矛盾被楚王這個「漁翁」巧妙利用了。息、蔡兩國如果聯合起來，共圖存亡，不互相拆臺，楚國就無隙可乘。但他們都想借大國之力懲罰對方，結果雙方都被楚王利用，先後被楚國滅掉了。楚王不僅僅是「坐山觀虎鬥」，他甚至親自「下山」，挑起矛盾，讓「兩虎」互相撕咬、搏殺。在春秋無義戰的環境中，楚王用計是十分成功的。

後世的軍事鬥爭中，在敵方內部有矛盾時靜以觀變、坐享其利者，也還大有人在。雄才大略、足智多謀的曹操就曾隔岸觀火，最後坐收漁人之利。

東漢末年，袁紹兵敗身亡，幾個兒子爲爭奪權力互相爭鬥，曹操決定擊敗袁氏兄弟。袁尙、袁熙兄弟投奔烏桓，曹操進兵擊敗烏桓；袁氏兄弟又去投奔遼東太守公孫康。曹營諸將向曹操進言，要一鼓作氣，平服遼東，捉拿二袁。曹操哈哈大笑說，你等勿動，公孫康自會將二袁的頭送上門來的。於是下令班師，轉回許昌，靜觀遼東局勢。

公孫康聽說二袁來降，心有疑慮。袁家父子一向都有奪取遼東的野心，現在二袁兵敗，如喪家之犬，無處存身，投奔遼東實爲迫不得已。公孫康如收留二袁，必有後患。再者，收容二袁，肯定會得罪勢力強大的曹操。但他又考慮，如果曹操進攻遼東，只得收留二袁，共同抵抗曹軍。當他探聽到曹操已經轉回許昌，並無進攻遼東之意時，認爲收容二袁有害無益。於是預設伏兵，召見二袁，一舉擒拿，割下首級，派人送到曹操營中。

衆將都對曹操的料事如神十分佩服。曹操笑著分析說，公孫康向來懼怕袁氏吞併他，二袁上門，他必定猜疑。如果我們急於用兵，反會促成他們合力抗拒。我們退兵，他們肯定會自相火拚。看看結果，果然不出我料。

曹操料事如神，實則是緣於他對形勢的正確分析，對矛盾的深刻洞悉。「坐山觀虎鬥」，要「兩虎」有鬥意，才可坐觀；「黃鶴樓上看翻船」，要有風浪和危險，才有「翻船」欣賞。以靜待動，靜以觀變，利用矛盾，坐享其利，不是一種機械的教條，而是靈活多變的藝術。

坐觀成敗的得與失

坐觀成敗，可以是強國的袖手旁觀，也可以是弱國的無可奈何。上節的楚國靜觀息、蔡之爭當屬前者，而這裡要敘說的鄭國挑動晉、楚開戰顯然屬於後者。若從強弱之勢來看，前面的楚國有如老虎「坐山觀狗鬥」，此處的鄭國倒像是「狗觀虎鬥」。

周定王十年（西元前五九七年）六月，楚莊王舉兵伐鄭。兩軍在鄭國都城相持了三個多月，鄭襄公終因力薄難支，被迫向楚軍謝罪請盟。過了不久，晉景公派的救鄭部隊趕到了。此時，鄭襄公已與強楚結了城下之盟，自然擔心晉國問罪，便徵尋群臣意見。大夫皇戌自告奮勇，願意前往晉軍，說服晉軍與楚軍決戰，鄭國則坐觀雙方的成敗，誰勝了，鄭國就依附誰。鄭襄公認為，坐觀成敗，擇勝而從，的確是個好辦法，便派皇戌前往晉軍。為了雙保險，他又派人到楚軍那兒，慫恿楚王與晉軍交戰。

本來，鄭與楚結盟之後楚軍已準備班師，並無意與晉軍開戰；而晉軍主將荀林父覺得，楚軍撤走，鄭圍已解，只要鄭國仍能歸附晉國，也不必與楚軍兵戎相見。但是，由於鄭國使臣的兩面鼓動，晉、楚雙方終於激戰於邲（今河南開封）。結果是楚軍獲勝，晉軍一敗塗地。

依據擇勝而從的策略，鄭國自然還是維持城下之盟，歸附強楚。

對於鄭襄公來說，挑動兩強相鬥，自己坐觀成敗，擇勝而從，確實不失爲一種自我保全的策略；應該說，鄭國達到了預期的目的。但我們也看到，鄭襄公的計謀實出於無奈。當時的鄭國，北臨強晉，南接雄楚。晉楚逐鹿，爭霸奪利，鄭國夾在中間，常常受害。鄭國原來是有一定實力的中強之國，但自從鄭莊公之後，國力漸衰，再也無力與強楚雄晉相抗衡了。鄭國就像風箱裡的老鼠，兩頭受氣。它不敢惹晉國，也得罪不起楚國，無可奈何中只好腳踩兩隻船，楚軍打來，向楚低頭，晉國一到，又向晉軍折腰。這次，楚伐鄭，晉救鄭，鄭襄公採取挑起兩虎相鬥，自己靜觀成敗的策略，把戰爭的禍水引向晉楚之間，使本國免受戰爭的蹂躪，從這個意義上講得益匪淺。但是，從根本上講，這種坐山觀虎鬥的辦法算不上盡善盡美之計。晉楚相爭多個回合，互有勝負，鄭國無論擇誰從之，都沒擺脫可憐的附庸地位。

作爲坐觀成敗的「觀者」，內心裡都希望相爭相鬥的「老虎」雙方都失敗，待魚死網破、兩敗俱傷之時，自己坐享其利。東周列國的戰爭，從大國欺負小國、強國征服弱國開始，發展到大國爭霸，諸雄逐鹿。弱肉強食的現實，要求那些弱小之國在大國、強國的爭霸之戰中審慎地選擇，否則將無法生存。這些弱國、小國何嘗不希望大國、強國在爭鬥中兩敗俱傷，自己坐收漁人之利，並有所發展呢！可是他們的希望往往化爲泡影。

歷史和現實都告訴我們，把自己的命運寄託在希望別人失敗的基礎上，終究是可憐的，

也是靠不住的。鄭國是楚勝從楚，晉勝從晉，自己什麼時候都還是「從屬者」。

由此可知，無論政治謀略，還是軍事謀略，都必須以實力作後盾。「空城計」偶可一用，連諸葛亮也不敢再試。一個國家，一個民族，甚至自己一個人，無論何時都要自強不息，自己掌握自己的命運！實力第一，謀略第二。

借勢弱敵，制約對手

所謂「借勢弱敵」，也是我國古代一種利用矛盾的謀略。這一謀略的實質，是借用暫時尚與自己沒有直接利害衝突的第三方力量，來牽制、削弱自己的直接對手。

借勢弱敵的精彩之戲，早在東周列國的歷史舞臺上已經搬演。

春秋末年，齊國的田常打算以攻打魯國來擴張自己的實力，篡奪齊國的統治權。這時，孔子剛剛結束十幾年的流亡生活返回魯國。為了使魯國免除被攻滅的災難，孔子派遣自己「利口巧辭」的高足子貢去齊國遊說。

子貢來到齊國，首先說服田常，使他相信應該和強敵作戰，削弱齊國的軍事力量，才是他篡位有望成功的有效途徑。

隨後，子貢又爲田常去遊說當時正稱雄的吳國，打算讓吳在齊國攻魯之際來救援，然後田常再指揮齊軍與吳國作戰，以實現這一預想。子貢到了吳國，針對吳王夫差好大喜功的心理，慫恿他去救魯，以圖稱霸中原。這時夫差正在憂慮昔日被自己打敗的越國正在強大起來，只肯許諾「待我伐越而聽子」。子貢又爲夫差出主意，讓他以救魯爲名，讓越國派部隊和自己一起出征，這樣一則把越國的實力都調了出來，吳國可以放心北上稱霸；二則救魯又有了諸侯共同出兵的名義。

聽了子貢的建議，夫差非常高興，便又派子貢前往越國。子貢對越王勾踐把吳國的打算和盤託出，向他建議，滅吳的最好辦法不如附和吳國爭霸中原的野心，讓他的力量在征戰中消耗，然後越國才能趁機滅吳復仇。越王同意了子貢的設想，派出一支小部隊去聽從吳王調遣。

最後子貢還到晉國走了一趟，向晉君透露了吳王打算北上中原爭霸的「內幕消息」，使晉國「修兵休卒以待之」。這一著是子貢爲牽制吳國留下的伏筆。

憑著如簧之巧舌，子貢周遊列國，遊說諸侯，齊國終於在西元前四八四年正式向魯開戰，吳、魯聯軍打敗了齊軍，爾後吳國北上圖霸，在黃池盟會上與晉國互爭高下，越國趁機向吳國發動進攻。在此前後，齊國的田常也謀殺了國君簡公，另立簡公之弟平公，齊國的大權全部落入田常之手。這一幕政變，可以說是借勢弱敵術最出色的運用了。

在複雜的政治、軍事鬥爭中，有三方或者三方以上的力量互相牽扯、制約，容易保持一種暫時的平衡。如果一旦只剩下兩方分庭抗禮，勢必加速矛盾的激化，形成你死我活的尖銳衝突。

我國三國時期的政治家、軍事家們就深諳平衡之術，擅長借勢弱敵。

東漢末年，群雄角逐。建安元年（西元一九六年），劉備爲袁術所攻，向在徐州一帶割據的呂布求救。當時，呂布的部將大多主張不去救援，而是贊成借袁術的手來消滅劉備，而呂布則認爲，一旦讓袁術吞併劉備，將對自己形成威脅，不如以救援爲名，保留下劉備，使其牽制袁術，於是就發生了戲劇性的「袁門射戟」一幕。

不久，劉備的勢力逐漸發展起來，呂布又覺得對自己有威脅，親自帶兵打敗了劉備，迫使劉備轉而投向曹操。曹操手下也有人建議，借此機會除掉劉備；曹操則認爲這時如殺劉備，有「害賢」之名，對以後自己招攬人才不利，因此接濟他糧食、兵員，讓他去收拾殘部，牽制呂布。

建安二十四年（西元二一九年），蜀漢大將關羽從荊州北進，圍攻樊城；曹操迫於他的攻勢，打算遷都。這時司馬懿向曹操獻計，建議利用和擴大孫權與劉備之間的矛盾，以解救曹軍困境。於是，曹操遣使赴吳，「許割江南以封權」。孫權在獲曹操意圖後，寫信給曹操，表示願出兵進攻關羽後方，以解曹軍樊城之危，並要求爲他保密。曹操問部下是否要保密，大

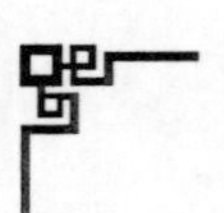

多數人認爲應該保密，謀士董昭卻主張表面上可以允許爲孫權保密，但暗中則可向關羽洩露。這樣一則可以瓦解關部軍心，加強固守樊城曹軍的鬥志；二則可以加速孫、劉互相拚殺，「坐待其斃」。後來這一預想完全實現，不僅荊州全境爲孫權襲占，就連稱雄一時的關羽也在潰散途中爲孫權部屬擒斬。

幾何學中講三角形的穩定性，如果只有兩點，便會出現直線衝突。中外古今的歷史一再說明，三角關係是複雜而微妙的，如何借勢弱敵，制約對手，實則是古今政治、軍事、外交等活動中十分重要的一種謀略。「螳螂捕蟬」，千萬要看看身後有無「黃雀」。

收買間諜，離散敵眾

「借勢弱敵」多用於三方或三方以上的制衡，而在兩方的爭鬥中注重「用間」，則是古代謀略家們都用心研究和使用的計謀。

用間者，即使用間諜，刺探敵情，分散其衆，使其君臣相怨，上下相咎，乘隙以取之。兵書上說：「事莫密於間，賞莫重於間。」古代兵書像《孫子》、《吳子》都重視用間。必用間，乃能先知敵情；必用間，乃能離散敵衆也。

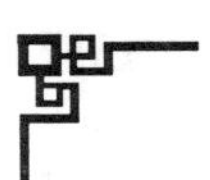

春秋末期的孫武對用間問題作過專門的深入研究。其兵法中就有《用間》篇。孫武把間分爲因間、內間、反間、死間、生間五種。因間，是指利用在敵營做事的同鄉、故舊爲自己服務；內間，是指收買敵方內部人員爲我所用；反間，是令敵方間諜給自己辦事；死間，是以假情報告訴敵人，事敗必被殺者；生間，即能完成任務又能活著回來者。通觀《用間》篇，可以看出，孫武所講的「間」，不僅負有刺探敵情的任務，而且還要從內部瓦解敵人，合者使離，親者使疏。

「五間」之中，「內間」是極重要的常用之計。孫子說：「內間者，因其官人而用之。」而敵人營壘中什麼樣的人（主要是官吏）有可能成爲己方間諜呢？杜牧注〈用間〉篇「內間」說：

> 敵之官人，有賢而失職者，有過而被刑者，亦有寵嬖而貪財者，有屈在下位者，有不得任使者，有欲因敗喪以求展己之才能者，有翻覆變詐常持兩端之心者。如此之官，皆可潛通問遺，厚貺金帛而結之。因示其國中之情，察其謀我之事，復間其君臣，使不和同也。

這裡，杜牧列舉了敵方可被收買、利用的各色人等，總體看，就是利用敵方內部矛盾、某些人的私念，既可用之提供情報，亦可分化爭取，使爲己用。

戰國末期，秦王政將孫子的「內間」之法付諸實施，巧妙而成功地滅掉了趙國。根據當時六國的具體情況，秦王決定先打力弱易攻的韓國，再攻趙、魏，然後再收拾另外三國。但是，當時韓國已納地為秦東藩，趙國也入秦「置酒」；為了師出有名，便改為先攻魏國。在發兵攻魏的同時，秦王派王敖去魏國遊說。王敖對魏王說，秦國大軍壓境，魏國這樣危急，為何不把鄴地割給趙國，讓趙國幫你抗秦呢？魏王擔心趙國不出兵。王敖謊稱自己認識趙王寵臣郭開，並且是老朋友，說他可以透過郭開的路子說服趙王。魏王相信了，便讓王敖帶著國書去趙國交涉。王敖到趙國，用三千金賄賂郭開；透過郭開的活動，趙王果然答應了魏國的請求。當趙王派兵去接受魏王的割地時，秦軍便向鄴地發起攻擊。這下子，秦國可是師出有名，與趙軍正面交戰了。秦軍攻下鄴地，連破九城。眾人建議趙王起用名將廉頗抗秦，由於郭開從中作梗，廉頗終於沒被起用。當秦軍進逼邯鄲，趙王不得不調守邊的名將李牧從代地回來。但這時郭開又接受了王敖的七千金，已經成了名符其實的內奸，依照王敖之言多方離間李牧與趙王的關係，致使李牧被殺害。秦軍見勁敵李牧被除，加緊攻城，大敗趙軍，俘虜了趙王。王敖在秦王面前得意地說：「我以一萬金收買了郭開，又用一個郭開結束了趙國。」由此可見，用間實在是厲害，一間之功不亞於千軍萬馬之力。

春秋二百四十多年，即有「弒君三十六」次之多。這些政治、軍事鬥爭，時常採用偵察、間諜等手段。戰國時期，新舊交替，戰亂不已。這期間，出現了張孟談、田單、趙奢、范雎、信陵君、李牧、蘇秦、張儀等著名人物，出現了以他們的活動爲中心的間諜活動。上述秦王的「內間」之計，可算作全豹之一斑。

內間之計在後世屢被運用，且仍有奇效。這裡我們再說說漢高祖劉邦用陳平之計死裡逃生的故事。

西元前二〇〇年，劉邦親率全部人馬三十二萬出擊匈奴，結果被冒頓單于四十萬精銳騎兵圍困于白登山（今山西省大同東）。劉邦採用陳平之計，送厚禮給冒頓的妻子閼氏，請她幫助解圍。當漢朝使者把黃燦燦的金子、亮晶晶的珍珠放在閼氏面前時，閼氏已有些動心。接著，使者又取出一幅美人圖，對閼氏說，中原皇帝恐怕大王不肯退兵，準備把中原的頭號大美人送給大王，這幅美人圖是先送給大王看樣子的。閼氏暗暗吃醋，忙說，這用不著，我請單于退兵就是了。當天晚上，閼氏說通冒頓，再加上冒頓與王黃、趙利相約會合，但王、趙的軍隊屆時未到，冒頓疑心這二人與漢軍有密謀，於是下令軍隊網開一面，劉邦帶兵倉惶出逃。

當今世界，無論政治鬥爭，軍事較量，還是外交活動，商家往來，間諜活動是愈來愈普遍，手段是愈來愈高明，技巧是愈來愈先進。在這種形勢下，瞭解和探討古代「用間」理論與方法，實有借古鑒今的作用。

據有關資料介紹，在美國最大的五百家公司中，有五分之四的公司近幾年中增加了諜報

費用開支，包括通用汽車公司、通用電氣公司這樣的舉世聞名的大公司。平均每家公司在情報開支上多達四十五萬美元。美國矽谷這樣名揚世界的半導體工業科學城，竟有五百多名各國諜報人員在那裡出沒。每年約有二千多萬美元的半導體芯被盜。

常言道：害人之心不可有，防人之心不可無。研究古今用間理論、離間方法以及間諜活動特點，對於今日的政治家、軍事家、企業家無疑是有益處的。

爭、分、隔、制，削權弱勢

三方爭鬥，要借勢弱敵；兩方對抗，常用間離間；而內部的統御，古之諸侯、帝王又另有權謀。爲了抑制權臣、重臣，不至使其功高蓋主，大權旁落，帝王採取多種削權弱勢的手段，概括而言，主要是爭、分、隔、制四種。

所謂爭，就是用類似「競爭」的方法暗中與權臣、重臣爭奪民心和時望。春秋末年，齊國內政腐敗，民衆的勞力有三分之二被公家搜刮徵用，王室的倉儲多得發霉朽爛，而基層的官吏卻在挨凍受餓——民衆更不用說了，刑法嚴酷，民不聊生。處心積慮與王室爭奪權勢的貴族田氏卻用大斗借糧食給民衆，收回時改用小斗，這樣一來，民衆「歸之如流水」。齊臣晏

嬰據此斷言：「齊政卒歸田氏。田氏雖無大德，以公權私，有德於民，民愛之。」得民心者得天下，最後田氏終於取代王室，成了齊國的統治者。

「分」是古代帝王常用的削權弱勢手法之一。這個「分」不難理解，就是以分割、分散強臣所掌權力來削弱其勢。將一個權臣之權一分爲二，或是一分爲三，其權勢便大打折扣了。善用「分」術者，可舉宋太祖爲例。北宋初年，承唐末五代藩鎮割據之弊，爲了穩定政治、加強中央集權，宰相趙普向宋太祖提出了「稍奪其權，制其錢糧，收其精兵，則天下自安」的改革策略。宋太祖採用他的建議，「杯酒釋兵權」，分割地方節度使的權力，逐次收回中央，終於改變了地方稱雄、分裂割據的局面。趙匡胤本身是以禁軍統帥殿前都點檢的身分登上帝位的。五代時，皇帝親軍是發動政變的主要依持力量，爲了穩固帝位，宋太祖對此也採取了一些辦法。首先，他讓禁軍最高級將領的職務長期空缺，讓品秩較低的將領來主持禁軍的實際事務，以便於控制；其次，他又根據五代將禁軍分爲殿前司軍、侍衛司軍兩支的體制，進一步把它分爲殿前司、侍衛馬軍司、侍衛步軍司三衙，三衙將領分別由皇帝掌握，互不統屬。後來又規定了三衙將領，必須「用邊臣、戚裡及軍班出身各一人」擔任，以不同部屬的人來互相牽制。這種「分勢術」後世帝王屢屢襲用，且多有變通。

「隔」的要義是隔斷權重勢強之臣與其重、強淵源的關聯。周公東征討平武庚叛亂後，遷殷「頑民」於洛陽；秦始皇兼併天下，「徙天下富豪於咸陽十二萬戶」；漢高祖劉邦遷六國

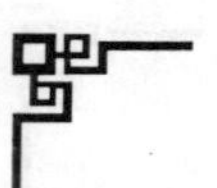

貴族以實關中等，所用的就是這種隔斷術。在封建時代，軍隊是政權的支柱，是主要的權力之源，所以隔斷強臣與軍隊的聯繫，常常是帝王削權弱勢的主要著眼點。古之「虎符」，便是這種隔斷術的具體表現形式之一。爲了防止將帥專兵干政，君王採用分隔將帥統軍權和調兵權的方法，即將帥掌握軍隊的訓練，但無權調動軍隊。軍隊的調動權由君王直接掌握，而「虎符」就是這種權力的象徵。所謂「虎符」，就是用銅鑄的虎形信物，背有銘文，分爲兩半。一半留在君王手中，一半發給統兵的將帥。要調發軍隊時，君王就隨同命令發出自己手中的一半虎符，將帥「持符驗合」，然後才能受命，否則將帥可以拒不應調；反過來，將帥如果無符擅自調動軍隊，那是有罪的。戰國時，秦數十萬大軍圍困趙都邯鄲，趙求救於魏。魏王先是派出一支十萬人的援軍，繼而又懾於秦的威勢，命令部隊觀望待命。與趙貴族平原君有姻親關係的魏信陵君憤於魏王見死不救，透過魏王寵姬，從魏王「臥內」盜出兵符，終於調動軍隊，解救了趙國之圍。由此亦可見，作爲君王制約將帥的象徵物，虎符十分重要。

「制」，乃是牽制、制衡之義。帝王對於勢強權重的大臣，除了用分、隔的手段削弱其權勢外，有時還透過另行扶植起一個新的權力重心，以削減、抵消原有權力重心的牽制手段來達到目的。唐高宗時，武后與高宗並尊，爲了削減宰相的權力，武后引用文學之士參與文書工作，「朝廷奏議及百司表疏，時密令參決，以分宰相之權」。古之宰相，位居「一人之下，萬人之上」，王權與相權的鬥爭幾乎貫穿了全部封建政治史。用牽制的手段來削減、抵消相

權，可以說是帝王與相權進行爭鬥的主要武器。秦漢時，丞相總攬朝政，位高權大，至西漢武帝，首先用尙書分去丞相拆讀天下奏章的權力，繼而又提高太尉、御史大夫的地位，使與丞相平級，並把這三個官先後更名爲大司徒（丞相）、大司馬（太尉）、大司空（御史大夫），並稱「三公」，把一相變成了三相。到了東漢，原先由丞相執掌的政務全歸屬尙書臺，三公又徒有虛名。此後，帝王用牽制之術制約宰相，代有新招，到後來甚至不設宰相。這個問題很複雜，也很有趣。

古代帝王削權弱勢之術，上舉四法僅爲大端，歷史本身當然比這複雜、豐富得多。

四、道義與謀略

話說「退避三舍」

「退避三舍」是今天人們經常使用的一個詞，比喻對人讓步，不與相爭。

說起「退避三舍」，還有一段饒有趣味的歷史故事呢。

據《左傳・僖公二十三年》記載，春秋時，晉獻公偏愛寵妃驪姬。驪姬想把她自己的親生兒子奚齊立為太子，以便將來繼任為國君。於是設謀陷害太子申生和公子重耳、夷吾。獻公聽信驪姬的讒言，先逼死了申生，又要逮捕重耳和夷吾，兩人只好先後逃到了國外。

「退避三舍」出自公子重耳之口，是他流亡國外途經楚國時對楚成王講的。當時，楚成王預見到重耳回國執政的可能性很大，便以國賓之禮接待重耳。為了日後能得到更大的好處，成王問身處逆境的重耳將來如何報答他。重耳敏銳地覺察到，正在向北擴展地盤企圖稱霸中

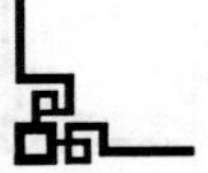

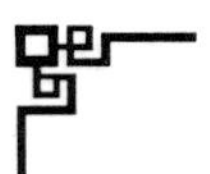

原的楚成王，要求他報答的決不是什麼玉帛珍寶，而是晉國對他的順從和臣服。於是答道：「倘使託您的福我回到了晉國，將來萬一晉、楚之間發生戰爭，雙方軍隊相遇於中原，我一定指揮我的軍隊，退避三舍，以報答您今天的盛情。那時，如果您還不肯諒解，那麼，我只好拿起弓箭，以與君周旋。」《東周列國志》第三十五回談及這件事時解釋說，三十里謂之一舍。因為行軍一般是三十里一停，三舍為九十里。退三舍而不即戰，意在報答楚國相待之恩。但重耳又不是一味無原則退讓，「退避三舍」後若楚王仍不諒解，他決不喪權辱國。這話有理有節，柔中有剛。

後來的事情被重耳不幸而言中。四年後，晉、楚兩軍發生戰事於城濮。當時重耳已是晉國的國君，即晉文公。西元前六三三年冬，楚成王率陳、蔡等國軍隊進攻宋國，宋國向晉國求救。晉文公想採取「圍魏救趙」的辦法解救宋國——決定進攻楚之盟國曹、衛。但楚卻不來救他的盟國，仍然圍著宋都商丘不放，宋圍仍然未解。晉、楚的直接較量看來不可避免了。晉文公先製造矛盾、利用矛盾，把齊、秦兩國推向自己一邊；同時，又分化楚國與曹、衛的同盟，孤立楚國。接著，又用激將法使楚將子玉攻打晉軍。晉文公見楚軍逼來，不但不前去迎擊，反而向衛國撤退，一連後退了三個三十里，撤到衛國境內的城濮。楚將子玉以為晉軍畏戰退逃，拒絕了部下提出的停止追擊的建議，窮追不捨。晉文公已經兌現了「退避三舍」的許諾，現在便要在城濮與楚決一死戰了。

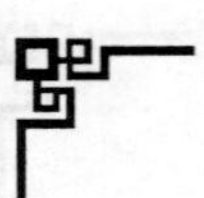

楚軍以左中右三路進攻，晉軍以上中下三軍應之。晉文公首先令其下軍向對面的楚之右軍（由陳、蔡等國戰鬥力弱的軍隊組成）進攻，敵軍潰敗。晉軍上軍這時卻佯裝退卻，誘使對面的楚之左軍追擊，然後突然調轉頭來，和中軍一起合殲楚之左軍。楚之左軍腹背受敵，大部被殲。楚將子玉見左右兩軍皆敗，自知已無力回天，最後畏罪自殺身亡。

從上面的敘述看出，晉文公「退避三舍」表面上是信守諾言，報答楚王禮遇之恩，而在實際上，其間蘊藏著政治的、軍事的謀略：這樣做，避開了楚軍鋒芒，驕縱了楚軍；激勵了晉軍士氣，贏得了諸侯同情；選擇了有利於我而不利於敵的戰場。可見，「退避三舍」原是晉文公政治上爭取主動，贏得人心和同情，軍事上誘敵深入、後發制人的韜晦謀略。

退避三舍，是信義與智謀的巧妙結合，是退讓與進攻的辯證轉化。這裡的退，是主動地退，而不是被動的退；是戰術上的退讓，但更是戰略的進取。在這裡，謀略家算的是政治帳、全局帳，是不以初次交手的形勢去論高低的。

道義與謀略是一對矛盾，在政治鬥爭、軍事較量中如何將二者巧妙結合起來，既不迂腐地執著於道義，又不是不擇手段，完全玩弄陰謀詭計，其間確有值得探究之處。

重禮而賤利

戰爭自有戰爭的法則。但是，戰爭決不意味著弱肉強食，不講禮義。晉文公「退避三舍」，言而有信，先禮後兵，傳爲佳話；楚莊王棄弱攻強，重禮而輕利，也頗讓人稱道。

楚莊王攻打鄭國。鄭國被攻破後，鄭國國君袒露著上身，前來迎接楚莊王，說：「是我得罪了貴國戍邊的大將，犯了天禍，因此，君王大駕辱臨敝邑。您如果可憐我這個國家喪亡的人，請賜給我不毛之地。現在唯有聽從君王的命令了。」莊王說：「您的不聽命令的臣子往來說壞話，才使我得以和您見面，很快來到了這裡。」兩人的對話顯然是外交辭令，出語委婉。鄭君的意思是希望莊王手下留情，不要滅亡鄭國。莊王手拿旌旗，親自指揮軍隊，退避軍營七里。

將軍子重向莊王進諫說：「攻打鄭國，我們大夫死了幾個，士兵死了好幾百，現在攻下了鄭國都城卻不占領，這豈不是白白地消耗了兵力嗎？」楚莊王回答說：「我聽說過，古時候，盂不破，皮裘不蠹，就不到四方朝聘征伐。由此可見，君子是重禮而輕利的。我要的是

人家的臣服，而不是人家的土地。現在鄭國已表示服從，如果我還不赦免人家，就是我的心不善良。我用不善良之心在天下立身處世，災禍降臨到我身上，就不需要多少日子了。」

莊王征伐，重在征服人心，不在掠奪土地，其重禮而輕利，確實反映出一個政治家的遠大眼光。他之所以能成爲霸主，讓諸侯俯首稱臣，這顯然是重要原因之一。

講求禮義、注重人心，在不久以後的楚晉對抗中，再次反映在莊王的言行之中。

晉國援救鄭國的軍隊到達後，要求與楚軍交戰，楚莊王答應了。將軍子重又向莊王進諫說：「晉國是強國，與鄭國隔得近，軍隊士氣旺盛；而我們楚軍已非常疲勞，請大王不要答應和他們交戰。」莊王說：「不可。強者我們就躲避，弱者我們就威逼，這樣，我就無從立足於天下了。」於是，楚莊王調回軍隊迎戰來犯的晉軍。莊王親自拿起鼓槌擊鼓進軍，晉軍被打得大敗。晉軍來的時候，渡過黃河向南進；打了敗仗以後，要渡過黃河朝北奔逃，士兵爭著上船，先上船的人用刀砍擊（爭著上船的士兵的）攀著船舷的手，被砍斷落在船裡的手指可以用雙手捧起來。莊王說：「唉！我們楚晉兩國國君不和睦友好，老百姓有什麼罪呢？」於是主動撤退軍隊，讓來犯的晉軍逃跑了。

從這裡看出，楚莊王有不凡的氣度與識見。他臨弱而不恃強，見強又不示弱。攻伐征戰中不廢仁義禮節。當然，莊子所謂「重禮而輕利」，也並非眞的只講禮義，不講利益，而是在眼前利益與長遠利益中，更重長遠利益，而其禮義之舉，也是爲他稱霸諸侯的根本大計服務

的。

楚莊王並非全是一位寬厚仁慈的君王，前面曾講過的「設計伐宋」一事即爲證明。

這段史實，讓我們想起一則伊索寓言——狼和小羊。一隻狼瞧見一隻迷路失群的小羊，決定暫緩下毒手，先想找點理由出來，對小羊證明自己有吃它的權利。狼就說：「小鬼，你去年曾經痛罵過我。」小羊可憐地說：「老實講，我去年還不曾出世呢。」狼再說：「你在我的草場上吃過草。」小羊回答說：「不，先生，我還不曾嘗過草味呢。」狼又說：「你喝過我井裡的水。」小羊叫道：「不，我從沒喝過水，因爲直到今天，我吃的全是母親的奶汁。」狼一聽這話，便攫住小羊，把它吃了。說：「好！即使你駁倒我每一句話，我終究是要吃晚餐的。」

春秋爭霸，戰國稱雄，那時是一個大動蕩、大革命的時代，也是一個智慧與力量較量的時代，因此，當時所謂「理」、「禮」、「義」只是相對的，實際情況當具體分析。

「仁義」不可錯解錯用

眞正的戰爭是血與火的交並，是生與死的較量。戰爭雖有禮與非禮、正義與非正義之

分，但切不可對禮義、仁義等作錯誤的理解。

宋襄公在你死我活的戰場上大講「仁義」，差點送了性命，其教訓足以警示後人。

盂地之盟，宋襄公固執地要對強楚大行仁義，被楚王嘲諷戲弄了一番，險些國破身亡。按理他應吸取教訓，學乖一點；誰知他仍舊執迷不悟，在不該講仁義的地方和時候大講仁義，結果自食苦果。

魯僖公二十三年（西元前六三八年）三月，鄭文公朝楚。也是這個鄭文公，在亳都會盟時曾經首先倡議尊楚王爲盟主，如今又帶頭把楚王當霸主來朝拜了。這件事使仍在做霸主迷夢的宋襄公無法忍受，於是便不顧敵我雙方的實際情況，貿然興兵攻打鄭國。

鄭被宋攻，楚國自然不會坐視不管。楚王派兵向後方空虛的宋國殺去。正與鄭軍相持的宋軍不得不慌忙撤退，列營於泓水之南以拒楚。在楚強宋弱的情況下，宋軍本應儘量避免與楚軍決戰才是，但宋襄公卻自信自己「仁義有餘」，定可以像武王伐殷那樣，以少勝多。他樹起寫有「仁義」二字的大旗，企圖以仁義取代實力的較量和謀略的運用。

兩軍對壘時，宋襄公這位「仁義」之君實在是「仁義」得讓人難以置信，讓部下哭笑不得。當時，宋軍已經擺好了陣勢，而楚軍還沒有全部渡過泓水。司馬子魚對襄公說：「楚軍人多，我軍人少，趁他們還沒有全部渡過河，請下令攻打他們。」宋襄公說：「不可。」等楚軍全部渡過河後，還沒擺好陣勢，司馬子魚又請求下令出擊。宋襄公還是說：「不可。」

等到楚軍列好戰陣，兩軍才交鋒。結果可想而知，宋軍大敗，襄公本人傷了大腿，左右護將全部戰死。

宋襄公實在是「仁義」之極，也迂腐之極。國人都把打敗仗的責任歸罪於宋襄公。他卻爲自己辯解說：「君子不對受傷的敵人再加傷害，不俘虜頭髮花白的老年人。古代打仗，不去狙擊處在狹窄險隘地帶的敵人。我雖然是亡了國的商代的後代，但也不能去攻擊沒有擺好陣勢的敵人。」

這顯然是迂腐之論，愚蠢之極。要知道，對敵方的仁慈，就是對己方的殘忍。由於宋襄公的錯誤，他的許多將士成了冤死鬼。

還是那位司馬子魚，針鋒相對地駁斥了宋襄公。他說：「您不懂得戰爭。強大的敵人，處在狹窄地帶，還沒擺好陣勢，這正是上天助我。攔截而攻擊他們，完全可以。即便這樣還怕不能取勝呢。現在，強大的楚軍個個是我們的敵人。即使是老頭子，俘虜了就抓過來，不管他什麼頭髮花白不花白。教士卒明白什麼是恥辱，訓練軍隊如何作戰，目的都是爲了殺敵。敵人受傷了但沒殺死，爲什麼不可以再殺他一刀？如果愛惜敵人傷員，而不能再加傷害，那麼爲什麼不一開始就不去殺傷他呢？愛惜頭髮花白的敵人，還不如向敵人投降呢！三軍將士要用在有利時機，鳴金擊鼓是爲了鼓舞士氣，有利就用。狙擊處在狹窄地帶的敵人當然是可以的。鼓聲大作，士氣振奮，進攻沒擺好陣勢的敵人，也是可以的。」

可見，司馬子魚的頭腦要比他的國君頭腦清醒得多。若按司馬主張行事，宋軍也不致慘敗。

與此類似的情況在秦末漢初之際也出現過。韓信、張耳聯手攻擊趙國，趙王及成安君陳餘得到情報之後，駐紮在井陘口。廣成君、李左君向成安君遊說：「韓信、張耳乘勝追擊，氣勢難以抵擋。我聽說等待千里之外送糧，士兵必定有饑色；等柴乾再起火，部隊一定耐不了饑餓。如今他們的部隊在井陘，戰車尚未整頓好，騎兵也尚未列好陣勢，可見糧食一定還沒有運到。希望您能讓我帶騎兵三萬人，走捷徑去斷他們的糧食補給，而您可以做好防禦工事，不必與他們作戰，不過十天，韓信、張耳的首級，就可以送到您的營帳裡來了。」

可惜，成安君自稱率領的是義軍，不願採用他的計謀。在生死較量中拘泥於這種小信小義，實在可悲可歎。

我們這裡批判宋襄公、成安君的迂腐之「仁」，並不是說兵家與仁義無緣。仁義講得好，可以得衆而興；仁義一點也不講，終將失衆而亡。晉文公退避三舍就是講仁義恰到好處的例證。但仁義是有條件的，要區分不同時機和地點。俗話說：「見火不滅火燒身，見蛇不打蛇咬人。」在生死攸關的戰場，決不能心慈手軟。宋襄公亂講仁義，說明他並不瞭解「仁義」究指何物，也不懂何時何地該講仁義，何時何地不該講仁義。

仁義不是萬能的。在戰爭中，沒有實力，沒有韜略，徒有仁義，必敗無疑。

「半濟而擊」的戰術

宋襄公不在敵人渡河之際展開攻擊，而是等敵人全部上岸，準備充分以後再交手，看來很講「仁義」，頗有「紳士風度」，實則是不懂軍事。

對同樣的情況，軍事家孫武提出了截然相反的主張。《孫子兵法．行軍篇》上說：

凡處軍相敵：絕山依谷，視生處高，戰隆無登，此處山之軍也。絕水必遠水，客絕水而來，勿迎之於水內，令半濟而擊之，利；欲戰者，無附於水而迎客；視生處高，無迎水流，此處水上之軍也。

這意思是說，在各種不同地形上處置軍隊和觀察判斷敵情時，應該注意：通過山地，必須靠近有水草的山谷，駐紮在居高向陽的地方。敵人占據高地，不要仰攻。這是在山地上對軍隊的處置。橫渡江河，應遠離水流駐紮；敵人渡水來戰，不要在江河中間迎擊，等敵人渡過一半時再攻擊，這樣較爲有利。如果要同敵人決戰，不要緊靠水邊列陣；在江河地帶紮營，也要居高向陽，不要面迎水流。這是在江河地帶上對軍隊的處置。《百戰奇法．水戰》

也說：「若敵率兵渡水來戰，可於水邊伺其半濟而擊之，則利。」

這裡，孫武提出了一個重要的戰術原則——半濟而擊，即當敵人渡水作戰時，應當抓住它正在渡水，部隊無法展開的機會發動攻擊，殲敵於水際灘頭。這一「半濟而擊」的戰術被吳王闔閭的胞弟夫概用於吳楚交鋒，並取得了成功。

西元前五〇六年，吳王闔閭在孫武、伍子胥等人的輔佐下，起兵伐楚。吳軍縱橫數千里，連戰皆捷，遂拔郢都。在吳軍發起的一系列戰役中，吳軍先鋒、吳王之弟夫概在清發水（約爲湖北安陸隨縣的涓水），趁楚軍半渡之時，發起進攻，結果一舉獲勝。

吳楚交鋒，楚軍連連敗北，銳氣已挫。先鋒夫概率五千人馬，進攻楚軍大營。毫無防備的楚軍一觸即潰。吳王率軍全力投入交戰，楚軍全線潰退，主帥子常逃往鄭國。吳軍乘楚軍失去主帥、群龍無首、部隊混亂之機，向西進行戰略追擊。

到清發水，吳軍追上了楚軍。吳王正要下令攻擊，夫概不同意，勸阻道：困獸猶鬥，何況是人，如果逼之太急，楚軍會拚死一搏的。這樣還不如暫且駐兵，等楚軍半渡之時再趁機攻擊。到那時，楚軍先渡河的倖免於難，無心戀戰；後渡河的羨而爭渡，也會失去鬥志，我軍肯定可以大獲全勝。吳王聽了覺得這個建議有道理，後來趕到的孫武也認爲這是個好主意。

楚軍大將薳射初聞吳軍追來，準備列陣決一死戰。後又聽說吳軍後撤，以爲對方不敢窮

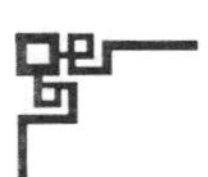

追，於是下令五鼓飽食，全軍渡江。誰知部隊十停剛剛渡過三停，吳軍突然衝殺而來。此時，楚軍將士爭相渡河，頓時大亂。莬射制止不住，只得乘車疾走。混亂中的楚軍隨其主將亂闖亂竄。吳軍從後面掩殺，殺得楚軍屍橫遍野，掠取旗鼓戈甲無數。

事實說明，「半濟而擊」確實是行之有效的戰術。正在半渡中的軍隊，有的已渡到對岸，有的處在河中間，有的還在等待渡越，隊伍散亂，形不成整體戰鬥力，加之容易造成人心混亂，實在是給了對方千載難逢的良機。「半濟而擊」在宋襄公看來是不仁不義，但戰爭的規則是刀兵相見，你死我活。約三百年之後，韓信在濰水運用「半濟而擊」的戰法，大敗齊軍。古今中外，類似的戰例還有不少。

「半濟而擊」，主要用於對方軍事上、心理上懈怠之時，趁亂出擊，亂中取勝。若半渡之師是有備而來，攻守兩方誰勝誰負未可料也。

西元三八三年，前秦與東晉交戰，兩軍對峙於淝水。秦軍將領認爲秦軍多，晉軍少，阻止晉軍上岸作戰，更爲穩妥。苻堅則高傲蠻橫，認爲前不久的洛澗一戰雖然失敗，但秦軍仍很強大，眼下正是滅晉的好機會，決不能避戰示弱。他主張待晉軍半渡時以鐵騎突襲取勝。於是，命令秦軍撤出淝水沿岸陣地，向後退卻。同時，通知了謝玄渡河作戰的時間。

苻堅本想待晉軍半渡時，消滅對方於淝水之濱，但卻忘了：「兩陣相向，退者先敗，此用兵之常勢也。」秦軍前不久剛打過敗仗，此時又退，士氣大挫，接到退令士卒爭相奔逃。

此時，身困秦營的晉軍舊將朱序等人乘機大喊：「秦軍敗矣」，秦兵信以爲眞，自相驚擾，致使全線崩潰。晉軍乘勢迅速登岸，追殺逃敵，取得了輝煌勝利。

看來，任何戰術原則都不是恒定不變的。半濟而擊也好，將此法反其道而用之也好，關鍵都要知己知彼，見機行事。這裡，有軍事實力的較量，但更是一種鬥智鬥勇的心理戰。當然，無論是心理之戰，還是兵戈之爭，都與迂腐可笑的「仁義」水火不容。

先禮後兵，大智大義

前面兩節，分別說到了宋襄公錯解錯用「仁義」和夫概「半濟而擊」的兩個戰例，都涉及到用兵與用禮的問題。

禮與兵，或者禮與謀，是相互矛盾的統一體，二者的關係較爲複雜，但萬變不離其宗，一個基本原則是按實際情況辦事。

先禮後兵，也是古代帝王、兵家的重要韜略。所謂「先禮」，就是先講禮貌；所謂「後兵」，是說講禮貌行不通時再使用強硬的手段。先禮而後兵，最後的勝利不僅是軍事上的，而且是道義上的。如果一開始便施以威勢，以武力相逼，這種以力屈人難以征服人心。沒有人

心的馴服不能算眞正的征服。

先禮而後兵，既是一種兵家智略，也是一種政治智慧。前面講過的晉文公「退避三舍」，實際上就是先禮後兵、後發制人的成功事例。這種「退避」，贏得了軍事上的主動，同時也贏得了政治上的主動。接著，我們再講講宋代開國皇帝宋太祖先禮後兵的事，既可與東周諸侯智謀遙相呼應，也能給我們更多的歷史啓示。

北宋建隆元年，宋太祖趙匡胤加封北周舊將李筠爲中書令，意在以此籠絡北周舊臣爲自己效力。

宋朝赴北周加封的使者走到潞州的時候，李筠已經知道這件事。他想要拒絕宋太祖的加封，這時他左右的文臣謀士紛紛勸阻：「宋太祖乃天下明君，不可與之爲敵。」李筠只好招待宋朝使者。他一邊吩咐擺設酒宴，一邊又取出北周舊國君的畫像掛在堂上，並失聲痛哭。左右衆將頓時慌了手腳，忙對使者說：「李筠是多吃了酒，有失常志，請勿見怪！」

北漢國君知道了這件事，便派遣密使與李筠商量，並帶有用蠟密封的書信，要與他共同舉兵抗宋。這時李筠的大兒子李守節極力反對他父親的舉動，多次奉勸其歸順大宋，以至痛哭苦諫。但李筠一意孤行，毫無悔意。

宋太祖知道了這些情況，並沒有馬上發兵征討，而是採用下詔慰撫的辦法，並且詔封李筠長子李守節爲皇城使官職。李筠趁機派李守節入朝窺伺太祖動靜。宋太祖故意裝作不知來

意，問李守節：「你來有什麼事嗎？」李守節慌了手腳，立即跪下叩頭說：「陛下何出此言？必是有人挑撥我們父子和皇上的關係。」這時宋太祖正色道：「我聽說你多次勸諫你父親歸宋，他不聽，所以派你來，想讓我殺了你。你回去告訴他，我未當天子時，可以任他所爲；現在我做了天子，難道唯獨他能不給面子、拒做臣子嗎？」李守節對此無言以對。

李守節回去以後，將宋太祖的話告訴了李筠。李筠見事機已洩露，便先下手爲強，派人起草檄文聲討太祖，又派兵向宋朝進攻。

宋太祖對李筠是仁義在先，既然無效，也就只好武力征討了。結果是宋兵獲勝。李筠見大勢已去，於無可奈何中投火自殺。李筠的長子李守節獻出城池投降，太祖念其初衷，對李守節未加罪，還任用他爲單州團練使。

在對待李筠叛亂的整個過程中，宋太祖有禮有節，大智大義，不愧爲一代王者。

古之帝王及其軍隊應是威武與仁義並舉。一味炫耀武力，往往會窮兵黷武，喪失人心；如若沒有威武，一味講仁義，往往又會流於迂腐儒弱。

中國古代，偏重於恩禮的政策所產生的政治效果是王道，偏重於威罰的政策所產生的政治效果是霸道。而多數情況下是「霸王道雜之」而在某一方面有所偏重，這就是所謂的「逆取順守」。作爲具體的戰術性的恩、威行爲，主要見於帝王對具體人事的處置手段。上述宋太祖之於李筠即其一例。恩與威「相濟」，是一種較高的要求。馬基雅維里在《君王論》中指

出：「君王到底爲人所懼好些，還是爲人所愛好些，對於這個問題，我的結論是這樣的：人之愛君是依照他們自己的意志而行事的，一位聰明的君王應將自己的地位建立在他本人所能控制的事物上，而不應建立在爲他人所控制的事物上，同時他也應該避免爲人所恨」。

待敵先發，而後己發

「退避三舍」也好，「先禮後兵」也好，從謀略學的角度講，都有以逸待勞、後發制人的意思。

《戰國策．齊策五》：「騏驥之衰也，駑馬先之；孟賁之倦也，女子勝之。夫駑馬女子筋骨力勁，非賢於騏驥孟賁也，何則？後起之借也。」

《百戰奇法．後戰》：「凡戰，若敵人行陣整而且銳，未可與戰，宜堅壁待之，候其陣久氣衰，起而擊之，無有不勝。法曰：『後於人以待其衰。』」

這裡論述的是「後發制人」的道理，與「先發制人」相對應。

欲知「後發制人」的妙處，也可先看看「先發制人」的好處。古今中外，在政治、經濟、軍事、外交等各個領域，運用先發制人手段而獲成功的例子舉不勝舉。大量事例都證

明，在對方缺乏準備之時，突然採用先發制人的方法，能使對手驚慌失措，指揮失靈，協同失調。其成功和高明之處，正如拿破崙在總結他成功經驗時洋洋自得地表示的：我能夠在別人猝不及防的情況下，知道自己應該說什麼話和採取什麼行動。

「先下手爲強，後下手遭殃」，中國的這句老話是有一定道理的。

但是，凡事都不是絕對的，「先下手」固然能出奇制勝，「後下手」有時也能以靜制動，取得最後勝利。

「後發制人」，古往今來也一直是政治上、軍事上常用的韜略。謀劃政治韜略，主動性是極爲重要的。政治上的主動性來源於正確的道義。和對手角逐時，待敵先發，而後己發，敵方企圖就會充分暴露，自己也就可以避敵所長，攻敵所短，贏得人心，在政治上、道義上立於不敗之地，同時也爲軍事上的勝利奠定基礎。

我國歷史上軒轅時代的阪泉之戰，軒轅氏就採取了後發制人的戰略。當時，軒轅氏族剛剛開始從遊牧經濟向農業經濟變化。他們過慣了遊牧生活，行動迅捷，遠途征戰只要攜帶牛羊就可以維持給養，無後勤運輸之憂。與這個氏族抗衡的掄罔（神農氏族第八代帝）所率領的氏族，習慣於農耕生活，兵馬未動，糧草先行，一旦進入不種糧秣的牧區荒野，後勤供應脫節，便會失去主動。軒轅氏雄才大略，針對敵方這一弱點，運用機動退卻戰術，戰於河南（今開封鄭州間），再戰於河北，最後退至阪泉之野（今河北清苑縣），終於選擇到地形、生活

條件利於己而害於敵的良好戰場，站穩腳根，進行決戰，一舉獲勝。

春秋戰國時期，運用後發制人的戰略而取勝的也不乏其例。如我們曾講過的晉楚之戰。西元前六三五年，楚攻宋，宋求救於晉。幾番周旋、較量，晉楚直接交手。晉文公命部下避其銳氣，佯裝退兵，後發制人，終獲大勝。

在作戰中使用後發制人的韜略，從戰略角度出發，既有軍事，特別是力量和態勢方面的因素，更有政治方面的意義。在戰略上後發制人的政治意義往往大於軍事意義。後發制人，更容易爭得人心，動員群衆，取得友鄰的同情和援助；同時，也有利於軍事上的持久，避免不利條件下決戰，以便爭取時間，創造取勝的條件。

說到後發制人的成功戰例，不得不說說三國。三國時，吳國殺了關羽，劉備怒不可遏，親自率領七十萬大軍伐吳。蜀軍從長江上游順流進擊，居高臨下，勢如破竹；舉兵東下，連勝十餘陣，銳氣正盛，直到彝陵、蕭亭一帶，深入吳國腹地好遠。孫權命年輕將領陸遜爲大都督，率五萬人迎戰。陸遜年輕有爲，精通兵法。他正確地分析了形勢，認爲劉備銳氣方盛，並且居高臨下，吳軍難以進攻。於是，決定實行戰略退卻，以觀其變。吳軍完全撤到山地，這樣，蜀軍在五六百里的山地一帶難以展開，反而處於被動地位，欲戰不能，兵疲受阻。相持半年，蜀軍鬥志鬆懈。陸遜看到蜀軍戰線綿延數百里，首尾難顧，在山林安營紮寨，犯了兵家之忌。陸遜一把火，毀蜀軍七百里連營，蜀軍大亂，傷亡慘重，慌忙撤退。陸

遜創造了中國戰爭史上以少勝多、後發制人的著名戰例。

後發制人，從政略到戰略，從戰略到戰術，都不乏成功之例。且說兩個拳師相對，聰明的拳師往往退讓一步，而蠢人則氣勢洶洶，劈頭就使出全副本領，結果往往被退讓者打倒。《水滸傳》中記述，在柴進家中，洪教頭與林沖比武，洪教頭把花棒掄得呼呼作響，連叫幾聲「來！來！來！」林沖先退一步，以守爲攻，很快抓住了洪教頭的弱點，把他打翻在地。

可見，後發制人確實大有妙處。制人不在前後，關鍵在於主動。

機遇與實力同樣重要

和兵家一樣，商戰權謀也有「先發制人」與「後發制人」的問題。「先發」還是「後發」，並無一定之規，關鍵也是在於依據市場行情及自身實際，採取行之有效的辦法。

這裡，我們先說說捷足先登搶占市場的商戰實例。

別人沒想到的你先想到，別人尚未行動你捷足先登，這樣較易於取勝。日本新力公司的成功即得益於此。四〇年代末期，新力公司在日本東京廢墟中創辦起家。首先推出在美國剛發明，而大部分日本人還未知曉的磁帶答錄機，初戰告捷。一九五二年，美國貝爾實驗室試製成了晶體管。新力公司立即搶先以二萬五千美元買下專利，大批生產袖珍式晶體管收音機，比其他競爭者早了兩年推出市場。就靠這兩年，新力公司搶占了晶體管收音機市場，每年利潤達二百八十萬美元，一躍成爲日本大企業之一。

捷足先登，運用時間差，實乃是商家取勝的一個法寶。新力公司「先發制人」而取勝，另一香港電器商的成功也得益於一個「先」字。

一九八二年，美國政府取消電話電報公司的電話機專營權，允許電話機公開製造和銷售。香港電器商一聞此訊，馬上將原生產收音機、電子錶的企業全部轉產電話機，蜂湧撲向美國市場，大獲全勝。一九八三年第一季，香港對美電話機出口達到近二億美元，比上年同期增長了十九倍。

市場風雲，千變萬化。而市場風雲的任何變動，都意味著市場份額的重新分配。這對競爭者來說，既是危機，又是時機。在國際商戰中，每一個競爭者都必須有應市場之變而變的觀念和臨機應變的本事，這樣才能立於不敗之地。

近幾年來，歐美人爲減肥、抗癌、防心臟病，愈來愈崇尚具有天然質素的保健食品。市場趨勢，悄然變化。美國百事可樂飲料公司審時度勢，在不驚動強敵可口可樂公司的情況下，迅速投資生產無糖減肥可樂。該產品投放市場後，大受消費者歡迎。當時，可口可樂公司雖然已有所覺察，卻遲了一步。然而，這一步之差，使百事可樂公司大獲市場之利，此產

品銷售額已高達十二億美元。

上面所舉，皆是捷足先登、先發制人的商戰實例。當然，就像寫文章，有法而無定法，商家競爭，也沒有固定不變的模式。「退避三舍」、「後發制人」，同樣也可後來居上，領商界之風騷。

我們知道，與強敵決戰，出路只有三條：投降、媾和、退走。投降是徹底失敗，媾和是一半失敗，退走則可以轉敗為勝。所以，兵法三十六計中有「走為上計」。

美國惠普電腦公司一直堅持一個原則：即產品優質可靠與技術創新完全是兩回事。所以當市場上出現新產品時，他們總是甘拜下風，落後兩三年，再後來居上，將自家產品推廣到顧客中。

惠普公司絕少在市場上第一個推出新產品，該公司常採取反擊式的行銷策略。這就是，當競爭廠家新產品上市以後，惠普就發動大批工程技術人員去對購買新產品的客戶做服務性的拜訪，頻頻打探他們對該產品的意見。例如，顧客喜歡產品的哪些特色、性能，哪些是他們不喜歡的。這些工程技術人員將用戶意見帶回公司，進行總結、研究；然後，根據用戶的意見，對新產品進行改造。不久，他們便生產出完全符合顧客要求的新產品來，於是惠普公司的產品就以絕對優勢壓倒先上市的那些競爭產品，真正做到後來者居上。

這是商戰謀略，而又符合市場競爭的鐵律：質量是產品的生命，是企業的生命。惠普公

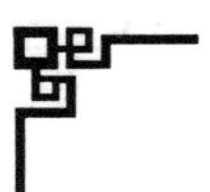

司後來居上，是對對手產品的揚長棄短所致，質量第一才是其最後取勝的法寶。眞正的競爭不能僅憑僥倖或投機。

人生的旅程中又何嘗沒有這種選擇呢！有時，機不可失，時不再來，捷足先登便使整個人生變得主動順利，這樣的時機自然切切不可放過。而有時候，暫緩一步半步，人生又是一片豔陽天。比如，甲乙兩個學生參加聯考，兩人成績相當，結果第一次考試乙發揮正常，上了普通大學，而甲發揮欠佳，只能上專科。這時，甲認爲自己有實力，有潛力，便放棄上大專的機會；第二年勤學苦讀一年，結果考上了知名大學。

這樣的例子在生活中並不少見。人生的跑道是坎坷而又漫長的，遲個一步半步並不重要，只要你有足夠的力量與信心，有堅強的意志和持之以恒的精神，勝利的曙光定是可望又可即的。

五、選擇與取捨

避免兩線作戰

政治軍事，兵戰商戰，乃至個人事業與生活，無不需要選擇，無不需要取捨。有位西方作家曾這樣寫道：

在人的一生中，無數次選擇就像彎彎曲曲的路一樣，有時可能走了一大段無謂的彎路，但這是不可避免的——正像世界上絕無筆直的大道一樣。選擇是藝術，但願我們在以後回首往事時，不要說：「真遺憾我沒有那樣做！」

可見，選擇之於人生是何等重要。一個人，即使駕著的是一隻脆弱的小船，但只要舵掌握在他的手中，他就不應任憑波濤擺布，而應有選擇方向的主見。

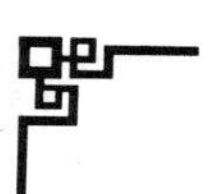

我們還是先拋開人生選擇上的坐而論道，回到東周列國的政治與軍事的具體選擇中來。這裡要談的，是晉悼公避免兩線作戰的一著高棋。

西元前五六九年（周靈王三年），陳國被楚國征服，北方山戎也屢屢侵擾中原。晉悼公召集群臣，商討如何對付山戎騷擾的問題。有的大臣認爲，晉國強大，連楚國這樣的大國都不在話下，豈容小小的山戎造反。這些大臣力主武力滅戎，並以齊桓公「先定山戎，後征荊楚」的稱霸經驗爲佐證。大臣魏絳不贊成這種意見，認爲「今諸侯初會，大業未定，若興兵伐戎，楚兵必乘虛而生事，諸侯必叛晉而朝楚」，對山戎應採取「和」的策略，以便集中力量與楚國抗衡。爲了使晉悼公和其他大臣信服，魏絳具體說明了和戎的五大好處。

晉悼公聽了魏絳的建議，又仔細分析了當時的形勢。楚國征服了鄭、陳兩國，爭霸勢頭咄咄逼人，可以說是晉國稱霸的主要對手；山戎諸國雖然也窺視中原，小有舉動，但畢竟不構成大的威脅。在主要矛盾與次要矛盾之間當然要做明智選擇，這個選擇就是「抓主放次」。晉國若能與山戎諸國和睦相處，建立「統一戰線」，便可解除晉國的後顧之憂，集中主要力量與楚國進行鬥爭。顯而易見，和戎與「先滅山戎，後征荊楚」的主張相比更有利於當時的晉國，實爲上策；與「以戰滅戎，同時勝楚」的兩線作戰相比，無疑要高明得多。

主意已定，晉悼公就派魏絳爲使者去無終（國名，今河北玉田縣），與國王嘉文商議和戎之策。在魏絳和嘉文的斡旋下，山戎諸國歃血定盟：晉侯嗣伯，主盟中華，諸戎願奉約束，

捍衛北方，不侵不叛，各保寧宇。此後，晉國在八年中九合諸侯，戎狄親附，成爲名符其實的諸侯霸主。

用兵之道，歷來講究「並敵一向」，意思是集中兵力指向同一個方向和目標，對付主要的敵人，打擊敵人的要害部位。晉國當時的目標是爭當霸主，主要敵人是楚國，因此其「和戎」之策，穩定了後方，集中了全力與楚爭雄，如果晉國兩線同時出擊，既對付強楚，又欲剿滅山戎，力量一分散，前後受敵，誰主沈浮，未可料也。

中外戰爭史都表明，一個國家，一支軍隊，一旦四面樹敵，陷入兩線作戰甚至多線作戰的困境，必然造成人力、物力的分散，這樣往往導致失敗的結局。強敵入侵，如果因害怕敵人而屈膝求和，無疑是投降主義，毫不足取；四面或多面受敵，若經過權衡，能與其中一方或幾方達成某種媾和的協定，全力對付另一方，那媾和就不是什麼軟弱可欺，而是一種明智的抉擇，一種有效的策略。

戰爭中，矛盾錯綜複雜，對手不止一方。在這種情況下，深刻分析矛盾，研究對手，明確自己的主攻目標，做出正確的選擇和決定，實在是一門高超的藝術。有位作家這樣說：將軍決戰豈止在戰場！事實也是如此，正確的路線，正確的策略，正確的選擇，往往比戰場上的直接較量要重要得多。因爲，大方向對了，雖有曲折和坎坷，終究可到達目的地；如果方向都不對，南轅北轍，費勁愈大，離目標愈遠。

集中兵力，各個擊破

選擇有時是主動的，有時則是被迫的。倘若不有所選擇，有所取捨，就會陷入困境，走向失敗。

這裡談談在戰場上敵衆我寡的情況下，如何正確分析敵情，採取恰當進攻策略的問題。這方面，西元前五一九年的吳楚之戰是很有啓迪作用的。

吳楚之戰與兩個人有直接關係，即伍子胥和太子建。伍子胥是楚國大臣伍奢的次子。伍奢因爲指責楚平王奪兒媳廢太子的不道德行爲，與他的大兒子一起被楚平王殺害了。伍子胥隻身出逃，到宋國與先逃出來的太子建相會。

伍子胥與太子建出逃之後，太子建的母親還留在楚國的鄖陽。楚國大臣費無極擔心她做伍子胥的內應，催促楚平王殺了她。太子建的母親聽到這個消息後，暗地派人赴吳國求救。吳王僚派公子光去鄖陽接她，走到半路就被楚將薳越擋了回來。

楚平王想趁此機會大舉進攻吳國。他拜令尹陽丐爲將，糾集陳、蔡、胡、沈、許、頓等六國之兵，分三路向吳國進發。吳王聞訊，便同公子掩余率軍一萬、犯人三千應戰。雙方還

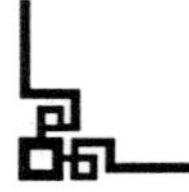

沒有交戰，楚令尹陽丐突然病亡，大將薳越代行其職。

吳王僚與公子光分析了楚軍形勢，認爲楚軍臨陣亡將，必會影響士氣；而統御胡、沈部隊的兩位國王，年幼無知，未經戰陣，陳國領兵的大夫有勇無謀；頓、許、蔡三國長期在楚國統治之下，內心怨恨，必不肯賣力。說起來是「七國聯軍」，其實同役不同心，並不難對付。

對形勢的正確分析導致了正確的決策。吳國決定，先集中兵力打敗胡、沈、陳三國部隊，其他小國的部隊見三國兵敗，必引起慌亂，楚軍也將受到震撼。這樣由此及彼，各個擊破，便可大獲全勝。

在進攻之中，吳軍又巧用了「示弱」之計。吳王將軍隊分成三陣，公子光在左，公子掩余在右，吳王僚居中。戰鬥開始後，吳王先派三千犯人打頭陣，胡、沈、陳三國部隊匆忙應戰。這三千犯人本是烏合之衆，上陣不久便如鳥獸散，一片混亂。三國部隊見吳軍如此不堪一擊，便壯大膽子，縱兵追趕。這樣一來，頓時隊形大亂。吳軍左右兩軍，趁勢從兩翼掩殺。陳國主將當場被殺，胡、沈兩國國王被俘，不久也被斬首，軍士死傷無數。許、蔡、頓三國將士知道這不利的消息後，哪敢再戰，紛紛逃命去了。剩下楚軍，已士氣大減，人心惶惶，不成陣勢；吳軍合爲一體，趁著士氣正旺，向楚軍撲去。結果，楚軍一潰千里，損兵折將，連主將薳越也兵敗自殺。

吳以一國之師勝楚為首的七國聯軍，得益於對敵我雙方形勢的正確分析，得益於總體戰略和具體戰術的巧妙運用。敵人雖衆，但人心不齊，吳軍雖少，但同仇敵愾，這樣就為分化敵人，以少勝多奠定了基礎。而作戰時，以弱隱強，退兵誘敵，致使對方上當，又是一著高棋。

在複雜的形勢下，面臨衆多的敵人，必須集中優勢兵力，以一點為突破口。這已成為兵家之常識。四面出擊，遠不及一處開花。人生如戰場，有時也會同時面臨許多困難，許多問題，如果想同時戰勝許多困難，解決許多問題，也許會一無所獲。倘若能認眞研究問題，分析困難，有所選擇，先集中精力攻其一點，以此為突破口，然後再逐一解決其他問題，這樣就可能獲取成功。事實證明，多數人的失敗，往往都不是因為他們無能，而是因為他們心意不專，不會選擇和取捨。

先揀弱的打

吳楚之戰說明：面對多路敵人，先揀弱敵殲之，爾後再及其他，的確是粉碎敵之聯盟的有效戰法。因為先把弱敵打掉，不僅可以鼓舞自己的士氣，而且還可以在敵營中造成一系列

惡性的連鎖反應，便於擴大戰果，獲取全勝。

就像柿子要揀軟的捏，打仗也要先挑弱敵打。吳王僚勝楚是這樣，鄭莊公禦敵也是這樣。

魯桓公五年（西元前七〇七年），周桓王率領諸侯的軍隊討伐鄭國。鄭莊公起兵抵禦。

周桓公親自擔任中軍統帥；虢公林父率領右軍，蔡軍、衛軍都歸他統帥；周公黑肩率領左軍，陳軍歸他統帥。

鄭國的子元請求鄭莊公列左方陣，以抵擋蔡軍和衛軍；列右方陣，以抵擋陳軍。他說：「陳國目前正鬧內亂，老百姓無心打仗，如果我們先進攻陳軍，陳軍必然潰敗逃跑。」他又接著分析道：「周天子的軍隊看見陳軍逃跑，必然發生混亂。蔡軍和衛軍不能互相支援，當然也會爭先逃竄。這樣，我們再集中兵力對付天子的軍隊，一定可以成功。」莊公認為這個分析符合實際，便依計而行。

曼伯列成右方陣，祭仲足列成左方陣，原繁、高渠彌率領中軍，遵從莊公的命令列成魚麗陣勢，偏在前，伍在後以伍彌補偏的空隙。

雙方在繻葛這個地方展開戰鬥。鄭莊公命令左右方陣說：「望見我的大旗揮動，就擂鼓進軍。」

交戰以後的情形正如鄭國子元所預料的一樣。曼伯率領的右方陣，殺入周天子的左軍。

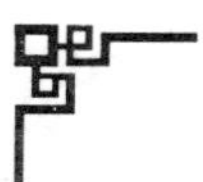

原無鬥志的陳國軍隊（即左軍），一見對方衝來，不戰而潰，亂作一團。潰逃奔竄的陳軍，又將周軍衝亂。周公黑肩阻遏不住，大敗而逃。這時，祭足率領的鄭軍左方陣，殺入周天子右軍，向蔡、衛軍隊發起衝擊。蔡、衛軍隊抵擋不住，紛紛奪路逃命。這樣一來，左右兩軍皆已潰散，周天子率領的中軍便處在包圍之中。左右兩軍的失利早已動搖了中軍的軍心、士氣，而此時鄭國軍隊愈戰愈勇，如排山倒海向周天子的軍隊猛衝猛打，直殺得周軍人仰馬翻，將隕兵亡，連周桓王本人也受了傷。這次戰役，以鄭國大勝而告終。

繻葛之役，打掉了周天子「受天有大命」的牌子，揭開了列國爭雄的序幕。

類似上述戰例之事在中外戰爭史上可說是不勝枚舉。避敵精銳，先擊弱旅，已被許多戰例證明是一條卓有成效的制勝謀略。

「先打弱敵」是一種軍事謀略，其中也蘊涵著具有普遍意義的道理，可靈活運用於人們的生活、工作和學習之中。記得小時候讀書，每逢有正規一點的考試，老師便一再告誡我們，要先易後難，把容易做的題先做完，再來攻克難關，做那些把握不大、頗費腦筋的題目。而今，到了已為人父的年齡，當自己的小孩也上了學，也經常要考試時，我又一再告誡我的孩子：先易後難。

擺在人生面前的，經常有許許多多道題目，要想交一份比較完滿的人生答卷，看來也得「先揀弱的解」，由易到難，步步前進。

擒賊先擒王

「先揀弱的打」，是一種有效的作戰策略，但並非是唯一可行的選擇。戰爭風雲變幻莫測，敵我情況錯綜複雜，是先攻弱敵，還是擒賊擒王，要依據實際情形而定，不能刻板地套用一種模式。

擒賊先擒王，若運用恰當、巧妙，也是出奇制勝的妙手。唐代大詩人杜甫《出塞曲·前出塞》詩云：

挽弓當挽強，用箭當用長；射人先射馬，擒賊先擒王。殺人亦有限，列國自有疆；苟能制侵陵，豈在多殺傷！

杜甫是詩人，不是軍事家，但其詩句「射人先射馬，擒賊先擒王」卻概括地表達出一個既普遍又深刻的兵家韜略。擒賊先擒王，就是在戰爭中先捕殺敵軍首領或者摧毀敵人的首腦機關，敵方群龍無首，陷於混亂，便於我方徹底擊潰之。民間有「打蛇要打七寸」的說法，也是這個意思。蛇無頭不行，打了蛇頭，這條蛇也就完了。

《三十六計》有「擒賊擒王」一計，其解語云：「摧其堅，奪其魁，以解其體。龍戰於野，其道窮也。」意思是說，摧毀敵人的主力，抓住它的首領，就可以瓦解它的整體力量。好比龍出大海到陸地上來作戰，面臨絕境一樣。這一謀略的基本精神是說在戰爭中要抓主要矛盾，以求得徹底勝利。如果錯過有利時機，沒有消滅敵人主力，放走了敵方首領，就好像放虎歸山，後患無窮。而一旦擒王斬首，便勝局已定。

春秋之時，即已有「擒賊擒王」的成功戰例。西元前六六二年，北狄南下伐邢，不久又侵入衛國。衛懿公急忙徵集甲兵車徒，親自率軍迎敵。走到滎澤這個地方，見敵軍千餘，左右分馳，全無行次。這本來是對方的誘伏之兵故意製造的假象，但衛大夫渠孔卻認爲那是敵人無戰鬥力的表現，即命鼓行而進。狄人詐敗，將衛軍引入伏擊圈中，一時呼哨而起，如天崩地塌，將衛軍截爲三段，首尾不能相顧。戰鬥中，衛懿公被砍死。國君一死，大軍潰敗。

軍事家認爲，戰爭中打敗敵人，利益是取之不盡的。如果滿足於小的勝利而錯過獲取大勝的機會，那是士兵的勝利，將軍的累贅，主帥的禍害，戰功的損失。打了個小的勝仗，而不去消滅敵人主力，不去摧毀敵軍指揮部，捉拿敵軍首領，那是一種短視而危險的行爲。古代交戰，兩軍對壘，白刃相向，雙方主帥的位置比較容易判別。但也不能排除這樣的情況，敵方兵敗失利，主帥化裝隱蔽起來，這時，擒住賊王，消除隱患就較爲困難，但仍是十分必要的。唐代張巡計賺敵帥，一直爲後世兵家所稱道，下面就具體說說這件事。

唐朝安史之亂時，安祿山氣焰囂張，連連獲勝。安祿山之子安慶緒派勇將尹子奇率十萬勁旅進攻睢陽。御史中丞張巡駐守睢陽，見敵軍來勢洶洶，決定據城固守。敵兵二十餘次攻城，均被擊退。尹子奇見士兵已經疲憊，只得鳴金收兵。晚上，敵兵剛剛準備休息，忽聽城頭戰鼓隆隆，喊聲震天。尹子奇急令部隊準備與衝出城來的唐軍激戰。而張巡「只打雷不下雨」，不時擂鼓，像要殺出城來，可是一直緊閉城門，沒有出戰。尹子奇的部隊被折騰了整夜，沒有得到休息，將士們疲乏已極，眼睛都睜不開，倒在地上就呼呼大睡。這時，城中一聲炮響，突然之間，張巡率領守軍衝殺出來。敵兵從夢中驚醒，驚慌失措，亂作一團。張巡率軍一鼓作氣，接連斬殺五十餘名敵將，五千餘名士兵，敵軍大亂。張巡下令，擒拿敵軍首領尹子奇。部隊一直衝到敵軍帥旗前，可是張巡未見過尹子奇，根本不認識，又加上兵混馬亂，尹子奇更是難以辨識。這時，張巡想出一個妙計。他讓士兵用秸桿削尖作箭，射向敵軍。敵軍中不少人中箭，他們以為這下完了，沒命了；但很快發現，自己中的是秸桿箭，心中大喜，以為對方沒有箭了。這些中箭者爭先恐後去向尹子奇報告「喜訊」。張巡冷眼旁觀，不久便認出了敵軍首領尹子奇，急令神箭手向尹子奇放箭，正中尹的左眼。這回可是真箭。尹子奇中箭後，鮮血淋漓，抱頭鼠竄，倉惶逃命。主帥一跑，部將有如樹倒猢猻散。唐軍乘勝追擊，大獲全勝。

人們常說，抓問題要抓「綱」，綱舉目張。「擒賊擒王」也正體現了這個道理。在眾多矛

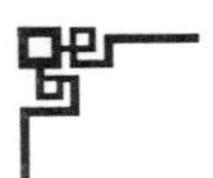

盾和問題中，抓住主要矛盾和要害問題，其他問題自然迎刃而解。

戰場上，是先吃掉弱敵，還是擒賊擒王，是「層層剝皮」，還是「直搗心窩」，是重要的戰略選擇。方法可能截然不同，但依據都是知己知彼，見機而行，目的都是徹底打敗敵人。

「專攻一點」必有效

商界是沒有硝煙的戰場。選擇、取捨，亦即決策，其重要性對於商家來說，一點也不亞於兵家。

世上的富豪大家，沒有一個不是足智多謀。當商家處在複雜變化的形勢下，面臨著多種選擇，如何確立自己的營銷方略，制定自己的長遠規劃，的確是事關成敗的問題。中國古代對史學家、文學家要求四個字：才、膽、識、力。我們認爲，對商家而言，這四個字也是相當重要的，尤其是膽與識，更是現代企業家所不可缺少的。國外一些企業的成功經驗及失敗教訓都是很有啓發性的。

商家的決策內容甚廣，這裡只談談「專攻一點」的問題。東周列國諸侯相爭，講究集中優勢兵力，各個擊破。商家爭戰，其道理也是相通的。

四〇年代末至五〇年代初，日本松下公司在資金、設備、技術力量等方面都不及日立、東芝等公司。當時受朝鮮戰爭的刺激，這些公司紛紛接受軍事訂貨。但松下公司沒有聞風而動。該公司認爲，集中有限的人力、物力、財力，握成一個拳頭打出去，堅持發展家電工業的方向，從長遠看更爲有利。經多年努力，松下逐漸在家電市場上占據了舉足輕重的地位。一九五六年至一九六五年，日本出現了第一次家用電器熱。當東芝、日立、三菱等公司急忙轉向家電產業時，松下已確立並穩住了它在日本家電業的王位。一九六〇年，松下電器產品在日本的市場占有率達百分之二十一，居全日本之首。

這是一種成功的選擇和取捨。它體現出膽識，也蘊涵著謀略。不難想像，如果一開始，松下也追隨同行公司投資生產軍工產品，充其量也只是分點殘羹剩飯而已；待到家電熱時，再和別人一起轉向，自然也難領風騷。松下知己知彼，果斷選擇當時比較冷門的家用電器，集中力量，專攻一點，終於大獲勝利。

日本尼西公司經營的產品雖與松下風馬牛不相及，但成功的經驗卻有相通之處，即專攻一點。尼西公司先前生產雨衣、旅遊帽、衛生帶、尿墊等塑膠製品，訂貨不足，公司的經濟效益也不理想。一個偶然的機會，公司董事長多川博看到一份全國人口普查報告，報告中說日本每年出生二百五十萬個嬰兒。他想：如果每個嬰兒用兩個尿墊，一年就需要五百萬個，這個市場非常廣闊。如果推銷到國際市場上，市場更是無限廣闊。經過權衡利弊，多川博決

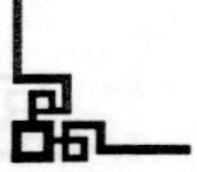

定放棄其他產品，專力生產尿墊。從此，公司大力開發尿墊和尿布新產品，在全日本建立了很多營業所，並與數以千計的批零商建立了供銷關係，很快壟斷了日本的尿布尿墊市場。接著，又把尿墊打入西歐、美洲、大洋洲及東歐市場，年銷售額達到七十億日元。今天，這家公司已成為世界上最大的尿墊公司。

人說「三百六十行，行行出狀元」，此話一點不假。你看，小小尿墊不是也大有可為嗎？尼西公司審時度勢，慎重選擇，大膽取捨，專攻一點，終於成了一方之王。一個企業的成功是這樣，一個人事業的成功也是這個道理。

捉魚，一個人想同時捉兩條或更多的魚，結果是一條也捉不住；如果集中力量，只抓一條魚，成功的把握會比較大。上述兩家日本企業的成功之道，就在於傾其全力，捉一條「魚」。相反，有的企業盲目經營，四面出擊，多頭進發，結果是「四面楚歌」，慘遭敗北的命運。

日本長力公司於一九八四年宣告破產，除了在主產品——縫紉機的開拓經營上決策失誤外，還有一個重要原因，即盲目多種經營。長力公司從一九六五年開始生產通用型家用電器產品，如電爐、洗衣機、電冰箱等，盈利甚微。一九七二年設立經營旅館業務的子公司，一九七三年成立汽車運輸公司。這兩家新開張的公司又都出師不利，連年虧損。而長力公司的另一個對手兄弟公司則順應時代潮流，以發展辦公機械的打字機、高速打字機、臺式計算機

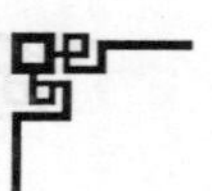

等爲目標，傾其全力，擠進辦公自動化市場，取得了可觀的效益。相比之下，長力公司的多種經營不僅與縫紉機經營無補，反而要本來已不景氣的主產品來補貼，無怪乎最後以負債一千一百二十億日元而告破產。

選準目標，堅定不移

兵家要避免在不利條件下兩線或多線作戰，商家講究集中人財物，攻其一點；個人要想事業有成，同樣有如何選定目標，正確取捨的問題。

俗話說：「常立志不如立常志。」選準目標並堅定不移地向前進，這在一個人的成才過程中是很重要的。有的人總是在事業目標上搖擺不定，今天喜歡畫畫，明天立志攝影，後天決心寫劇本；看到別人經商發了財，又想「下海」。這樣跳來跳去，時常變換工作，結果是什麼都「嘗試」了一下，又什麼都是「淺嘗輒止」，毫無建樹。

水滴石穿，繩鋸木斷。這些自然現象很可以給我們一點啓發：只要目標明確，持之以恒，總可以做出成績。著名京劇表演家梅蘭芳，小時候曾經想學下棋。後來聽人說，下棋並不難，可要眞正下好，非得花大功夫不可。於是，梅蘭芳放棄了這個目標，專攻京劇，終成

一代藝術大師。

集中精力，專攻一業，的確可以收到滴水穿石之效。美國著名作家馬克・吐溫曾這樣說：「人的思維是了不起的，只要專注於某一項事業，那就一定會做出使自己都感到吃驚的成績來。」我國古代賢君也有過這方面的格言警語：

萬理澄澈，則一心愈精而愈謹；

一心凝聚，則萬理愈通而愈流。

精力集中，包括對事業目標的專注力，不在於事業無益的事情上分心。我國著名翻譯家傅雷說：「切勿看見新的東西手癢心癢——至多只宜作輔助性的附帶研究，而不能喧賓奪主。」事實也一再證明，同時抓兩隻兔子的人，一隻也抓不到。

象棋弈法裡專門有「棄子攻殺法」。在人生事業的這盤棋上，也是有取有捨的。有位專治中國古代文獻的學者談及成功之道時認爲，人生有所取必有所捨，學會放棄是能否成功的一個重要因素。這位學者現身說法，說他自己年輕時喜歡作詩，少年情懷嘛；國學功力不錯，因有家學淵源，做學問也很有基礎和條件。他決定做學問，便完全放棄了寫詩。幾十年如一日，三更燈火五更雞，勤學苦鑽，潛心學問，終於成了一流的國學大師。

試想，如果這位先生一輩子腳踏兩條船，邊用心創作詩歌，邊研究國學，很可能他就是

一個三流的詩人加三流的學者。這樣，學術界沒有他毫無損失，詩壇上缺他一角也不遺憾。看來，與其當一個三流的學者兼詩人，還不如做一個純粹的、舉足輕重的一流學者。

人生事業上的道路選擇十分重要，即便選定了目標，也還有個具體目標的定位。前幾年看過一部介紹一個集郵者的專題片。那位集郵者不是泛泛的見什麼郵票好就集什麼，而是有所選擇，有所取捨。他專門收集各種各樣的關於服飾的郵票，進而研究服飾文化，最後成了這方面學有專攻、造詣精深的專家。

有的人之所以目標選不準，是因爲「這山望著那山高」的思想作怪。三百六十行，行行出狀元，完全用不著在職業選擇上患得患失。人才之間，類別不同，高低不能相比。愛因斯坦曾風趣地說過：「蝴蝶不是鼴鼠，但是任何蝴蝶都不應爲此而惋惜。」

有的人目標選準了，但缺乏堅持精神，同樣難以做出成績。三天吃不成胖子，三鍬挖不出井。可是，只要能將精力長期專注在一件事上，往往能做出你自己也感到吃驚的成績來。清代著名醫生程國彭說：「思貴專一，不容淺嘗者問津；學貴沈潛，不容浮躁者涉獵。」專心致志，持之以恆，無論如何是可以有所作爲的。

最後還應該指出的是，要力爭認清自己的長處是什麼，「長處」與「目標」相適應，最容易走向成功，一個「旱鴨子」型的書呆子，硬要「下海」過把癮，除了嗆幾口水，浪費些時光以外，是肯定不會有什麼收穫的。

信馬由韁至此，我們該與讀者朋友說再見了。春秋戰國的烽火硝煙，侯王將相的文韜武略，也許還將不時在我們的腦海中浮現。這段歷史的確讓人激動，也讓人聰明。筆者由諸侯智謀入手，感悟歷史與現實，感悟社會與人生，或許能引起朋友們的一些共鳴和感想。還是讓我們從歷史的廢墟回到現實的大地吧，人生關鍵還在於把握今天，讀史的目的最終是從歷史中汲取智慧。

◎後記

小時候，讀過兩本歷史故事的小冊子，帶插圖的，一本是《春秋故事》，一本是《戰國故事》。當時似懂非懂，覺得很有意思。一晃眼過了近三十年，那中間的一些故事，像「千金一笑」、「暗箭傷人」、「老馬識途」、「臥薪嘗膽」等等，至今還記得很清楚。

沒想到這麼多年以後，我也要動筆寫一本有關春秋戰國的小冊子。回望兒時歲月，覺得人生實在短促，如今我的女兒也能讀淺顯的歷史故事了。

春秋風雲，戰國煙雨，離我們是那樣遙遠；當我埋頭於故紙堆、沈浸於遐想冥思的時候，東周列國的各色人等、事事物物彷彿又回到眼前。我便以諸侯爲對象，信筆寫去，如同漫步走進一段滄桑歲月。從繁茂的六月動筆到文稿殺青，不覺已是朔風蕭瑟、滿地黃葉的初冬時節。不知我這本小冊子，能否也給少年抑或是青年朋友，留下一些印象和幾分欣喜。如果我的讀者若干年後還能記得這本小冊子的幾句話，或幾個小故事，我也就心滿意足了。

范軍

諸侯智謀

中國智謀叢書 4

作　　者／范軍
出 版 者／千聿企業社出版部
地　　址／嘉義市自由路 328 號
電　　話／(05)2335081
傳　　真／(05)2311002
郵撥帳號／31460656
戶　　名／千聿企業社
印　　刷／鼎易印刷事業股份有限公司
ISBN ／957-30294-2-1
初版一刷／2001 年 9 月
定　　價／300 元

總 經 銷／揚智文化事業股份有限公司
地　　址／台北市新生南路三段 88 號 5 樓之 6
電　　話／(02)2366-0309　2366-0313
傳　　真／(02)2366-0310

國家圖書館出版品預行編目資料

諸侯智謀／范軍著. -- 初版. -- 嘉義市：千
聿企業, 2001[民 90]
面；　公分. --（中國智謀叢書；4）

ISBN　957-30294-2-1（精裝）

1.謀略學 - 通俗作品　2.兵法 - 中國

177　　　　　　　　　　　　90012776